कृष्ण कुमार

मशहूर शिक्षाविद् कृष्ण कुमार का जन्म 1951 में प्रयागराज, उत्तर प्रदेश में हुआ। वे लम्बे समय तक केन्द्रीय शिक्षा संस्थान (CIE), दिल्ली विश्वविद्यालय में प्रोफ़ेसर रहे। राष्ट्रीय शैक्षिक अनुसन्धान एवं प्रशिक्षण परिषद् (NCERT) के निदेशक भी रहे। उन्हें लन्दन विश्वविद्यालय के इंस्टीट्यूट ऑफ़ एजूकेशन ने डी.लिट्. की उपाधि प्रदान की। शिक्षा सम्बन्धी लेखन के अलावा उन्होंने कहानियाँ, निबन्ध और संस्मरण भी लिखे हैं। बच्चों के लिए भी किताबें लिखी हैं। उनकी कई पुस्तकें अंग्रेजी में प्रकाशित हैं। हिन्दी में प्रकाशित उनकी प्रमुख कृतियाँ हैं–'राज, समाज और शिक्षा', 'शिक्षा और ज्ञान', 'शैक्षिक ज्ञान और वर्चस्व', 'बच्चों की भाषा और अध्यापक', 'दीवार का इस्तेमाल', 'मेरा देश तुम्हारा देश' (शिक्षा सम्बन्धी पुस्तकें); 'नीली आँखों वाले बगुले', 'अब्दुल मजीद का छुरा', 'त्रिकाल दर्शन' (कहानी और संस्मरण); 'विचार का डर', 'स्कूल की हिन्दी', 'शान्ति का समर', 'सपनों का पेड़', 'रघुवीर सहाय संचयिता' (निबन्ध और समीक्षा); 'चूड़ी बाज़ार में लड़की' (स्त्री-विमर्श); 'आज नहीं पढ़ूँगा', 'महके सारी गली-गली' (स्व. निरंकार देव सेवक के साथ सम्पादित), 'पूड़ियों की गठरी' (बाल साहित्य)।

2011 में उन्हें 'पद्मश्री' से सम्मानित किया गया।

राज, समाज और शिक्षा

कृष्ण कुमार

राजकमल पेपरबैक्स

राजकमल पेपरबैक्स में
पहला संस्करण : 1978
संशोधित राजकमल संस्करण : 1990
नौवाँ संस्करण : 2024

राजकमल पेपरबैक्स : उत्कृष्ट साहित्य के जनसुलभ संस्करण

राजकमल प्रकाशन प्रा.लि.
1-बी, नेताजी सुभाष मार्ग, दरियागंज
नई दिल्ली-110 002
द्वारा प्रकाशित

शाखाएँ : अशोक राजपथ, साइंस कॉलेज के सामने, पटना-800 006
पहली मंजिल, दरबारी बिल्डिंग, महात्मा गांधी मार्ग, प्रयागराज-211 001
1, अनमोल सोराबजी संतुक लेन, धोबी तलाव, मरीन लाइंस, मुम्बई-400 002
वेबसाइट : www.rajkamalprakashan.com
ई-मेल : info@rajkamalprakashan.com

बी.के. ऑफसेट
नवीन शाहदरा, दिल्ली-110 032
द्वारा मुद्रित

मूल्य : ₹ 250

RAAJ SAMAAJ AUR SHIKSHA
A Critique of Education System in India
by Krishna Kumar

ISBN : 978-81-7178-800-2

माता -पिता को

नए संस्करण की भूमिका

मुझे इस बात का आश्चर्य है कि समय गुज़रने के साथ-साथ *राज, समाज और शिक्षा* की माँग बढ़ रही है। शिक्षा को लेकर फैली उदासीनता और राज्य की शिक्षा-नीति को अबोध भाव से स्वीकारने की मनोवृत्ति को चोट पहुँचाने के उद्देश्य से यह पुस्तक लिखी गई थी। इस उद्देश्य की साधना में 'सफलता' जैसी कोई चीज़ नहीं हो सकती। वैसे भी कोई शैक्षिक प्रयास बहुत देर से फल लाता है।

इस संस्करण में कुछेक नए अंश जोड़ दिए गए हैं। 'नई' शिक्षा-नीति की एक बहुप्रचारित योजना की समीक्षा तीसरे अध्याय में शामिल है। एक नया अध्याय मैंने बतौर परिशिष्ट जोड़ दिया है। इसे पढ़कर उन लोगों को विशेष संतोष मिलेगा, जिन्होंने पिछला संस्करण पढ़कर कहा था—'कोई रास्ता भी तो सुझाओ।'

नए संस्करण के प्रकाशन के अवसर पर मैं उन मित्रों के प्रति आभार व्यक्त करना जरूरी समझता हूँ, जिन्होंने इस पुस्तक को अपनाया, इसका प्रसार किया। इन मित्रों में अरविंद गुप्ता और साधना सक्सेना अग्रणी हैं। ऐसे मित्रों की बदौलत यह पुस्तक ऐसी-ऐसी जगहों पर पहुँची, जहाँ फिलहाल किसी विक्रेता की पहुँच नहीं है। शिक्षा को सुधारनेवाली राजनैतिक प्रक्रिया शायद ऐसी ही जगहों से शुरू होगी।

कृष्ण कुमार

पहले संस्करण की भूमिका

इस पुस्तक का उद्देश्य अत्यंत सीमित है। मैंने इसके माध्यम से शिक्षा से संबंधित मसलों को समझने का एक नजरिया प्रस्तुत करने का प्रयास किया है, जिसका उपयोग शिक्षा के छात्र तथा अध्यापक अपने-अपने ढंग से कर सकते हैं। जिन विषयों को इस पुस्तक में उठाया गया है, उनकी सविस्तार पड़ताल करना न तो अभीष्ट था, न ही मेरे लिए अकेले संभव था। ऐसी पड़ताल के लिए गहरा आर्थिक, राजनीतिक और समाजशास्त्रीय शोध आवश्यक है, जो कई लोग मिलकर ही कर सकते हैं।

हर पुस्तक की तरह इस पुस्तक की जड़ों में कई लोगों का अनुभव, प्रोत्साहन और श्रम लगा है। उन सभी के नाम गिनाना असंभवप्राय है, पर मुझे आशा है कि पुस्तक पढ़कर वे अपने सहयोग की झलक पहचान सकेंगे। इस पुस्तक के कई लेखों में इस्तेमाल की गई कुछ सामग्री मूल रूप में 'दिनमान' में छपी, जिससे पुनः उपयोग की अनुमति देने के लिए मैं श्री रघुवीर सहाय का आभारी हूँ। पांडुलिपि तैयार करने में मेरी बहन अरुण प्रभा ने सहयोग दिया।

कृष्ण कुमार

क्रम

राज्य द्वारा जनशिक्षा पूरी तरह आपत्तिजनक है। एक सामान्य नियम द्वारा प्रारंभिक स्कूलों के खर्चे, अध्यापकों की योग्यता, दीक्षा के विषय आदि निर्धारित करना जैसा कि संयुक्त राज्य में होता है–अथवा शासन के निरीक्षकों द्वारा इन कानूनी मुद्दों की पूर्ति का निरीक्षण किया जाना : यह सब एक बात है और राज्य को जनता का शिक्षक नियुक्त कर देना बिलकुल दूसरी बात है। वास्तव में सरकार और चर्च दोनों के किसी भी प्रकार के प्रभाव से स्कूल को मुक्त रखा जाना चाहिए।

कार्ल मार्क्स

गोथा कार्यक्रम की समीक्षा, 1875

राज, समाज और बच्चे

शिशु के लालन-पालन में समाज और राजनीतिक सत्ता की भूमिका लगातार एक होती जा रही है। हम एक ऐसे समाज में रह रहे हैं, जिसमें सामूहिक जीवन को परिभाषित करने की जिम्मेदारी लोगों के हाथ में नहीं है। सामूहिक जीवन का एक महत्त्वपूर्ण भाग बच्चों का विकास है, जिसे परिभाषित करने का अधिकार संपूर्णतः स्कूल के पास है। स्कूल स्वयं हमारे समाज के शासक-वर्ग के एक प्रमुख घटक—नौकरशाही—के नियंत्रण में है। बच्चों का भोजन, उनके खिलौने, उनकी पत्रिकाएँ और किताबें हमारे शहरी मध्यवर्ग के नियंत्रण में हैं, जो कुल जनसंख्या का 5 प्रतिशत से भी कम है। इस परिस्थिति में शासन, समाज और बच्चों के रिश्ते क्या हैं? यह पुस्तक इस प्रश्न की नाना संदर्भों में पड़ताल का प्रयास है।

भारत में बहुत कम लोग यह मानते हैं कि उनके बच्चों का जीवन राजनीति द्वारा नियंत्रित होता है। बच्चों के बारे में सोचते समय ज्यादातर माता-पिता परिवार की परिधि के बाहर नहीं जाते। परिवार को वे एक राज्यनिरपेक्ष इकाई के रूप में देखते हैं और सत्ता को परिवारनिरपेक्ष इकाई के रूप में। इस दृष्टिकोण ने परिवार को सत्ता के लिए अत्यंत उपयोगी सिद्ध किया है। परिवार एक ओर व्यक्ति की चुनौतियाँ जज्ब कर लेता है, दूसरी ओर शासन को एक सुविधाजनक दायरे में कार्यरत रहने की छूट देता है। लोग सोचते हैं कि बच्चों और बूढ़ों की देखभाल जैसे काम परिवार के जिम्मे हैं और सरकार की जिम्मेदारी विदेशनीति, आयात-निर्यात, मुद्रा नियंत्रण जैसे 'बड़े' कामों की देखरेख करना है। इस तरह के श्रम-विभाजन का भ्रम लोगों को इस समझ से वंचित रखता है कि उनके बच्चे राजनीतिक नियंत्रण से उतने ही प्रभावित होते हैं जितने वे स्वयं।

शिशु के संदर्भ में परिवार की चर्चा बहुत सँभलकर की जानी चाहिए। पालने के इर्दगिर्द जो दृश्यावली शिशु की दृष्टि को अभ्यास और विस्तार देती है, वह पारिवारिक नहीं, सामाजिक होती है। माता-पिता और अन्य लोगों को तरह-तरह के काम करते हुए देखना शिशु के लिए एक सामाजिक अनुभव होता है। माता-पिता का सामीप्य शिशु के प्राथमिक अनुभवों में से एक होता है; अन्य

अनुभव उसके पालने की लकड़ी का रंग तथा उसके कमरे की दीवारें हो सकती हैं—यदि वह इतना सौभाग्यशाली है कि एक कमरे में लेटा है, आसमान के तले नहीं। दीवार, बिस्तर, रंग, कपड़े और खिलौने—ये सभी सामाजिक वस्तुएँ हैं, जिन्हें माता-पिता अपने शिशु के लिए प्राप्त करते हैं और ऐसा करते हुए अपनी आर्थिक औकात से प्रभावित होते हैं, जो अंततः उनके वर्ग की औकात होती है। बच्चों का लालन-पालन करते हुए वे एक पृथक कोटि या संरचना नहीं गढ़ लेते जिसके सदस्य केवल वे दोनों और उनका शिशु हो। घर के आसपास की चीजों से संबंध स्थापित करने में समर्थ होने तक बच्चे समाज के आर्थिक रिश्तों के प्रति संवेदनशील होने लगते हैं, और यथासंभव उन रिश्तों की रोक से निरपेक्ष रहकर जीने की कोशिश करते हैं। अंततः यह कोशिश माता-पिता और स्कूल के वर्ग-संस्कार के नियंत्रण में आकर बच्चे के वर्गीय व्यक्तित्व में विलीन हो जाती है।

चूँकि बच्चे के वयस्क रूप को प्रभावित करने में सामाजिक, राजनीतिक और आर्थिक शक्तियाँ एक साथ सक्रिय होती हैं, इसलिए केवल परिवार के संदर्भ में शिशु-जीवन का अध्ययन अत्यंत संकुचित होगा। स्वाधीन भारत में इन शक्तियों ने बच्चों के जीवन को जिन आयामों में प्रभावित किया है, उनमें से सर्वाधिक विस्तृत ये तीन आयाम हैं : गरीबी, कुपोषण तथा सांस्कृतिक बदलाव। भारतीय गाँव के आधुनिक शोषण का इतिहास कम-से-कम दो सौ वर्ष पुराना है। अठारहवीं सदी में ईस्ट इंडिया कंपनी द्वारा की गई लूट और उन्नीसवीं सदी में आरंभ किया गया सुनियोजित पूँजीवादी पद्धति द्वारा शोषण, जिसकी बदौलत इंग्लैंड एक विकसित राष्ट्र बना, भारतीय समाज की ग्रामीण संरचना के हिंसक विनाश के ये दो अध्याय हैं, जिनका सम्यक विश्लेषण रजनी पाम दत्त ने किया है। गाँव का शोषण आजाद भारत में लगातार चालू रहा है। गाँव का श्रम और उत्पादन महानगर और बड़े कस्बों की सेवा में अर्पित हो रहा है, और बदले में महानगर में बनी हुई कुछ वस्तुएँ गाँव को मिल रही हैं, जिनके प्रयोग का आदी उसे महानगर ने ही बनाया है। गाँव की अधिकांश जनसंख्या भूमिहीन मज़दूरों और छोटे किसानों की है। भारी मेहनत करने के बावजूद वे अपनी बुनियादी ज़रूरतें पूरी नहीं कर पाते, क्योंकि महानगरों के बुर्जुआ और मध्यवर्ग के हित में चलनेवाली अर्थव्यवस्था गाँव के निर्धन वर्ग की क्रय-शक्ति को बढ़ने नहीं देती। भारी शारीरिक मेहनत से पैदा हुई चीजें, जो जीवन और स्वास्थ्य की बुनियादी ज़रूरतें पूरी करती हैं, शहर को गाँव से सस्ते दामों पर मिल रही हैं। इसके विपरीत वे चीजें जिन्हें मशीन की मदद से शहर तैयार करता है—और ये बुनियादी ज़रूरतें पूरी करनेवाली चीजें नहीं, सुविधा देनेवाली चीजें हैं—गाँव को बहुत ऊँचे दामों पर मिल पा रही हैं। इस प्रकार गाँव का लगातार शोषण हो रहा है। गाँव को आत्मनिर्भर

बनाने का जो स्वप्न गाँधी ने देखा था, पूँजीवादी उद्योग-व्यवस्था ने उसे समाप्त कर दिया है।

आधुनिक भारत के गाँव में आर्थिक और राजनीतिक शोषण की पृष्ठभूमि में ही बचपन के संकुचन को ठीक तरह समझा जा सकता है। यह कहना विचित्र लग सकता है कि गरीबी और उत्पीड़न का वयस्कों और बच्चों के संदर्भ में अलग-अलग अर्थ है। वयस्क जीवन में गरीबी ने हिंदुस्तान के बहुसंख्य नागरिकों को विवशता में जीना सीखने के लिए मजबूर किया है। बच्चों के जीवन में गरीबी ने इसमें बड़ी सफलता पाई है : उसने बचपन का अर्थ ही बदलकर रख दिया है। बचपन को दुनिया के विभिन्न समाजों में नाना समयों में जिन विशेषताओं से पहचाना गया है—जैसे, स्फूर्ति, चपलता, सूझबूझ, सहज अभिव्यक्ति और तल्लीनता—वे एक कुपोषित और बीमार बच्चे में या तो समाप्त हो जाती हैं, या बहुत क्षीण रूप में रह जाती हैं। हिंदुस्तान का गरीब बच्चा एक छोटा आदमी बनकर रह जाता है, उसका बचपन, जो अनेक बच्चों का संपूर्ण जीवनकाल होता है, भूख, बीमारी और कुपोषण द्वारा नष्ट कर दिया जाता है। देश में प्रतिवर्ष होनेवाली कुल मौतों में से लगभग आधी मौतें 5 साल से छोटे बच्चों की होती हैं। जो बच्चे सीधे-सीधे मृत्यु की चपेट में नहीं आते, उनमें से अधिकांश को कुपोषण के कारण शारीरिक या मानसिक क्षति उठानी पड़ती है।

बच्चों के कुपोषण में अंतर्राष्ट्रीय राजनीति की भूमिका क्या रही है? पिछले दो दशकों की अंतर्राष्ट्रीय राजनीति में भोजन या खाद्य सामग्री का महत्त्वपूर्ण स्थान रहा है। धनी देशों, विशेषकर अमरीका, ने भारत जैसे निर्धन देशों की खाद्य संबंधी जरूरतों का लाभ उठाकर उनकी स्वायत्तता को चोट पहुँचाई है। पश्चिमी मदद से संभव बनी हरित क्रांति ने अनाज का उत्पादन अवश्य बढ़ाया, पर कृषि-साधनों के संदर्भ में हमें पश्चिम पर निर्भर भी बना दिया। कृषि-साधनों का मूल्य बढ़ने से गाँव के निर्धन वर्ग पर दबाव बढ़ा। हरित क्रांति ने ऐसी प्रक्रियाओं को जन्म दिया, जो दूध जैसे पोषक पदार्थों को गाँव से छीनकर शहर ले जा रही हैं और गाँव की निर्धन जनता को कृत्रिम खाद्य सामग्री और महँगी दवाइयों की गिरफ्त में ला रही हैं। भारतीय भोजन में प्रोटीन के महत्त्वपूर्ण पारंपरिक स्रोत दाल की आपूर्ति घटी है। उपभोक्ता वस्तुओं का प्रचलन भी यही संकेत देता है कि निर्धन ग्रामीण जनता की सीमित क्रय-शक्ति परिवार को पोषक भोजन उपलब्ध कराने की जगह गैरजरूरी चीजों की ओर मुड़ी है। हरित और श्वेत क्रांति के बावजूद देश-भर में ऊँची बाल-मृत्यु-दर बरकरार है। तीसरी दुनिया के देशों की खाद्य सभ्यता को संपूर्णत: विकृत बनाकर उन्हें पश्चिम की अर्थव्यवस्था पर निर्भर बनाते जाना इन दो-तीन दशकों की पश्चिमी खाद्य-नीति का उद्देश्य रहा है। हरित क्रांति ने भारत को इसी प्रवृत्ति की ओर मोड़ा। उसने गेहूँ का उत्पादन

अवश्य बढ़ाया, पर कम-से-कम बाल-आहार के संदर्भ में अब विश्व स्वास्थ्य संगठन ने यह कहना आरंभ कर दिया है कि तीसरी दुनिया के देशों में माँ के दूध के स्थान पर कृत्रिम दूध तथा अन्य सामग्री के प्रचार से व्यापक दुष्परिणाम हुए हैं। भारत समेत अनेक देशों में प्रोटीन देनेवाले कृत्रिम आहारों के प्रचार की पृष्ठभूमि भी राजनीतिक है। यह सर्वविदित है कि भारत में अनाज और दालों का बहुतायत से प्रयोग होता है, जिसमें प्रोटीन की काफी मात्रा पाई जाती है। यह एक चौंका देनेवाला तथ्य है कि भारत में दालों की आपूर्ति घटी है और प्रोटीनयुक्त कृत्रिम आहारों तथा पोषक कही जानेवाली दवाओं का प्रचार बढ़ा है। भारत में कुपोषण का मुख्य आयाम ऊर्जा (कैलोरी), खनिजों तथा विटामिनों से युक्त भोजन की कमी है, प्रोटीन की कमी नहीं, ऐसा कुछ पोषणज्ञ मानने लगे हैं, जिनमें डॉ. सी. गोपालन प्रमुख हैं। किंतु हमारे पोषण कार्यक्रम आज भी कृत्रिम, प्रोटीनयुक्त आहारों में अधिक दिलचस्पी प्रदर्शित कर रहे हैं। जैसा कि डॉ. गोपालन कहते रहे हैं, ये कार्यक्रम अपना उद्देश्य मृत्यु की शिकारशक्ति कम करना मानते हैं, जीवनक्षमता बढ़ाना नहीं।

हाल के दशकों की विकास-प्रक्रिया ने गाँव के बच्चों को एक और तरह से भी प्रभावित किया है। काम की तलाश में भारी संख्या में गाँव के वयस्क अपने परिवारों को छोड़कर शहर चले जाते हैं, और इस तरह घर छोड़नेवालों की तादाद पिछले दो दशकों में लगातार बढ़ी है। आधुनिक पद्धतियों के प्रचार के साथ-साथ कृषि लगातार महँगी होती चली गई है और बड़े किसान की क्षमता बढ़ती गई है। इसके विपरीत छोटे किसान की बिसात, जो पहले ही कम थी, घटी है। एक नए किस्म की जमींदारी ने जन्म लिया है जिसका परिणाम व्यापक ग्रामीण बेरोज़गारी के रूप में उभरा है। रोजगार की तलाश में सीमित औकातवाला ग्रामीण वयस्क गाँव छोड़ने को विवश हुआ है। पचास-सौ मील दूर चले जाना तो साधारण बात है, घर-परिवार से एक हजार मील या इससे भी अधिक दूर स्थित शहरों में गाँव के लोग काम करते हैं। इस परिस्थिति का प्रभाव ग्रामीण परिवारों के विखंडन के रूप में उपस्थित हुआ है। बच्चों का पिता से संबंध टूटा है और पिता के मार्फत अन्य वयस्कों तक बच्चों की पहुँच घटी है, जो उनकी सामाजिक शिक्षा का अनिवार्य अंग है। बच्चों का सामाजिक, प्रशिक्षण जिसकी संभावनाएँ परंपरागत गाँव और शिक्षा में अत्यधिक होती थी अब लगभग असंभव हो गया है। पाठ्यपुस्तकों को पाठ्यक्रम की तरह इस्तेमाल करनेवाला आधुनिक स्कूल इस काम के प्रति पूरी तरह निरपेक्ष है।

गाँव के स्कूल की दशा इतनी जीर्ण-शीर्ण है कि वहाँ जाने और रुकने के लिए असाधारण मनोबल चाहिए, वहाँ रहकर कुछ सीखना और सीखने का आनंद लेना तो दूर की बात है। ग्रामीण स्कूलों में आमतौर पर न खेल की सामग्री है, न

पुस्तकालय; यहाँ तक कि पक्की इमारत, पीने का साफ पानी और ढंग से बैठने की जगह भी दुर्लभ है। चौथे अखिल भारतीय स्कूल सर्वेक्षण के अनुसार देश के 50 प्रतिशत से अधिक प्राइमरी स्कूलों में न पीने का पानी था, न खेलने की जगह, न पक्की इमारत; 40 प्रतिशत स्कूलों में ब्लैकबोर्ड नहीं थे, 70 प्रतिशत में पुस्तकालय नहीं थे और 85 प्रतिशत में पेशाबघर नहीं थे। यद्यपि शहरों और कस्बों में भी प्राइमरी स्कूलों की दशा अच्छी नहीं है, पर ग्रामीण क्षेत्रों में कहीं बदतर है। स्कूलों की इस हालत में हम गाँव के अधिकांश बच्चों पर पड़नेवाले आर्थिक दबाव जोड़ लें तो आसानी से समझ लेंगे कि देश की प्राइमरी शिक्षा इतनी असफल क्यों रही है। पहले दर्जे में दाखिल होनेवाले 100 बच्चों में से केवल 38 बच्चे पाँचवीं तक रह पाते हैं, शेष पढ़ाई छोड़ देते हैं। पढ़ाई छोड़नेवाले बच्चों में से कई अपने माता-पिता का हाथ बँटाने लगते हैं और कुछ स्वयं काम की तलाश में निकल पड़ते हैं। देश में ऐसा कोई औद्योगिक नगर नहीं है जहाँ भारी संख्या में बच्चों को मजदूर की तरह इस्तेमाल न किया जाता हो। फिरोजाबाद का काँच व्यवसाय हो या शिवकाशी का माचिस और पटाखा व्यवसाय या किसी भी साधारण कस्बे का बाजार—मजदूरी करते बच्चे हर जगह देखे जा सकते हैं। ऐसे बच्चों की संख्या प्रतिवर्ष बढ़ ही रही है, घट नहीं रही। यह एक व्यर्थ की बहस है कि संख्या ठीक-ठीक क्या है।

बचपन का स्वरूप बदलनेवाली आर्थिक प्रक्रियाओं के दायरे में ही वे कारण ढूँढे जा सकते हैं जिनका ताल्लुक ज्ञान व मनोरंजन के स्रोतों से है। मनोरंजन बच्चों के जीवन की एक आवश्यकता नहीं, उसका अभिन्न अंग है। उनके खेल और खिलौने, कुछ बड़े होने पर उनका अध्ययन और सभी तरह के सर्जनात्मक काम उनके जीवन में मनोरंजन के साधन होते हैं बशर्ते वे दबाव में न किए जाएँ। लेकिन समकालीन समाज में बचपन का वर्णन और विश्लेषण करने के लिए 'दबाव' ही सबसे उपयुक्त शब्द प्रतीत होता है। पढ़ाई-लिखाई से लेकर भोजन करने तथा कपड़ा पहनने तक में बच्चे नाना प्रकार के दबाव झेलते हैं। ये दबाव स्कूल के हों या माता-पिता की मध्यवर्गीय कुंठाओं के, बच्चों के जीवन में वे ऐसे क्षणों को लगातार दुर्लभ बनाते जा रहे हैं, जब वे आजादी से खेल सकें या अपनी पसंद के काम कर सकें। स्कूल की पुस्तकें इतनी अधिक हो गई हैं कि उन्हें ढोने के लिए अब बस्ते के स्थान पर पेटी ले जानी पड़ती है। स्कूल जितना अमीर और व्यवस्थित होगा, पढ़ाई और घर के लिए मिलनेवाले काम का बोझ उतना ही अधिक होगा। बच्चों को अधिकाधिक व्यस्त रखने में माँ-बाप भी अपना हित देखते हैं। उन्हें यह भरोसा नहीं है कि बच्चे खाली रहकर घर में तोड़-फोड़ के सिवा भी कुछ कर सकते हैं।

पिछले तीन दशकों में प्रसार माध्यमों के विकास का स्वरूप हमें बच्चों के

सामाजिक जीवन की संस्कृति का अध्ययन करने का एक महत्त्वपूर्ण आयाम प्रदान करता है। इस अवधि में सिनेमा हमारे समाज में मनोरंजन का सबसे लोकप्रिय और प्रभावशाली माध्यम सिद्ध हुआ है। सिनेमा हमारी आधुनिक संस्कृति में बिंबों का सबसे बड़ा स्रोत है। उसने साक्षरता और हैसियत की बाधाएँ बखूबी पार की हैं। पर अंततः उसके विकास का स्वरूप क्या रहा है? एक प्रसार माध्यम के रूप में वह हमारे शहरी मध्यवर्ग का एक शक्तिशाली पोषक साबित हुआ है। मध्यवर्गीय जीवन की रीतिबद्धता, अनुकरणप्रियता, प्रतियोगिता और हिंसा—ये सभी बातें बंबइया सिनेमा में प्रतिबिंबित हैं। ये ही वे मूल्य हैं, जो हमारे शासक वर्ग को टिकाए हैं। और इन्हीं मूल्यों का प्रसार हमारी शिक्षा कर रही है। बंबइया सिनेमा देश के इतिहास की दो प्रमुख घटनाओं—सामाजिक चेतना के उपनिवेशीकरण और पूँजीवादी संस्कृति के जन्म—का सबसे भरोसेमंद दस्तावेज है। इन दो घटनाओं ने समाज में आर्थिक विषमता और हिंसा को नए आधार दिए हैं जबकि इनका एक व्यापक आधार, जाति, बहुत पहले से मौजूद है। बच्चों के समाजीकरण के एक सशक्त माध्यम के रूप में लोकप्रिय सिनेमा ने एक हिंसक और परंपरापोषी सभ्यता की नींव रखी है।

रेडियो और टेलीविजन का विकास शासकीय एकाधिकार में हुआ है और इस कारण ये दो प्रसार माध्यम हमारी उपनिवेशीय नौकरशाही की सीधी चपेट में आए हैं। इन दोनों माध्यमों का प्रयोग नौकरशाही ने अपनी उपनिवेशीय भूमिका—प्रचार—के लिए किया है, न कि समाज में संवाद स्थापित करने के लिए। नौकरशाही वयस्कों के साथ-साथ बच्चों को भी प्रचार का पात्र मानती है, इस कारण हमारे रेडियो और टेलिविजन कार्यक्रम शिक्षा की दकियानूसी शैली से भरपूर होते हैं। जहाँ तक टेलिविजन का संबंध है, फिलहाल उसकी सबसे बड़ी कामयाबी सस्ते दामों पर उपलब्ध बंबइया फिल्में बच्चों को घर में दिखाने की रही है। हाल के वर्षों में 'वीडियो' के जरिए बंबइया फिल्म की पहुँच और बढ़ गई है। टेलिविजन और वीडियो उपभोक्ता संस्कृति के सशक्त साधन बन गए हैं। शिक्षा से उनका संबंध कहने भर को है।

आधुनिक प्रसार माध्यमों के विकास के साथ-साथ वे तमाम रंगविधान जो भारतीय जनजीवन के अंग थे और जिनका सर्वाधिक आकर्षण बच्चों के लिए था, धीरे-धीरे अपना अस्तित्व खोते चले जा रहे हैं। कठपुतली, जादू, मदारी का खेल, सर्कस और नौटंकी इस तरह के कुछ रंगविधान हैं, जो आर्थिक दबावों का सामना और नए प्रसार माध्यमों से स्पर्धा कर सकने में असमर्थ सिद्ध हुए हैं। उनका दायरा सरकारी कला-विभागों तथा प्रगतिशील कलाकारों की पुनरुज्जीवक चेष्टाओं में सिमट गया है। सिनेमा, रेडियो और दूरदर्शन के सम्मुख इन कलाओं के ह्रास का कारण भारतीय समाज के अनेक क्षेत्रों में मुखर आर्थिक और राजनीतिक प्रक्रियाएँ

हैं। शासक वर्ग द्वारा मध्यवर्गीय हितों के लिए संचालित इन प्रक्रियाओं ने टेक्नालॉजी के इस्तेमाल के लिए सर्वहारा समाज के कला माध्यमों की समाप्ति आवश्यक बनाई है।

इस सदी के आरंभ में हिंदी के बाल साहित्य में उत्साह की एक जोरदार लहर आई थी, जो अब थम चुकी है। स्थायी बाल साहित्य-जैसी कोई संपादित ग्रंथावली हमारे पास इस समय नहीं है, न ही समकालीन बाल साहित्य में किसी नई दिशा या गुणात्मक विकास के लक्षण दिखते हैं। *बालसखा* और *वानर*-जैसी समृद्ध पत्रिकाओं में संचित तमाम साहित्य राशि असंपादित पड़ी है, इंडियन प्रेस और कई अन्य प्रकाशन संस्थाओं की कामयाब किताबें केवल राष्ट्रीय पुस्तकालय या ऐसी ही एक-दो जगहों में देखने को बची हैं। यहाँ तक कि लोककथाओं के बालोपयोगी संग्रह की दिशा में कोई प्रगति एक अरसे से नहीं हुई। बाल साहित्य के नए प्रकाशक लेखकों का शोषण करने में अन्य प्रकाशकों से पीछे नहीं। बच्चों की किताब पर रायल्टी की व्यवस्था निजी प्रकाशक तो क्या, चिल्ड्रेंस बुक ट्रस्ट-जैसी कल्याणमुखी संस्था भी नहीं करती। बाल साहित्य के नाम पर जेबी पुस्तकों और कॉमिक्स का धंधा इधर अवश्य पनपा है जिसने मुद्रण, सामग्री और भाषा समेत सभी मानक ताक पर रख दिए हैं। सस्ते दामों पर किताबें मुहैया कराने का दानवीरतापूर्ण दम भरकर 'बाल पॉकेट बुक' साहित्य के प्रकाशक निकृष्ट सामग्री का भारी तादाद में प्रकाशन करके पूँजी जोड़ने में लगे हैं। ऐसे लेखकों की संख्या हिंदी में बहुत है, जो नीची से नीची कीमत पर लिखने के लिए तैयार या मजबूर हैं। रद्दी बाल साहित्य तैयार करने में न उनका श्रम लगता है, न प्रकाशक का, और न ही आलोचना का भय है, क्योंकि हिंदी की कोई गंभीर पत्रिका बाल साहित्य की नियमित समीक्षा नहीं करती।

बाल पत्रिकाओं की स्थिति बहुत भिन्न नहीं है हालाँकि उनका धंधा ज्यादा बड़ा है और प्रायः उद्योगपतियों के हाथ में है। वे दिन गए जब बाल पत्रिकाएँ बच्चों को समकालीन दुनिया की चेतना के निकट लाने की कोशिश करती थीं। इस समय अनेक पत्रिकाएँ (जिनमें *नंदन* और *चंदामामा* प्रमुख हैं) बच्चों को हिंदू संस्कृति के नाम पर भारतीय जीवन के पुरातनपंथी पक्षों के प्रति संजीदा बनाने में लगी हैं। लेखकीय परिश्रम का अवमूल्यन बाल पत्रिकाओं ने पॉकेट बुक्स के बराबर ही किया है।

गंभीरतापूर्वक रचे गए बाल साहित्य के लेखन और प्रकाशन में जो अवनति हिंदी में दिख रही है, उसके आर्थिक और सामाजिक कारण हैं। आजादी के बाद भारत में नौकरीपेशा मध्यवर्ग का तेजी से विस्तार हुआ है और इस वर्ग के बहुलांश की खरीद-क्षमता घटी है। पूँजीवादी औद्योगिक विकास ने, जिसे बहुराष्ट्रीय कंपनियों और भारतीय शासन का संरक्षण प्राप्त है, लगातार विलास सामग्री के

उत्पादन में वृद्धि की है। इन उत्पादनों को खरीद सकनेवाला मध्यवर्ग का ऊपरी हिस्सा शिक्षित समाज का आदर्श बन गया है और ऐसे लाखों परिवार जो दरअसल विलास सामग्री खरीदने की क्षमता नहीं रखते, किसी प्रकार उसे खरीदने का जुगाड़ करते हैं। बच्चों के लिए किताबें खरीद सकनेवाले लोग भी यही हैं। हुआ यह है कि उनकी खरीद-क्षमता का लाभ किताबों को नहीं मिल पा रहा है। जहाँ तक इस वर्ग से नीचे स्थित विशाल निम्नवर्ग का प्रश्न है, उसके किसी भी हिस्से तक पहुँचने की कोशिश हिंदी प्रकाशक ने नहीं की है। बाल साक्षरता के विकास का लाभ उठाकर किताबों की बिक्री संख्या बढ़ाने और इस प्रकार कागज और छपाई पर बढ़ी हुई लागत के बावजूद सस्ते दामों पर किताबें छापने की योजना किसी बाल साहित्य प्रकाशक को नहीं रुची।

ज्ञान के स्रोत के रूप में शिक्षा का आर्थिक संदर्भ वही है, जो प्रसार माध्यमों तथा बाल साहित्य का है। नीति, कार्यक्रम और संचालन इन तीनों दृष्टिकोणों से शिक्षा पर शासक वर्ग का नियंत्रण है। शासक वर्ग ने शिक्षा को अपनी उपनिवेशीय सभ्यता के प्रसार का माध्यम बनाया है। इस प्रक्रिया के अनेक उदाहरण इस पुस्तक में दिए गए हैं। जिन दो उदाहरणों की चर्चा मैं यहाँ करना चाहता हूँ, वे हैं : साक्षरता और शिक्षा के भेद का लोप; और सामाजिक जीवन में अनुशासन का सैन्यीकरण।

साक्षरता वास्तव में एक आधुनिक अवधारणा है जिसका सीधा संबध प्रचारित ज्ञान से है। पढ़-लिख सकने की ऐसी क्षमता, जो उद्यम या जीविकोपार्जन से संबद्ध नहीं है, व्यक्ति को प्रचारित साहित्य अथवा ज्ञान के संपर्क में ही ला सकती है। यह प्रचारित ज्ञान क्रांतिबोधक हो सकता है और शोषक भी। दुनिया के ऐसे अनेक समाजों में, जहाँ क्रांतियाँ हुई हैं, साक्षरता ने एक महत्त्वपूर्ण राजनीतिक भूमिका निभाई है। भारत समेत, अनेक उपनिवेश रह चुके देशों में साक्षरता क्रांतिकारी आंदोलनों के जरिए नहीं, सरकारी प्रचारतंत्र के माध्यम से एक राष्ट्रीय उद्देश्य के रूप में लाइ जा रही या गई है, उनमें साक्षरता की शोषक भूमिका स्पष्ट है। इन समाजों में साक्षरता शिक्षा का पर्याय नहीं बन पाती, एक हुनर बनकर रह जाती है; क्योंकि वह साक्षर व्यक्ति को कभी उसके अस्तित्व के अर्थ का बोध नहीं करा पाती। चीजों और कामों से व्यक्ति के रिश्ते को समझानेवाली शक्ति के रूप में भाषा का विकास साक्षरता की मौजूदा भूमिका में शामिल नहीं है। साक्षर व्यक्ति अपने अभ्यास से शब्दों की संरचना तो सीख लेता है, पर शब्द किस प्रकार समाज की संरचना से जुड़े हैं, यह नहीं जान पाता। उसे यह समझाने के लिए साक्षरता का वैचारिक कार्यक्रम आवश्यक है जिसका विस्तृत विश्लेषण पालो फ्रेरा ने किया है। उनकी शिक्षण पद्धति में शब्द केवल लिपिज्ञान देने के लिए नहीं सिखाए जाते, बल्कि छात्र को अपनी परिस्थिति के प्रति समीक्षात्मक रूप से सचेतन बनानेवाले

औजारों के रूप में इस्तेमाल किए जाते हैं। फ्रेरा की पद्धति का प्रयोग एक उपनिवेशीय ढाँचे में किस प्रकार हो सकता है, यह एक विवादास्पद विषय है क्योंकि स्वयं फ्रेरा अपने काम की बदौलत ब्राजील से निकाल दिए गए।

ऐसी साक्षरता जो शब्दों के अलावा परिस्थिति का बोध कराती है, शिक्षा बन जाती है। इसके विपरीत जब शिक्षा जीवन और समाज की परिस्थिति से कट जाती है, तब वह साक्षरता बनकर रह जाती है। बीसवीं सदी में शिक्षा का ऐसा अवमूल्यन भारत समेत उन सभी देशों में हुआ है, जो इंग्लैंड या अन्य यूरोपीय देशों के उपनिवेश रहे हैं और अब नव-उपनिवेशीय अंतर्राष्ट्रीय संबंधों को निभा रहे हैं। भारत में बच्चों की शिक्षा वस्तुतः साक्षरता से भिन्न नहीं है; क्योंकि वह बच्चों को समाज की सांस्कृतिक चेतना से जोड़ने की जगह बेगाना बनाने का साधन बना दी गई है। बचपन जीवन का एक हिस्सा न रहकर एक चरण बन गया है, जिसमें रहते हुए जीने की तैयारी ही की जा सकती है, जीवन जिया नहीं जा सकता। स्कूल की चारदीवारी केवल सुरक्षा का साधन नहीं रह गई है, वह बचपन और सामाजिक जीवन को एक-दूसरे से अलग रखनेवाली सीमा बन गई है। चारदीवारी के भीतर ऐसी जानकारी बच्चों को दी जाती है जिसका उनके दैनंदिन जीवन से संबंध नहीं होता। कहने को स्कूल बच्चों की भाषा का विकास करता है पर भाषा जीवन के सतत अनुभव से ही अर्थ ग्रहण करती है। भारतीय स्कूल पर पाठ्यपुस्तकों का इतना कड़ा नियंत्रण है कि स्कूल के बाहर स्थित समाज की जीवंत भाषा कक्षा में प्रवेश नहीं कर पाती। हमारी पाठ्यपुस्तकें पिछले दो दशकों से लगातार केंद्रीकृत होती हुई व्यवस्था के तहत तैयार की जा रही हैं और वे स्कूल को उसके परिवेश से अलग करने का साधन बन गई हैं। पाठ्यपुस्तकों में दिए गए ज्ञान का स्रोत बच्चे के भौगोलिक और सामाजिक संदर्भ में नहीं, प्रांत या देश की राजधानी में है। अपने आसपास के यथार्थ से अपना रिश्ता न समझ पानेवाला व्यक्ति लगातार बेगाना होता चला जाता है और अपने बेगानेपन का स्रोत न समझ सकने के कारण अंततः अपनी सुरक्षा किसी व्यापक, निर्वैयक्तिक संरचना को समर्पण में पाता है। सभ्यता के विकास की एक स्थिति में यह व्यापक, निर्वैयक्तिक संरचना प्रायः अध्यात्म होती है; आज वह लगभग सदैव राजनीतिक सत्ता होती है।

अतएव, यदि हम स्कूल को समाज और जीवन से अलग कर देने की नीति के पीछे कोई भूल या दुर्घटना ही देखें तो इसे अपनी दृष्टि का दोष ही कहना चाहिए। स्कूल एक पुरानी संस्था है किंतु हमारी सदी में उसका जितना सुनियोजित नियंत्रण हुआ है, उतना पहले कभी नहीं था। इस नियंत्रण के अनक क्षेत्र और स्वरूप हैं, अध्यापकों की नियुक्ति और उनकी सेवा की शर्तों से लेकर पाठ्यपुस्तकों के लेखन और घंटी से बच्चों की दिनचर्या के परिचालन तक स्कूल पर राज्य के नियंत्रण का दायरा है। नियंत्रण के इन विविध माध्यमों का सम्मिलित प्रभाव बच्चों के

व्यक्तित्व पर पड़ता है। मुझे आज तक ऐसे स्कूल में जाने का मौका नहीं मिला है जहाँ छुट्टी की घंटी बजने पर बच्चे खुशी से शोर मचाते हुए न भागते हों। मैंने यह भी देखा है कि बड़े बच्चे घंटी बजने पर कम शोर मचाते हैं, छोटे ज्यादा। कोई शिक्षायी नौकरशाह इसकी यह व्याख्या कर सकता है कि आयु बढ़ने के साथ बच्चों का समाजीकरण होता है। इस व्याख्या के पीछे यह पुरानी मान्यता काम कर रही है कि बच्चे जन्म से अराजकतावादी होते हैं। इस मान्यता के तहत बच्चों की तीव्र जिज्ञासा तथा अपने आसपास के यथार्थ को समझकर उसके मुताबिक व्यवहार करने की इच्छा बेमानी है।

स्कूल की घंटी बच्चों के जीवन का ऐसा नियमन करती है, जिससे वे अपनी नैसर्गिक रुचियों और सामर्थ्य द्वारा होनेवाले नियमन की संभावना खो बैठते हैं। यह हो चुकने पर वे एक ऐसे अनुशासन के आदी हो जाते हैं जो अनुशासन नहीं: सीधे-सीधे शासन होता है। हमारे सामाजिक क्रियाकलाप और विधान एक अदृश्य कार्यक्रम के अधीन घटित होते हैं जब कि सारे शासकीय कर्तव्य एक निश्चित कार्यक्रम और प्रणाली के अधीन पूरे हो जाते हैं। अनुशासन का अर्थ उस किस्म का नियंत्रण है, जो पेट भर जाने पर खाना रोक देने की प्रेरणा देता है। घंटी बजने पर भूगोल की पढ़ाई रोककर भाषा की पढ़ाई आरंभ करने की प्रेरणा अनुशासन की अवधारणा से बाहर की चीज है। घंटी के जरिए बच्चे की कार्यप्रणाली और रुचि का धीरे-धीरे इतना नियमन हो जाता है कि अंततः वह किसी थोपे गए कार्यक्रम के बिना काम करने में असमर्थ हो जाता है। उसका आत्मविश्वास मर जाता है, जिम्मेदारियाँ एक बोझ लगने लगती हैं और एक रूढ़ दिनचर्या ही जीवन का एकमात्र उद्देश्य और साधन बन जाती है।

अनुशासन को शासन से पृथक करने के लिए अक्सर कहा जाता है कि अनुशासन भीतर से जन्म लेता है, शासन की तरह बाहर से थोपा नहीं जाता। 'भीतर' और 'बाहर' की यह भिन्नता बहुत सहायक नहीं प्रतीत होती, क्योंकि शासन की प्रभाव-क्षमता काफी समय तक क्रियाशील रहने पर 'भीतर' पहुँच सकती है। लंबे अरसे तक गुलाम रह चुके समाज जिस नियंत्रण से ग्रस्त या परिचालित होते हैं, वह उनके सामूहिक व्यक्तित्व में इतनी गहराई तक प्रवेश कर चुका होता है कि किसी व्यक्ति में उसे 'बाहरी' और 'भीतरी' के दायरों में बाँटकर देखना संभव नहीं रह जाता। कोई व्यक्ति अनुशासित है या गुलाम, इसका पता यह जानकर किया जा सकता है कि वह व्यक्ति दूसरों की आजादी को किस रूप में और कितनी सीमा तक स्वीकार करता है। जो स्वयं गुलामी कबूल कर चुके हैं, उन्हें दूसरों की आजादी गवारा नहीं हो सकती। आदेशों और ढेर सारे नियमों से बँधे रहकर काम करने की आदत धीरे-धीरे उन प्राकृतिक क्षमताओं को पूर्णतः नष्ट कर देती है, जिनसे हम सामूहिक जीवन में आपसी संबंधों को संतुलन की

अवस्था में रखते हैं। आदेशों के अनुसार काम करनेवाले व्यक्ति को यह असंभव लगता है कि कोई आदेशों के बिना भी मुस्तैदी और शांति के साथ काम करते हुए जी सकता है। किसी समाज में आजादी का स्तर पता लगाने के लिए बच्चों के प्रति वयस्क सदस्यों के दृष्टिकोण को एक कसौटी की तरह इस्तेमाल किया जा सकता है। जो समाज बच्चों को नियत्रण में रखना ही उनके लिए सर्वोत्तम मानता है, उनकी निजी इच्छाओं, आदतों और काम करने के तरीकों को संदेह की निगाह से देखता है, उस समाज की आजादी स्वयं बहुत संदिग्ध होती है।

स्कूल में अनुशासन की जिस अवधारणा का इस्तेमाल सामान्य तौर पर मिलता है, उसे सैन्य कहना अनुचित न होगा। वास्तव में बचपन का बहुत बड़े पैमाने पर सैन्यीकरण हो चुका है। राजनेता अक्सर कहते हैं कि आज के बच्चे ही कल एक मज़बूत राष्ट्र बनाएँगे। ऐसी रूढ़ उक्तियाँ बार-बार पढ़ने और सुनने से बच्चे अपने बालजीवन के प्रति कुंठाग्रस्त हो जाते हैं। वे यह सोचने के आदी हो जाते हैं कि वे फिलहाल कोई 'बड़ा' काम नहीं कर सकते,क्योंकि अभी वे छोटे हैं, सभी महत्त्वपूर्ण काम वे बचपन की सीमा लाँघकर ही कर सकेंगे। बचपन के आनंद और संघर्ष उनके लिए बोदे और निष्प्रयोजन हो जाते हैं। वे एक अजीब तरह की अधीरता से ग्रस्त हो जाते हैं। वे जल्दी-से-जल्दी बड़े हो जाना चाहते हैं और इस बलवती इच्छा के प्रभाववश बचपन के वर्षों की सार्थकता से वंचित रह जाते हैं। भारतीय समाज में सुविधाजनक पदों के लिए होनेवाली प्रतियोगिता के तीव्रतर होने के साथ-साथ बच्चों में जल्दी बड़े होने की हड़बड़ी और जीवन की एक 'मंजिल' तय कर लेने की जरूरत बढ़ती जा रही है। 'तुम क्या बनोगे?' यह सवाल मध्यवर्ग का लगभग प्रत्येक बच्चा दस-ग्यारह वर्ष की आयु पार करते-करते अपने सामने पाता है और अपने सीमित अनुभव के आधार पर किसी प्रकार इसका उत्तर सोच लेता है। उसका उत्तर उसकी महत्त्वाकांक्षा का प्रतीक नहीं होता, केवल एक उत्तर जल्दी से तलाश लेने की विवशता का हल होता है। वह एक कुंठा बन जाता है, और कुछ ही वर्षों के भीतर यह कुंठा उसकी कोशिशों का नियंत्रण करने लगती है। इस तरह, वयस्क बनने से बहुत पहले वह अपने बचपन से कट चुकता है। बचपन के सारे अनुभवों और प्राकृतिक गुणों का स्रोत उसके लिए बहुत पहले सूख चुका होता है। इस घटना को बचपन का सैन्यीकरण कहा जा सकता है। बड़ा और जिम्मेदार महसूस करने की खातिर बच्चा अपने छोटे कद और सीमित सामर्थ्य को एक कुंठा बना लेता है। बड़ों की तरह बर्ताव करने की हविश उसके व्यक्तित्व पर छा जाती है। वह एक नन्हा आज्ञाकारी सैनिक बन जाता है।

बचपन के सैन्यीकरण का एक पहलू यूनीफार्म है। यूनीफार्म का औचित्य उस पुरानी बहस का एक लोकप्रिय मुद्दा है, जो शिक्षा में व्यक्तिमुखी और सामाजिक तत्त्वों को अलग करने की कोशिश से आरंभ होती है। व्यक्तिमुखता के वकील

मानते हैं कि हमें बच्चे को दूसरों से भिन्न दिखने के अधिकार से वंचित नहीं करना चाहिए। इसके खिलाफ यह तर्क दिया जाता है कि यूनीफार्म बच्चों को अपने अलगाव समाज में घुला देने की प्रेरणा देता है। यदि इस तर्क को गंभीरतापूर्वक लेना हो तो इसे देनेवालों से पूछा जाना चाहिए कि समाज में विलयन बड़ों के लिए भी उतना ही जरूरी है जितना बच्चों के लिए, फिर बड़ों के लिए यूनिफार्म क्यों नहीं? क्या केवल इस अंधविश्वास के कारण कि बच्चे स्वभाव से अराजक होते हैं और उनका समाजीकरण यूनीफार्म-जैसे प्रकट तरीके से करना जरूरी है, जिससे वयस्क होने तक ऐसे किसी तरीके की जरूरत न रह जाए? यूनीफार्म को लेकर व्यक्ति और समूह की चर्चा छेड़ना ऐसे समाज में व्यर्थ है जहाँ आर्थिक असमानताएँ इतनी विषम और स्पष्ट हैं कि महज कपड़ों की समानता से नहीं छिप सकतीं। कक्षा में आर्थिक असमानताएँ जितने स्पष्ट रूप से दिखेंगी, बच्चों का समाजीकरण उतनी ही तेजी और मजबूती से होगा। एक-दूसरे के निजी जीवन की विवशताओं या सुविधाओं को साफ-साफ देखकर बच्चे समाज का ज्यादा सही परिचय पा सकेंगे। असमानताएँ ढक दिए जाने पर एक प्रकार का कृत्रिम आवरण कक्षा में उपस्थित हो जाता है जबकि मेल-जोल के दायरे पूर्ववत (यानी असमानताओं के मुताबिक) बने रहते हैं।

समाजीकरण के लिए व्यक्ति का कितना और कैसा विसर्जन आवश्यक है, इस सवाल की परवाह ऐसे शिक्षाशास्त्री नहीं करते जो व्यक्ति और समाज की पारस्परिक अपेक्षाओं को परस्पर विरोधी मानते हैं। उनकी तर्क प्रक्रिया कुछ इस तरह होती है कि चूँकि व्यक्तित्व एक सामाजिक उपलब्धि है, इसलिए उसके विकास की प्रक्रिया अधिकतम सामाजिक नियंत्रण में संपन्न होनी चाहिए। वे या तो भूल जाते हैं या जानते नहीं कि व्यक्ति एक जड़ इकाई नहीं होता। वह उस संरचना का एक जीवित अंग होता है, जिसे वह अपने चारों ओर पाता है। वह हर समय—यहाँ तक कि सोते समय भी—इस सरचना के और अपने बीच अधिकाधिक संतुलन स्थापित कर रहा होता है। उसकी इस कोशिश से ही समाज में व्यवस्था जन्म लेती है। आदेशों के सहारे भी एक प्रकार की व्यवस्था पैदा की जा सकती है, पर वह मूलतः राजनीतिक वर्चस्व की पोषक होती है, समाज की पोषक नहीं। बच्चों के संदर्भ में जब हम यूनिफार्म या ऐसी किसी अन्य पद्धति का उपयोग करते हैं जिसे लागू किया जाना हो, तब हम बच्चों के समाजीकरण की नहीं, सैन्यीकरण की चेष्टा कर रहे होते हैं। सैन्यीकरण की आवश्यकता इस धारणा के कारण महसूस की जाती है कि बच्चे स्वभावतः अराजक होते हैं। यह धारणा कितनी सही या गलत है, यह हम बच्चों को उनके अकेले क्षणों में देखकर जान सकते हैं। इन क्षणों में बच्चे प्रायः अपने निजी खेलों का आविष्कार करते हैं। उनके ये खेल मनोरंजन के साथ-साथ सोचने का माध्यम भी होते हैं। न जाने कितने बच्चों को मैं उनके

अकेले क्षणों में देख चुका हूँ। मेरा अनुभव है कि वे इन खेलों में अपने अस्तित्व की सामूहिकता की जटिलताओं को सुलझाते हैं। दो या दो से अधिक बच्चों द्वारा खेले जानेवाले खेल, जैसे, नागिन, टापू, सतखपड़ी, सोलह गोटी, अष्टाचंगला आदि वास्तव में सामूहिक स्थितियों के रूपक होते हैं। वे उस व्यवस्था की तलाश होते हैं, जिसके सहारे बच्चा समूह को समाज के रूप में देखता है। यह एक महत्त्वपूर्ण बात है कि इनमें से ज्यादातर खेल बच्चे अकेले में ही उतनी तल्लीनता से खेलते हैं, जितनी तल्लीनता से अपने साथियों के साथ खेलते हैं। अपनी तीव्र कल्पना के सहारे वे सामूहिक स्थितियाँ गढ़ लेते हैं और उनमें अपनी अस्मिता के समीकरण निरंतर ढूँढ़ते रहते हैं। अकेले होने के बावजूद वे खेल के नियमों का पूरी तरह पालन करते हैं। उनकी इस क्षमता से अनभिज्ञ लोग ही बच्चों के 'समाजीकरण' की चिंता से व्याकुल होकर गणवेश-जैसे उपचार इस्तेमाल करते हैं।

बच्चों पर अध्यापकों और अभिभावकों के नियंत्रण का एक प्रचलित माध्यम उनकी कल्पना पर ऐसे चरित्र नायक हावी कर देना है, जिनका कार्यक्षेत्र राजनीतिक रहा हो। 'कौन बनोगे ?' यह सवाल किताब, कक्षा या घर में लगभग हर बच्चे से पूछा जाता है और इसके उत्तरस्वरूप उसे बड़े राजनेताओं के नाम रटा दिए जाते हैं। 'यदि मैं प्रधानमंत्री होता' जैसे विषयों पर निबंध लिखने के लिए कहकर अध्यापक बच्चे को बड़प्पन की एक अत्यंत सीमित धारणा पोसने को विवश कर देता है। साथ ही, बड़प्पन और सामान्यत्व के बीच एक मोटा विभाजन उसकी विचारणा में स्थापित हो जाता है। किशोरावस्था में अनेक बच्चे इस विभाजन के मानसिक दुष्परिणाम निराशा और आत्महीनता के रूप में बर्दाश्त करते हैं। वयस्क समाज के कुछ निकट संपर्क में आने पर वे पाते हैं कि पद और सम्मान की दौड़ आर्थिक अवरोधों से भरी है। बचपन के गुलाबी संसार का लोप बच्चे में खीझ और अपने गें अविश्वास छोड़ जाता है। इसका अंतिम लाभ राजनीतिक सत्ता को मिलता है। युवा प्रजा के तौर पर उसे अपने प्रति हीनता से ग्रस्त और राजनीतिक ताकत के प्रति समर्पित नागरिक मिलते हैं।

बच्चों के राजनीतिक इस्तेमाल के प्रति समाज में जानकारी और उसकी नियमित समीक्षा आवश्यक है। सरकारी दृष्टिकोण से हम आजाद हैं, पर हमारी सभी महत्त्वपूर्ण व्यवस्थाएँ—जैसे प्रशासन, कानून और शिक्षा, औपनिवेशिक काल की देन हैं। इनके प्रति पूरे समाज में समीक्षायी चेतना ही एक ऐसे राज्य की तलाश में मदद कर सकती है, जिसकी शिक्षायी राजनीति समतामुखी हो। यह तलाश शिक्षा में अलग से नहीं की जा सकती, एक व्यापक राजनीति के संदर्भ में ही की जा सकती है। ऐसे संदर्भ की तलाश करते समय हमें भारतीय जनतंत्र के स्वभाव पर अवश्य ध्यान देना होगा। विशेष तौर से हमें इस बात पर गौर करना होगा कि जनतंत्र अभी तक भारत को सामंती संस्कारों से मुक्त क्यों नहीं कर पाया।

साथ ही यह भी सोचना होगा कि भारत पर मध्यवर्ग शिक्षा के क्षेत्र में औपनिवेशिक परंपराओं को तोड़ क्यों नहीं सका। आमतौर पर मध्यवर्ग जनतांत्रिक चेतना का वाहक माना जाता है। यूरोप का बुर्जुआ वर्ग शिक्षा और संस्कृति के क्षेत्रों में सामंती परंपराओं को तोड़कर नई व्यवस्थाएँ लाने में सफल हुआ। भारतीय बुर्जुआ ऐसा नहीं कर पाए; क्योंकि वे यूरोपीय बुर्जुआ की तरह एक नई उत्पादन व्यवस्था के जनक नहीं थे। वे तो अंग्रेजी राज में उपलब्ध नौकरियों की बदौलत बुर्जुआ बने थे। उनकी दासता ने ही उन्हें वर्चस्व दिया, इस कारण दासता की बेड़ियों से व्यापक समाज को आजाद कराना उन्हें अजादी के बाद भी न सूझा। इस दृष्टि से भारत का बुर्जुआ कहने को ही बुर्जुआ रहा, दरअसल वह एक नौकरीपेशा वर्ग रहा, जिसकी विरासत सामंतवाद और औपनिवेशिक शासन दोनों में थी। जाहिर है, इस वर्ग के नेतृत्व में शिक्षा में किसी नई शुरुआत की आशा नहीं की जा सकती।

माध्यम ही संदेश है।

मार्शेल मैक्लुहन

कक्षा का ढाँचा

कई वर्ष पहले एक कहानी[1] लिखते हुए मेरा वास्ता एक ऐसे बच्चे से पड़ा था, जो स्कूल में अपनी वार्षिक प्रगति से क्षुब्ध है। कक्षा में उसके मास्टर साहब अक्सर कहा करते हैं कि अमुक बात उसे दो साल पहले जान लेनी चाहिए थी। बच्चा सोचता रह जाता है कि जो बात वह दो साल पहले नहीं जान सका, क्या वह अब नहीं जानी जा सकती ? आखिर ये दो-दो साल के टुकड़े कब तक चलेंगे ? इस बच्चे की दुविधा आधुनिक विश्व में नई पीढ़ी की सबसे व्यापक और गहरी दुविधा की बानगी है। वह जीवन के अत्यंत रूढ़ विभाजन से उत्पन्न हुई है। जीवन का विभाजन बहुत नई बात नहीं है; बचपन, जवानी, प्रौढ़ावस्था और बुढ़ापा पुराने समय से संसार की तमाम जातियों में जीवनखंडों की तरह मान्य रहे हैं। लेकिन युवावस्था का शेष जीवन से अलगाव तथा युवावस्था के भीतर विकासक्रम का अत्यंत यांत्रिक तथा बारीक विभाजन आधुनिक व्यवस्था की देन है। इसी विभाजन की अभिव्यक्ति है कक्षा की अवधारणा, जो पश्चिम में अधिक-से-अधिक चार सौ और भारत में दो सौ वर्ष पुरानी है। आज विश्व-भर में शिक्षा की आधारशिला कक्षा है। इवान इलिच ने अपनी पुस्तक *डीस्कूलिंग सोसायटी*[2] में बतलाया है कि शिक्षा हम सब पर कक्षा का लेबल लगा देती है जिसे हम जीवन भर लटकाए रहते हैं। कौन कितनी कक्षाएँ पढ़कर शिक्षा से अलग हुआ, इसी पर जीवन में उसकी संभावनाएँ निर्भर होती हैं।

कक्षाओं में विभक्त कर देने से शिक्षा एक बाधा-दौड़ बन जाती है। हर 'ऊँची' कक्षा की शिक्षा बच्चे को आमंत्रित करने के स्थान पर उसके रास्ते में बाधा बनकर खड़ी हो जाती है। शिक्षा का इससे ज्यादा विकृत रूपांतरण और कुछ नहीं हो सकता कि वह आकर्षित करने की जगह रोके। इस रूपांतरण की पृष्ठभूमि में किसी शासन की यह अघोषित इच्छा छिपी हो सकती है कि शिक्षा के माध्यम से समाज सीढ़ियों के आकार में व्यवस्थित हो जाए। ऐसी व्यवस्था के अंतर्गत कक्षाओं की बाधा किसी-न-किसी स्तर पर छात्रों के अधिकांश को रोक लेगी और उनका अल्पांश ही अंतिम कक्षाओं तक पहुँच सकेगा। इस शिक्षा पद्धति का सारा

जोर अधिक-से-अधिक विद्यार्थियों को किसी-न-किसी स्तर पर अयोग्य घोषित कर देना है। कक्षाओं के क्रम में जो जितने अधिक समय रह लेता है, वह उतना ही अधिक शिक्षित कहलाता है तथा समाज में उतने ही ऊँचे मुआवजे और सम्मान का अधिकारी होता है। कक्षा और सामाजिक प्रतिष्ठा का यह गठबंधन स्कूल में ही आरंभ हो जाता है। छोटे और बड़े बच्चों को स्कूल में भिन्न किस्म की सुविधाएँ मिलती हैं। स्कूल के बाहर, घर तथा अन्य स्थानों पर बच्चे अपनी कक्षा से जाने जाते हैं; वयस्क समाज में उनका स्थान उनकी कक्षा से तय होता है। छोटे बच्चे को कदम-कदम पर महसूस होता है कि यह दुनिया वयस्कों की है, अतः इसमें भाग लेने के लिए जल्दी-से-जल्दी वयस्क हो जाना जरूरी है। ऐसी अनेक शिकायतें स्कूलों में प्रतिदिन सुनने को मिलती हैं जिनमें बच्चा जल्दी बड़ा हो जाने या दिखने की चिंता में कोई अपराध या स्कूल की नैतिक और अनुशासनिक व्यवस्था का उल्लंघन कर बैठता है।

बचपन का सामाजिक जीवन से पृथक्करण कक्षा-व्यवस्था की सबसे बड़ी उपलब्धि है। शिक्षा की पुरानी व्यवस्थाओं में बच्चे और बड़े का भेद नहीं था। फिलिप एरीज के अनुसार पश्चिम में यह भेद मध्य युग के बाद शिक्षा में आया और एक जरूरी नियम के रूप में अठारहवीं सदी के आसपास प्रचलित हुआ।[3] हमारे यहाँ पुरानी गुरुकुल प्रणाली में बड़ों के सान्निध्य में बच्चों का रहना बहुत जरूरी समझा जाता था। मदरसों में आज भी अनपढ़ वयस्क और वृद्ध बच्चों के साथ बैठकर पढ़ते हैं। पैमाना पाठ्यक्रम का होता है, आयु का नहीं। पांडिचेरी के श्री अरविंद आश्रम के अंतर्राष्ट्रीय शिक्षा केंद्र में बच्चों को यह छूट दी जाती है कि वे अपनी दिलचस्पी के अनुसार विषय का चुनाव करके किसी भी कमरे में चल रहे काम में जुट जाएँ। बिहार में श्रमशाला नामक संस्था में बच्चे अपने अध्यापकों तथा संस्था से संबंधित अन्य वयस्कों के साथ खेतों में काम करते हैं। लेकिन, सचाई यही है कि ये संस्थाएँ अपवादस्वरूप हैं क्योंकि सामान्य नियम के रूप में हमारी कायदापसंद सभ्यता यह मान चुकी है कि हर उम्र की आवश्यकताएँ पृथक और सुनिश्चित होती हैं।

कहा जा सकता है कि जनशिक्षा के व्यापक प्रसार ने कक्षाओं में बँटी शिक्षा व्यवस्था को आवश्यक बना दिया। आजकल प्रचलित जनशिक्षा के संदर्भ में कक्षाक्रम की व्यवस्था निश्चय ही सुविधाजनक प्रतीत होती है। कक्षाक्रम से प्राप्त होनेवाली सुविधा का मुख्य कारण यह है कि वर्तमान जनशिक्षा का आधार साक्षरता और पुस्तकज्ञान है, सामाजिक अनुभव और समझ नहीं। जैसा कि मैं पहले लिख चुका हूँ, साक्षरता एक नई धारणा है जिसका संबंध प्रचारित ज्ञान से है। इसके विपरीत शिक्षा एक पुरानी धारणा है जिसका संदर्भ सामाजिक जीवन और सभ्यता है। इस अर्थ में देखें तो शिक्षा के लिए कक्षाक्रम आवश्यक प्रतीत नहीं

होता। उलटे शिक्षा की कक्षाक्रम से मुक्ति समाज के अधिकाधिक लोगों की शिक्षा के विकास में मददगार हो सकती है। इलिच द्वारा विवेचित जानकारी के स्रोतों की संख्या बढ़ाने की योजना का आधार यही मान्यता है। उनकी राय में, "जैसे-जैसे एक समाज के दिमाग का लगातार स्कूलीकरण किया जाता है, वैसे-वैसे उस समाज के व्यक्ति यह एहसास खोते चले जाते हैं कि दूसरे से घटिया बने बगैर जीना संभव है।"[4] स्कूलीकरण से इलिच का आशय प्रमाणपत्र या उपाधि द्वारा आरोपित विभाजन से है।

शिक्षा पर कक्षा व्यवस्था के प्रभाव का अध्ययन करने की दृष्टि से यदि एक स्कूल संदर्भ चुना जाए तो कक्षा का अस्तित्व इन दो रूपों में दिखाई देता है: (1) स्कूल को सीढ़ीनुमा ढाँचा प्रदान करनेवाली व्यवस्था; (2) बच्चों के एक निश्चित समूह को शेष स्कूल से अगल करनेवाला, एक निश्चित विन्यास में व्यवस्थित कमरा। कक्षा इन दोनों भूमिकाओं को एक साथ बखूबी निभाती है। स्कूल को सीढ़ीनुमा ढाँचे में बिठानेवाली व्यवस्था के रूप में वह निम्नांकित चार उद्देश्यों के तहत काम करती है:

(अ) एक कक्षा के बच्चों का अन्य कक्षाओं के बच्चों से अलगाव पैदा करना। (ब) एक कक्षा के बच्चों का अन्य कक्षाओं के अध्यापकों से अलगाव पैदा करना।

दो : ज्ञान को फरज़ी वार्षिक खंडों में बाँटना।

तीन : बच्चे के विकास को साँचे में ढालना।

चार : सामाजिक वर्ग-विभाजन का पूर्वसंस्कार बच्चे को देना।

किसी एक कक्षा में होने के कारण बच्चे का परिचय क्षेत्र अपनी आयु के बच्चों तक सीमित हो जाता है। अपने से छोटे और बड़े बच्चों से वह न केवल अलग कर दिया जाता है और इस कारण घनिष्ठ संबंध नहीं बना पाता, बल्कि उनके प्रति एक ऐसा रवैया अपनाना सीख लेता है, जिसे सामंती कहना अनुचित न होगा। बच्चों में पारिवारिक स्तर पर जैसा सौहार्द्र और आयु की भिन्नता के बावजूद जैसा हेलमेल पाया जाता है, वैसा ही स्कूल में होना चाहिए। जीवन के उन तमाम छोटे-छोटे अनुभवों और दिक्कतों, जिनका सामना बच्चों को करना होता है, वे अपने बड़े मित्रों की मदद से ज्यादा आसानी से समझ सकते हैं। सच तो यह है कि अपने से कुछ बड़े और छोटे बच्चों के साथ रहना वैसा ही शिक्षाप्रद अनुभव हो सकता है जैसा वयस्क या प्रौढ़ शिक्षक के साथ काम करने से मिलता है। कक्षायी व्यवस्था ऐसा अनुभव असंभव बना देती है।

वह न केवल बच्चों को अपने से कुछ छोटे और बड़े बच्चों से अलग कर देती है, बल्कि स्कूल के उन अनेक अध्यापकों से भी अलग कर देती है, जो उन्हें नहीं

पढ़ाते। बच्चों का वयस्कों से परिचय और उनके साथ काम करने का अनुभव बहुत जरूरी है। मौजूदा सामाजिक व्यवस्था में बच्चे केवल उन वयस्कों के संपर्क में आ पाते हैं, जिनसे उनके अभिभावकों के संबंध होते हैं। कक्षा में एक अध्यापक से बँधकर वे स्कूल में उपलब्ध अन्य वयस्कों से परिचय की संभावना खो देते हैं। सरकारी प्राथमिक शालाओं में देश में लगभग हर कहीं ऐसी व्यवस्था है, जिसमें एक अध्यापक के जिम्मे एक कक्षा पूरी तरह से दे दी जाती है। बच्चे लगातार हर दिन एक व्यक्ति के साए में रहकर ऊब जाते हैं, उस व्यक्ति से कुछ नया सीखने की क्षमता और उसके साथ काम करने की दिलचस्पी उनमें नहीं रह जाती। उनके बीच का सेतु किताबें रह जाती हैं जो वैसे भी बहुत जीवंत नहीं होतीं। कुछ गैरसरकारी, तकनीकी शिक्षा संस्थाओं में प्राथमिक कक्षाओं में अलग-अलग विषयों के लिए अलग-अलग अध्यापक होते हैं। बच्चे एक व्यक्ति से बँधे नहीं रहते लेकिन उनका दायरा सीमित ही रहता है।

कक्षा-व्यवस्था का एक अन्य प्रभाव पाठ्यक्रम के क्षेत्र में दिखाइ पड़ता है। सिद्धाततः पाठ्यक्रम का एक कार्यक्रम होता है, जो बच्चों और अध्यापक की परिस्थिति तथा समाज में शिक्षा के निर्धारित लक्ष्य के आधार पर बनाया जाना चाहिए। जिस अर्थ में 'पाठ्यक्रम' का इस्तेमाल भारत में होता है, उस अर्थ में वह एक शासकीय नीति या आदेश से भिन्न नहीं होता। हमारे यहाँ पाठ्यक्रमों का बच्चों और अध्यापक की परिस्थिति से कोई संबंध नहीं होता। वह शिक्षा संबंधी शोधकेंद्रों में बनाया जाता है और दूरदराज जिलों के गाँवों में स्थित स्कूल के बच्चों व अध्यापकों पर सीधे-सीधे लाद दिया जाता है। आजादी के बाद लगभग दो दशकों तक पाठ्यक्रमों में बहुत मामूली परिवर्तन हुए। इसके बाद राष्ट्रीय शैक्षिक अनुसंधान और प्रशिक्षण परिषद की अभूतपूर्व खोजों ने असर दिखलाना आरंभ किया और देखते ही देखते देश भर के प्रांतों के पाठ्यक्रम बदलने लगे। कुछ जगह परिवर्तन इतनी भयावह गति से हुए कि भारी मात्रा में छपी छपाई पुस्तकें बेकार हो गईं। नई पुस्तकों की छपाई और वितरण एक समस्या बन गया। इनसे अधिक विचित्र बात यह हुई कि पाठ्यक्रम नीचे की ओर सरकने लगा अर्थात पाठ्यसामग्री ऊँची से नीची कक्षाओं में स्थानांतरित कर दी गई। ऐसा करने की सिफारिश 1964-66 के शिक्षा आयोग ने इस तर्क के आधार पर की कि बीसवीं सदी में ज्ञान की कुल मात्रा अचानक बढ़ गई है।[5] स्पष्टतः इस तर्क के पीछे यह मान्यता है कि ज्ञान एक राशि है। शिक्षा आयोग की रपट यह दिखाती है कि आयोग के सदस्य पश्चिमी देशों के पाठ्यक्रमों से अत्यंत प्रभावित थे और उनकी पाठ्यक्रम संबंधी सिफारिशों के पीछे यह इच्छा थी कि भारतीय पाठ्यक्रम में जानकारी की राशि पश्चिमी पाठ्यक्रमों के आधार पर बढ़ाई जाए। यह पूरा सोच राजनीतिक रूप से उपनिवेशी और शिक्षायी रूप से पुरातनपंथी है क्योंकि उसके अनुसार शिक्षा का

केंद्र जानकारी है, बच्चे नहीं। यदि बच्चों को केंद्र में रखा जाए तभी हम देख सकेंगे कि पाठ्यक्रम के निर्माण के लिए बच्चों की आर्थिक परिस्थिति, उनकी क्षमताएँ, उनके सामाजिक संदर्भ में शिक्षा के संभव उपयोग की पड़ताल जरूरी है, न कि जानकारी के पुलिंदों का आरोपण। पिछले आठ-दस वर्षों में पाठ्यक्रम संबंधी परिवर्तन करने के लिएं देश के विभिन्न भागों के अध्यापकों और अभिभावकों से विचार-विमर्श नहीं के बराबर किया गया। थोड़ा-बहुत शोध नई पाठ्यसामग्री को शहरों में रहनेवाले बच्चों को पढ़ाकर किया गया और यह मान लिया गया कि सुदूर ग्रामों में पढ़नेवाले बच्चे भी बढ़ी हुई पाठ्यसामग्री को आसानी से स्वीकार कर लेंगे। आशा के विपरीत नई पाठ्यसामग्री कस्बों और गाँवों के अध्यापकों तथा बच्चों के लिए बहुत कठिन साबित हुई। खासतौर से विज्ञान और गणित के पाठ्यक्रमों में जो परिवर्तन हुए, वे इन स्कूलों के लिए दुष्कर बन गए। इस प्रकार शहर के संपन्न और गाँव के गरीब स्कूल के बीच की दूरी, जो पहले ही काफी थी, और बढ़ गई। इस नई बढ़ोतरी का श्रेय पाठ्यक्रम को कक्षाओं के पैमाने पर पुनर्नवीकृत करने की चेष्टा को जाता है।

पाठ्यक्रम को कक्षाक्रम से बहुत कड़ाई के साथ बाँध देने के परिणामस्वरूप बच्चे का विकास एक अनवरत प्रक्रिया नहीं बन पाता, अपितु कृत्रिम खंडों में बँट जाता है। एक स्थिर पाठ्यक्रम बच्चे की व्यक्तिगत रुचियों और क्षमताओं के विकास में सहयोग न देकर एक मजबूरी बन जाता है, जिसे बच्चा और उसका अध्यापक दोनों बेबस होकर स्वीकार करते हैं। यदि एक बच्चा किसी विषय में अपने सहपाठियों से अधिक दिलचस्पी रखता है, तो पाठ्यक्रम की बदौलत उसे पूरे एक वर्ष या इससे भी अधिक प्रतीक्षा करनी होती है, जब वह उस विषय में कुछ अधिक विस्तृत जानकारी अध्यापक और नई पुस्तक से प्राप्त कर सकेगा। श्री अरविंद आश्रम के शिक्षा केंद्र में, जहाँ पाठ्यक्रम पूर्वनिर्धारित और स्थिर नहीं रहता, बच्चों को अपनी व्यक्तिगत रुचि और सामर्थ्य के अनुसार किसी विषय की जानकारी की प्रगति जारी रखने की छूट रहती है। सामान्य स्कूलों में, जहाँ यह छूट नहीं दी जाती, यह नामुमकिन हो जाता है कि एक विषय के विभिन्न क्षेत्रों का बच्चे के दिमाग में तालमेल बना रह सके। होता प्रायः यह है कि नई कक्षा में आने पर उसे वही विषय बिलकुल नया और अपरिचित लगता है, जिसके बारे में काफी-कुछ वह पिछली कक्षा में जान चुका था। विशेष तौर पर ऐसा तब होता है, जब पाठ्यक्रम पाठ्यपुस्तकों का पर्याय हो, जैसा भारत में है।

पाठ्यक्रम बच्चे को एक कार्यक्रम के मुताबिक ज्ञान देने के बहाने एक प्रकार के साँचे में डाल देता है। यह साँचा बच्चे की जिज्ञासा, रुचि और क्षमता को काबू में करके धीरे-धीरे समाप्त कर सकता है। मेरा विचार है कि सामान्य स्कूलों में पढ़नेवाले बच्चों में से लगभग तीन-चौथाई के साथ यह दुर्घटना माध्यमिक

कक्षाओं तक पहुँचते-पहुँचते घट चुकी होती है। पाठ्यक्रम की कड़ाई के शिकार बच्चे में स्वयं कुछ जानने और करने की इच्छा तथा शक्ति नहीं रह जाती। वह कक्षा में अपनी उपस्थिति, अध्यापक के भाषण और पुस्तक की शब्दावली का आदी हो जाता है। उसकी हालत ऐसे बीमार व्यक्ति-जैसी होती है, जो अपनी इच्छाओं को भूल चुका हो और अपने जीवन व पोषण के लिए पूरी तरह डॉक्टर और नर्स पर निर्भर हो। बच्चे को इस हालत में पहुँचाने का उद्देश्य स्कूल या शिक्षा के नीतिकारों के मन में रहता है या नहीं, यह कहना असंभव और व्यर्थ है। लेकिन अवश्य कहा जा सकता है कि खुद कुछ जानने और करने की सामर्थ्य खो चुका बच्चा स्कूल की अनुशासित माँगों की पूर्ति करने में पहले से अधिक समर्थ हो जाता है। वह न तो कक्षा में बात करता है, न ही स्कूल की इमारत में कोई उठापटक करता है। वह एक निश्चेष्ट इकाई हो जाता है, जो स्कूल के प्रशासन की दृष्टि से आदर्श प्रजा का इकाई प्रतिरूप होती है।

स्कूल के प्रशासन की दृष्टि में एक अच्छा प्रजाजन या नागरिक बनने का प्रशिक्षण जीवन भर के लिए अपनी छाप छोड़ देता है। कक्षा की धारणा स्कूल की व्यवस्था का अंग नहीं रह जाती, बच्चे के दिमाग का संस्कार बन जाती है। कक्षा की धारणा ग्रहण कर सकने में समर्थ होने के साथ ही वह एक ऐसी संरचना को कबूल कर लेता है, जो स्तरों में बँटी है और जिसके सभी स्तरों का एक-दूसरे के प्रति अपवर्जक (एक्सक्लूसिव) रिश्ता है। वह जान लेता है कि इस संरचना में दो बातें असंभव हैं एक से अधिक स्तरों पर एक साथ रहना और किसी एक स्तर पर एक निश्चित समय से अधिक रुकना। स्पष्टतः कक्षाओं की संरचना निरंतर गति और अपवर्जना को प्रोत्साहन देती है। निरंतर गतिशीलता चाहने के कारण वह बच्चे को किसी अंतिम उद्देश्य की कल्पना नहीं करने देती। अपवर्जक होने के कारण वह बच्चे के मैत्री संबंधों पर प्रभाव डालती है। अपने से ऊँची कक्षा के बच्चों से दोस्ती करना झिझक और परेशानी का विषय बन जाता है; अपने से नीची कक्षा के बच्चे बहुत छोटे दिखने लगते हैं। कक्षा एक पैमाने की तरह बच्चे को उसके विकास की माप प्रदान करती है। यह माप कृत्रिम और झूठी होती है क्योंकि विकास की अवधारणा में ऐसा कुछ नहीं है जो अपवर्जना को प्रोत्साहन देता हो। स्कूल से बाहर के जीवन में बच्चे काफी बड़े होने तक अपने से अधिक और कम उम्रवाले बच्चों के साथ मैत्री-संबध बनाए रखते हैं। खासतौर से खेल में आयु का ध्यान बहुत कम बच्चे रखते हैं। खेलते वक्त बड़े बच्चे छोटों को उनकी क्षमतानुसार स्वीकार करते हैं और छोटे लगातार अपनी क्षमता बढ़ाने की कोशिश करते हैं। मिसाल के तौर पर कैरम में जब साथी की जरूरत होती है, तो छोटा और कमजोर खिलाड़ी स्वयं एक मजबूत साथी की माँग करता है और यह माँग प्रायः मान ली जाती है।

बच्चों में एक-दूसरे की कम-ज्यादा क्षमता को स्वीकार करने तथा क्षमता के अंतर के अनुसार व्यवहार करने की नैसर्गिक प्रतिभा को कक्षा का ढाँचा धीरे-धीरे नष्ट कर देता है। वह उनके जीवन में अनवरत प्रतियोगिता की स्थिति पैदा कर देता है, जिसमें सहभाव संभव नहीं रह जाता। कक्षा उन्हें आयु और क्षमता के मुताबिक वर्गों और इकाइयों में बाँट देती है। सहभाव के स्थान पर स्पर्धा और सहयोग के स्थान पर ईर्ष्या उनके सामूहिक जीवन का आधार बन जाती है। पुरस्कार और परीक्षा-जैसे विधान कक्षाजनित इस मनःस्थिति को बल देते हैं। अधिक से अधिक अंक और ऊँचा से ऊँचा स्थान लेकर अगली कक्षा में जाना जीवन का चरम लक्ष्य प्रतीत होने लगता है। यही नहीं, कक्षाक्रम एक प्रकार की निरंकुशता प्राप्त कर लेता है। बच्चे को अपने अवचेतन में यह कबूल कर लेना होता है कि वह चाहने पर भी कक्षा की प्रतियोगी परिस्थिति से बाहर नहीं निकल सकता; प्रतियोगिता के नियम पूर्वनिर्धारित और अंतिम हैं, उन्हें स्वीकार करके लगातार आगे बढ़ते जाने के सिवा कोई अन्य रास्ता नहीं है।

यह मनोवैज्ञानिक प्रशिक्षण बच्चे को स्कूल से मिलती-जुलती संरचनावाले समाज में जीने के लिए तैयार करता है। ऐसे समाज के लिए राजनीतिशास्त्री अनेक सुंदर पारिभाषिक नाम सुना सकते हैं, पर उसकी मूलभूत विशेषताएँ सदैव दो रहेंगी : अनवरत प्रतियोगिता या संघर्ष और इकाई की महत्त्वहीनता। ऐसे समाज में प्रतियोगिता का स्वरूप वही रहता है, जो कक्षाओं में बँटे स्कूल के भीतर होता है; फर्क यह होता है कि कक्षा के ठोस तथा प्रत्यक्ष ढाँचे का स्थान उद्यम तथा आर्थिक स्थिति पर आधारित वर्ग ले लेते हैं। वर्गों का आपसी रिश्ता भी वही रहता है जो कक्षाओं का था, अर्थात गैरपारस्परिकता या अपवर्जना का, और प्रतियोगिता की दिशा स्कूल की भाँति ऊर्ध्ववत् रहती है।

जाहिर है कि स्कूल में कक्षाक्रम स्कूल के बाहर स्थित समाज का लघुरूप होता है। स्कूल की दीवार दो संसारों को विभाजित करती है : बाहर के संसार को यदि यथार्थ मानें तो भीतर का संसार उसका रूपक होता है। यथार्थ संरचना में आकार तथा नियम भूमिगत होते हैं, लघु संस्करण में वे प्रत्यक्ष दिखाई देते हैं। कक्षाओं में विभाजित स्कूल का आकार स्पष्ट किया जा चुका है; कक्षा-व्यवस्था के नियमों का अध्ययन करने के लिए हमें 'कक्षा' के दूसरे अर्थ की मदद लेनी होगी। मैं ऊपर लिख चुका हूँ कि एक व्यवस्था के अलावा 'कक्षा' उस व्यवस्था की कार्यभूमि का भी नाम है। कक्षा के कमरे का ढाँचा बाहरी तौर पर साधारण होता है—अर्थात चार कोने और एक छत—किंतु कमरे के भीतर का विन्यास एक विशेष सभ्यता की उपज होता है, जिसे कक्षा की सभ्यता कहना अनुचित न होगा।

कक्षा की सभ्यता के मूलभूल उपादान कक्षाओं में बँटी स्कूली-व्यवस्था के आरंभ से अपरिवर्तित रहे हैं तथा बहुत दरिद्र सरकारी स्कूलों को छोड़कर

सामान्यतः एक-जैसे मिलते हैं बच्चों के लिए पंक्तिबद्ध डेस्क-कुर्सियाँ या टाट-पट्टी और अध्यापक के लिए ऊँची मेज तथा कुर्सी। इनके अलावा एक बोर्ड, दीवार पर कुछ चित्र या उपदेश और थोड़ी-बहुत अन्य सज्जा सामग्री स्कूल की आर्थिक सामर्थ्य के अनुसार मिलती है। कमरे का बाहरी ढाँचा, अर्थात दीवारें और छत, उसे शेष संसार से उतना ही अलग तथा सुरक्षित बनाता है, जितना कोई भी साधारण कमरा ऐसा करेगा। लेकिन कक्षा के कमरे की एक विशिष्टता उसे साधारण कमरों से अलग करती है। वह बच्चे के लिए स्कूल के बाहर फैले संसार या जीवन को 'ज्ञान' में तब्दील करने का साधन बन जाता है। पुस्तक भी वस्तुतः यही करती है लेकिन पुस्तक मात्र एक साधन नहीं होती; वह भीतर से एक कमरे की तरह खाली नहीं होती। वह दुनिया की तमाम चीजों का रूपक होती है जबकि कक्षा का कमरा मात्र एक स्थान होता है, जिसे एक रस्मी गरिमा प्राप्त रहती है। पुस्तक के शब्द और चित्र देखकर बच्चे उस दुनिया का अनुभव पा सकते हैं, जिसका अंकन ये शब्द और चित्र कर रहे होते हैं। इस तरह पुस्तक बच्चे की कल्पना के लिए उत्प्रेरक का काम करती है, किंतु कक्षा का कमरा ऐसी किसी योग्यता के बगैर एक गरिमा प्राप्त कर लेता है। उसे यह गरिमा देने की कीमत कक्षा के बाहर के संसार और पुस्तक को चुकानी पड़ती है। वह यथार्थ और जीवन, जो स्वयं ज्ञान है, बच्चे के लिए गैरजरूरी बनने लगता है क्योंकि ज्ञान कहा जानेवाला अनुभव वह कक्षा के भीतर पाने का आदी बना दिया जाता है। कक्षा की खिड़की के पास के पेड़ पर बैठी चिड़िया की आवाज सुनते या अन्य कोई नजारा देखते हुए कक्षा में बैठा बच्चा लगातार इस भय से त्रस्त रहता है कि अध्यापक की तेज निगाह अभी उस पर पड़ेगी और इधर-उधर देखने के अपराध में उसे दंडित किया जाएगा। स्कूली जीवन के ऐसे अनगिनत अनुभव प्रकृति और जीवन के गैरकक्षायी अनुभवों के प्रति बच्चे को कुंद बना देते हैं। कक्षा की दूसरी शिकार पुस्तक होती है। जैसे-जैसे बच्चा कक्षायी अनुभवों की निरंकुश सत्ता को स्वीकार करता जाता है, उसके पुस्तकीय अनुभव वैसे-वैसे किताबी बनते जाते हैं, अर्थात पुस्तक में उसकी कल्पना का उत्प्रेरण करने की क्षमता कम होती जाती है। शब्द सिर्फ शब्द रह जाते हैं और चित्रांकन बड़े दरजों में वैसे ही कम होने लगते हैं।

कक्षा के विन्यास का एक बुनियादी भाग बच्चों और अध्यापक की स्थितियों का अंतर है। अध्यापक अपनी आयु और आकार की बदौलत वैसे ही कक्षा में अहमियत रखता है। कक्षा के सिर पर बीचोंबीच स्थित मेज, जो बच्चों के डेस्कों से ऊँची होती है, और कुर्सी उसकी अहमियत को उजागर करती है। बच्चों के लिए अध्यापक की स्थति चुनौती के परे होती है। वे उसे एक अधिकारी वयस्क के रूप में ही अपने जीवन में स्वीकार करते हैं। इस पदवी पर रहते हुए वह कितनी आत्मीयता उनसे पा सकेगा, यह इस पर निर्भर होता है कि वह अपनी अहमियत

को उजागर करने के कितने साधन और अवसर इस्तेमाल करता है । यदि वह कक्षा के रूढ़ ढाँचे को ज्यों का त्यों स्वीकार करता है तो शायद ही कोई आत्मीयता पा सके । वह एक ऊँचे पद का सत्ताधारी ही बना रह सकेगा, बच्चों की जिंदगी के आरपार देख सकनेवाला, उनके अनुभवों की तहों में प्रवेश कर सकनेवाला कुशल अध्यापक कभी नहीं बन सकेगा । इस असफलता से बचने के लिए उसे सबसे पहले कक्षा के ढाँचे को लचीला बनाना होगा : अपनी कुर्सी का प्रयोग कम से कम करते हुए कक्षा के हर बच्चे को हर समय उपलब्ध रहने का आभास देने का अभ्यास करना होगा और बोर्ड के इस्तेमाल में बच्चे की हिस्सेदारी को प्रोत्साहन देना होगा ।

कक्षा में बच्चों के लिए पंक्ति में बैठना एक कठोर नियम बन चुका है । जिन स्कूलों में फर्नीचर नहीं है, वहाँ टाट-पट्टी पंक्ति में बैठने का एक स्पष्ट कारण उपस्थित करती है और बच्चे उसे स्वीकार कर ले सकते हैं । डेस्क-कुर्सी के साथ पंक्ति की अनिवार्यता इतनी कठोर नहीं है; एक सुविधाजनक व्यवस्था के साधन के रूप में पंक्ति उन अनेक व्यवस्थाओं में से एक है जो कक्षा के भीतर इस्तेमाल की जा सकती है । कक्षा के पारंपरिक ढाँचे को लचीला बनाने के इच्छुक अध्यापक को बच्चों को यह आजादी देनी चाहिए कि वे कैसी भी व्यवस्था या फर्नीचर का कैसा भी विन्यास बनाएँ या अव्यवस्थापूर्वक बैठें । इसमें शक नहीं कि ज्यादातर बच्चे व्यवस्थापसंद होते हैं किंतु कक्षा की व्यवस्था उनके द्वारा स्थापित होनी चाहिए, सदैव एक-सी रहनेवाली आरोपित व्यवस्था नहीं । कक्षा का विन्यास वस्तुतः बच्चों की इच्छा के साथ-साथ विषय और अभ्यास की प्रकृति पर निर्भर होना चाहिए । गणित और विज्ञान के लिए अलग-अलग या बेतरतीब बैठना ज्यादा उपयुक्त हो सकता है जबकि भाषा की पढ़ाई एक घेरे में बैठकर अच्छी तरह की जा सकती है । भाषा पढ़ते और सीखते हुए सम्मिलित प्रयास का लाभ हरेक को मिलता है जबकि विज्ञान और गणित के लिए प्रत्येक बच्चे को पहले पूरी तरह अलग कोशिश करनी होती है । किंतु यह सब कक्षा की परिस्थिति के अनुसार तय किया जाना चाहिए; कोई सामान्य नियम शायद ही बनाया जा सके ।

कक्षा की जिन दो भूमिकाओं का विवरण मैंने दिया है, उससे समझौता करके शिक्षा में कोई मूलभूत परिवर्तन नहीं लाया जा सकता । कमरे के रूप में कक्षा के विश्लेषण में मैंने लिखा है कि अध्यापक और बच्चों के संबंधों को एक हद तक लचीला बनाया जा सकता है । ऐसी किसी कोशिश का प्रभाव आंशिक ही हो सकता है । क्योंकि मूलभूत परिवर्तन तभी होगा जब शिक्षा का ताल्लुक सीधे-सीधे कक्षा के बाहर के संचार से होगा । यह रिश्ता दुतरफा हो सकता है । अर्थात बच्चों का संबंध स्कूल के बाहर के संसार से और इस संसार यानी समाज का संबंध स्कूल से स्थापित होगा । एक संस्था के रूप में स्कूल रहेगा लेकिन प्रचारित ज्ञान सामग्री

के संग्रह और वितरण केंद्र के रूप में नहीं। स्कूल की संस्था को नष्ट किए बिना उसकी वे दीवारें तोड़ी जा सकती हैं, जो उसे समाज के स्थान पर सत्ता पर निर्भर बनाती हैं। समाज के विभिन्न काम-धंधों में लगे हुए लोगों का स्कूल से आत्मीय संबंध स्थापित होना चाहिए। दूसरी ओर बच्चों को स्कूल के बाहर की दुनिया में भाग लेने के अवसर मुहैया किए जाने चाहिए। पाठ्यपुस्तकों और अध्यापक पर बच्चों की निर्भरता समाप्त हुए बगैर स्कूल में कोई अवधारणात्मक परिवर्तन नहीं आ सकता।

जहाँ तक संरचनात्मक परिवर्तन का प्रश्न है, वह स्कूल के सामाजिक संदर्भ का प्रश्न है, इसलिए इसका हल केवल स्कूल के स्तर पर अलग से नहीं हो सकता। प्रतियोगी सभ्यता का विरोध और उसके स्थानापन्न की तलाश एक व्यापक राजनीति ही कर सकती है, स्कूल उसका एक प्रतीक बन सकता है। स्कूल में कक्षाओं का ढाँचा प्रयोग के तौर पर तोड़ना कठिन नहीं है; श्री अरविंद आश्रम के शिक्षा केंद्र और कुछ अन्य प्रयोगधर्मी संस्थाओं में यह किया जा चुका है। वास्तविक काम शिक्षा को कक्षाक्रम से मुक्त करना है। ऐसा हो जाने पर योग्यता को उपाधि से और उपाधि को सामाजिक प्रतिष्ठा और आर्थिक संपन्नता से अलग करना संभव हो जाएगा। इस उद्देश्य की दिशा में पहल स्कूल नहीं कर सकता, क्योंकि वह समाज की प्राथमिकताओं तथा मूल्यों के परिवर्तन की दिशा में अकेले नहीं जा सकता। किंतु यदि एक राजनीतिक प्रक्रिया ऐसा कर रही हो तो स्कूल उसे एक अत्यंत महत्त्वपूर्ण मदद दे सकता है।

मैं इस अध्याय के आरंभ में इंगित कर चुका हूँ कि कक्षा-व्यवस्था का असर बच्चों के अलावा शिक्षकों पर भी पड़ता है। शिक्षा में 'मास्टर' और 'प्रोफेसर' नाम से पुकारे जानेवाले वर्ग कक्षा की ही उपलब्धि हैं। इन वर्गों के भीतर अनेक उपवर्ग हैं, जिनके नामों में थोड़ी-बहुत प्रांतीय भिन्नता पाई जाती है। स्कूल के अध्यापकों में आज भी 'निम्नश्रेणी शिक्षक' और 'उच्च श्रेणी शिक्षक' के पदनाम भारत के कुछ प्रदेशों में बरकरार हैं, जिन्हें अन्य प्रांतों में कुछ कम अपमानजनक शब्दों से जाना जाता है। 'उच्च' शिक्षा के समूह में व्याख्याता, रीडर और प्रोफेसर की श्रेणियाँ हैं। प्राथमिक शाला से विश्वविद्यालय तक फैला यह वर्ग-विभाजन दो तरह से कक्षाक्रम से जुड़ा है : एक तो अध्यापक द्वारा हासिल की गई उपाधि के आधार पर और दूसरे उसके द्वारा पढ़ाई जानेवाली कक्षा के स्तर के अनुसार। इन दो आधारों पर शिक्षकों के पदनाम, वेतन तथा जीवन-स्तर का निर्धारण होता है। अधिक वेतन पालनेवाले, सुविधा और आराम का जीवन जीनेवाले अध्यापक 'उच्च' कक्षाओं को पढ़ाते हैं, कम वेतन लेकर जिंदगी की बुनियादी जरूरतों के लिए मशक्कत करनेवाले अध्यापक 'प्राथमिक' कक्षाओं को। अध्यापकों के जीवन-स्तर का अंतर उनके काम की प्रकृति से जुड़ा हुआ है, लेकिन विलोम अर्थ

में। कम वेतन पानेवाले स्कूल के अध्यापक को विश्वविद्यालय के प्राध्यापक की तुलना में कहीं अधिक काम करना पड़ता है। यह एक आम धारणा है कि स्कूल के अध्यापक को पढ़ाने के लिए कोई तैयारी नहीं करनी पड़ती, क्योंकि एक बार एक कक्षा को सारे साल पढ़ा चुकने के बाद उसका काम पुरानी सामग्री को दुहराते जाना रह जाता है। यह धारणा सीधे-सीधे शिक्षा को संचय के योग्य सामग्री मानने की प्रवृत्ति से जुड़ी है। स्कूल के शिक्षक और उसके शिष्यों की आयु में विस्तृत अंतर देखकर यह सोचा जा सकता है कि शिक्षक लगातार कुछ नया पढ़े बिना काम चलाता रह सकता है। पर, ऐसी स्थिति में, शिक्षक का अध्ययन क्षेत्र कक्षा के संदर्भ में ठीक उतना रह जाएगा जितना उसके बच्चों का है अर्थात पाठ्यपुस्तकों तक सीमित रह जाएगा। कक्षा, जो बच्चों के ज्ञानार्जन की सीमाएँ तय करती है, शिक्षक का ज्ञान भी सीमांकित कर देगी। धीरे-धीरे वह अपना सारा आकर्षण खो देगा और बच्चे उसे असहनीय पाने लगेंगे। इस स्थिति से बचने का एक ही तरीका उसके पास यह हो सकता है कि वह कक्षा के सीमांतों को स्वीकार न करके निरंतर पढ़ता-लिखता रहे। पाठ्यक्रम से सीधा संबंध रखनेवाली सामग्री ही पढ़ना कोई खास अर्थ नहीं रखता, क्योंकि अंततः वह शिक्षक को मानसिक रूप से कक्षा के भीतर ही रखेगी। आवश्यक यह है कि अपनी जानकारियों तथा परिस्थितियों को समझने की क्षमता को लगातार ताज़ा बनाए रखने के साधन उसे प्राप्त हों। इसके लिए आवश्यक आर्थिक स्थिति और सुविधाएँ मौजूदा शिक्षा-व्यवस्था में केवल 'उच्च' शिक्षा से संबंधित शिक्षकों को दी गई हैं—पूरी तरह नहीं तो अंशत अवश्य। स्कूल के अध्यापक को उस कक्षा के दायरे में छोड़ दिया गया है, जिसमें उसके शिष्य आबद्ध हैं।

अध्यापकों का कक्षानुसार विभाजन स्कूल और उच्च शिक्षा की संस्थाओं के बीच जितना स्पष्ट है, उतना ही स्कूल के भीतर प्राथमिक और माध्यमिक कक्षाओं के बीच भी है। प्राथमिक कक्षाएँ कहने को ही प्राथमिक हैं, क्योंकि माध्यमिक और उच्चतर माध्यमिक कक्षाओं को कहीं अधिक तरजीह दी जाती है। मैंने स्वयं कई स्कूलों में 'ऊँची' कक्षाओं के अध्यापकों को इस बात पर तुनकते, नाराज होते देखा है कि उन्हें किसी प्राथमिक शिक्षक की अनुपस्थिति में 'नीची' कक्षा पढ़ाने को कहा जा रहा है। यहाँ तक कि 'ऊँची' कक्षाओं के दायरे के भीतर भी वर्गवृत्ति है। ग्यारहवीं कक्षा को पढ़ानेवाला शिक्षक दसवीं या नवीं कक्षा के शिक्षक की तुलना में स्वयं को अधिक योग्य समझता है। इस संकीर्ण मनोवृत्ति के कारण शिक्षक एक समुदाय की तरह काम कर सकने की संभावना से वंचित रह जाते हैं। उनके भिन्न कक्षायी अनुभव व्यक्तिगत रह जाते हैं और स्कूल एक जीवित संस्था की तरह काम करने के स्थान पर एक ढाँचा रह जाता है, जिसमें बच्चों के दैनिक आवागमन की रस्म नियमित रूप से संपन्न होती है।

संदर्भ

1. *अम्मा का बेटा', 'नीली आँखोंवाले बगुले'*: शब्दकार, दिल्ली, 1976
2. इवान इलिच : *'डीस्कूलिंग सोसायटी'*; हारपर ऐंड रो, न्यूयार्क, 1970
3. फिलिप एरीज : *'सैन्चुरीज ऑफ चाइल्डहुड', 1960*; हारमंडस्वर्थ : पेंग्विन, 1973
4. इवान इलिच, *'आउटविटिंग दि डिवेलप्ड कंट्रीज'*: दि न्यूयार्क रिव्यू ऑफ बुक्स, नवंबर, 1969
5. रिपोर्ट ऑफ दि एजूकेशन कमीशन 1964-66, शिक्षा मंत्रालय, भारत सरकार, दिल्ली, 1966, पृष्ठ 183

हम ज्ञान प्राप्त देसी लोगों का एक विशाल वर्ग बनाने की कोशिश कर रहे हैं।

—1836 में टामस मैकाले

विश्वविद्यालयों की भूमिका, जिससे एक संगठित शिक्षित वर्ग पैदा करने में मदद मिलती है, संस्कृतियों की विविधता को देखते हुए बहुत महत्त्वपूर्ण बन जाती है।

—1973 में नूरुल हसन

शिक्षा और विषमता

यदि यह मान लिया जाए कि आजादी के बाद देश ने ऐसी ताकतों को स्वीकार करने और पनपाने का निश्चय किया जिनका संबंध समान अधिकार और सुविधावाले जनतंत्री समाज की सांविधानिक कल्पना से था, तो भी यह कहना कठिन होगा कि देश के शासन ने शिक्षा को उपर्युक्त ताकतों में से एक महत्त्वपूर्ण ताकत के रूप में पहचानने तथा उसका इस्तेमाल करने में कोई दिलचस्पी दिखाई। अपने प्रति शासन की उदासीनता के कारण शिक्षा एक ऐसी ताकत के रूप में कार्यरत रहने के लिए अभिशप्त हो गई जिसका संबंध आजादी के बाद के भारत से नहीं, बल्कि आजादी के पहले के भारत से था। अंग्रेजी राज के आरंभिक दिनों में ही जनशिक्षा का स्वरूप उभरने लगा था और उन्नीसवीं सदी के अंत तक वह एक निश्चित ढाँचा तथा नीति प्राप्त कर चुकी थी। ढाँचे का आधार थी प्रतियोगिता और नीति थी औपनिवेशिक उद्देश्यों की पूर्ति हेतु एक गुलाम, शिक्षित वर्ग बनाने की। बीसवीं सदी के पूर्वार्ध में स्वतंत्रता के आंदोलन में विद्यार्थियों ने भाग अवश्य लिया, पर शिक्षा एक राजनीतिक साधन के रूप में आंदोलन का हिस्सा नहीं बनी। यह एक विचित्र तथ्य है कि भारतीय स्वाधीनता आंदोलन समाज के अनेक तबकों तथा शिक्षा-जैसे महत्त्वपूर्ण क्षेत्र को संवेदित किए बगैर सफल हो गया। गाँधी शिक्षा को स्वाधीनता आंदोलन का एक हिस्सा बनाना चाहते थे। विद्यार्थियों को दिए गए उनके भाषणों में उनकी यह आकांक्षा साफ झलकती है। उन्हें इतनी सफलता जरूर मिली कि उच्च शिक्षा के औपनिवेशिक स्वरूप को अनेक लोग समझ सके और हजारों विद्यार्थियों का मोहभंग हुआ, किंतु यह अस्थायी सिद्ध हुआ। बुनियादी शिक्षा की योजना के बल पर गाँधी अंग्रेजों द्वारा स्थापित की गई प्रतियोगी शिक्षा की नींव नहीं हिला सके। आजादी के कुछ वर्षों के भीतर बुनियादी शिक्षा का दर्शन कुछ नमूना-संस्थाओं की भेंट चढ़ गया और प्रतियोगिता पर आधारित औपनिवेशिक शिक्षा पद्धति फलती-फूलती गई।

जिस तरह आजादी के पहले शिक्षा परिवर्तनकामी राजनीति का अंग नहीं बन सकी, उसी तरह आजादी के बाद शासन द्वारा घोषित इरादों और कार्यक्रमों में

उसकी हिस्सेदारी बहुत सीमित रही। किंतु एक प्रक्रिया के रूप में उसका जीवित रहना लाजिमी था। वह एक व्यापक राष्ट्रीय कार्यक्रम के अधीन उन उद्देश्यों की पूर्ति में संलग्न रही जिनके लिए अंग्रेजी राज में उसे एक पुख्ता ढाँचा प्रदान किया गया था। नई परिस्थिति में उसके ये उद्देश्य मुखर नहीं रह सके, किंतु प्रेरक बने रहे और आज, आजादी के चार दशक बीत चुकने के बाद, उन उद्देश्यों की जाँच-पड़ताल किसी छिपी हुई चीज की तलाश नहीं रह गई है। इन उद्देश्यों में सबसे महत्त्वपूर्ण था शिक्षा को नई तरह की वर्ण-व्यवस्था की नींव बनाना। पुरानी वर्ण-व्यवस्था में शिक्षा सवर्णों की बपौती थी, नई वर्ण-व्यवस्था में वह सवर्ण बनने का साधन बन गई। शिक्षा प्राप्त लोगों का अशिक्षितों से संपर्क टूट गया, क्योंकि शिक्षा की बुनियाद जीवनयापन के साधनों से पराङ्मुखता थी। वह नौकरी पाने का साधन थी, आत्मनिर्भर बनने तथा समाज के लिए उपयोगी काम करने का साधन नहीं।

अपनी इस विशेषता के बल पर उसने लगभग सारे भारतीय समाज को दो हिस्सों में बाँट दिया: (1) नौकरीपेशा अल्पसंख्यक और (2) गैरनौकर अधिसंख्यक। वे बहुत थोड़े लोग ही इन दोनों शिविरों से अलग रह सके, जिनके पास पुश्तैनी धन या जाति पर आधारित ताकत थी। कहने को वे अलग रहे किंतु वास्तव में वे पहले के साथ थे। नौकरीपेशा अल्पांश के पास इकाई स्तर से लेकर राष्ट्रीय स्तर तक की ताकत थी। बड़े साहब से लेकर क्लर्क और चपरासी तक सब इस ताकत का अपनी-अपनी हैसियत के मुताबिक उपयोग कर सकते थे। उनकी ताकत का उपयोग दो ही दिशाओं में हो सकता था: अपने से नीचे स्थित नौकर पर और समाज के गैरनौकर अधिकांश पर। पहली दिशा में ताकत का उपयोग कर्तव्य का एक अंग था, दूसरी दिशा में प्रदर्शन। स्वाभाविक था कि दूसरी दिशा में होनेवाले प्रयोग की मात्रा अधिक थी। यह प्रयोग किसी प्रकार शोषण से भिन्न न था और इस शोषण का आधार थी शिक्षा। यह पढ़े-लिखे लोगों द्वारा अनपढ़ लोगों का शोषण था। हिंदुस्तान में सदियों से चली आ रही शोषण-परंपराओं में शिक्षा शामिल हो गई। जाति, लिंग, धन और आयु के आधार पर होनेवाले शोषण में शिक्षा ने एक नया आयाम जोड़ दिया।

स्वाधीन भारत की सत्ता ने नौकरीपेशा अल्पसंख्यकों को संरक्षण दिया, क्योंकि इसी में उसका अपना संरक्षण निहित था। नौकरों के माध्यम से अंग्रेजी राज ने इस महादेश में केंद्राभिमुख व्यवस्था लागू की थी। नई राजनीतिक सत्ता को पुरानी व्यवस्था में परिवर्तन लाना न केवल गैरजरूरी महसूस हुआ, बल्कि वह व्यवस्था नई सत्ता को वस्तुतः बहुत आवश्यक और लाभप्रद जान पड़ी। अपनी आस्था, नीति और व्यवस्था में पूर्ण परिवर्तन के आकांक्षी देश पर राज करना एक कठिन काम होता यदि नई सत्ता को अंग्रेजों द्वारा स्थापित नौकरशाही विरासत में न

मिलती । सत्ता ने आसान रास्ता चुना और गैरनौकर अधिसंख्यकों पर नौकरीपेशा अल्पसंख्यकों की ताकत के सिद्धांत को अपनी नीतियों का आधार बना लिया । अब रास्ता साफ था । आनेवाले वर्षों में दोनों वर्गों का रिश्ता अधिकाधिक शोषणमुखी होता चला जाना था और शिक्षा को शोषण का एक प्रमुख माध्यम बनना था । शिक्षा के माध्यम से देश के गैरनौकर अधिकांश की औलाद नौकरीपेशा लोगों के दायरे में प्रवेश पा सकती थी । यह एक व्यापक भ्रम था और आज भी है कि अपढ़ समाज की संतान को नौकरीपेशा समाज में प्रवेश मिलने से अपढ़, कमजोर लोगों को ताकत मिलेगी, अर्थात ताकत का विभाजन हिस्सेदारी की ओर बढ़ेगा । न तो सैद्धांतिक दृष्टि से ऐसा संभव था, न व्यावहारिक दृष्टि से । सैद्धांतिक दृष्टि से यह इसलिए संभव न था क्योंकि जिस माध्यम से अपढ़ समाज अपनी संतान को पढ़े-लिखे, ताकतवर, लोगों के समाज में भेज सकता था, वह माध्यम, शिक्षा, स्वयं एक प्रभावक था, महज माध्यम नहीं । शिक्षा व्यक्ति के वैचारिक संघटन से प्रत्यक्षतः संबद्ध होती है; वह उसे व्यापक यथार्थ के संपर्क में ही नहीं लाती, इस संपर्क के वैचारिक मानक भी तय करती है; अर्थात वह पढ़नेवाले की जानकारी भर नहीं बढ़ाती, उसके दृष्टिकोण को भी प्रभावित करती है । मैं ऊपर लिख चुका हूँ कि अंग्रेजी राज द्वारा आरंभ की गई शिक्षा पद्धति का एक निश्चित राजनीतिक उद्देश्य था । आजादी के बाद देश का राजनीतिक उद्देश्य बदले जाने की घोषणा हो गई पर शिक्षा समेत अनेक ताकतों के राजनीतिक उद्देश्य ज्यों के त्यों बने रहे । इसलिए आजादी के बाद जब शिक्षा नौकरीपेशा, ताकतवर समाज में अपढ़ लोगों के प्रवेश का बहुप्रचारित साधन बनी तो इस साधन का उपयोग करनेवाले बच्चों का वास्ता ऐसी ताकत से पड़ा, शिक्षा के संबंध में जिसके राजनीतिक उद्देश्य पूर्वनिर्धारित थे । वास्तव में यह सीधे-सीधे उनके मानसिक परिवर्तन की शुरुआत थी । अपढ़ समाज की वह संतान जो पढ़ाई करके नौकरी और थोड़ी-बहुत ताकत पा सकती थी, अपनी शिक्षा के कारण अपने वर्ग की चेतना से अलग हो जाने के लिए विवश थी । वह केवल आय के साधन के रूप में नौकरी कबूल नहीं कर रही थी बल्कि पूरी तरह नौकरीपेशा समाज की सदस्य बन चुकी थी । अपने समाज में उनकी वापसी असंभव थी ।

शिक्षा के द्वारा अपढ़ समाज की संतान के पढ़े लिखे समाज में प्रवेश की कुछ व्यावहारिक सीमाएँ थीं । उन्नीसवीं सदी में अंग्रेजी शासन ने जिस तरह की शिक्षा पद्धति भारत में लागू की थी, उसमें प्राथमिक शिक्षा सबसे उपेक्षित थी । नीतिकारों का लक्ष्य शिक्षा को एक सामाजिक प्रतियोगिता बना देना था, जिससे उच्च शिक्षा प्राप्त भारतीयों का एक वर्ग तैयार हो जाए जो अपनी सोच का संचरण करे । यह कहना सही हो सकता है कि अंग्रेजी शिक्षा का प्रभाव कुछेक भारतीयों पर राष्ट्रीय भावना के उद्वेलन के रूप में हुआ, किंतु सामान्य तौर पर अंग्रेजी शिक्षा ने

नौकरीपेशा लोगों की संख्या मे ही वृद्धि की। जैसा कि सुरेशचंद्र शुक्ल ने अपने शोध के आधार पर दिखाया है, उन्नीसवीं सदी के उत्तरार्ध में अंग्रेजी शासन ने भारतीय समाज के पारंपरिक स्कूलों को मटियामेट करके सरकारी स्कूलों की व्यवस्था स्थापित की और शिक्षा का अनौपचारिक, सांस्कृतिक आधार तोड़कर उसे कक्षाक्रम से जोड़ा। अंग्रेजी शासन का लक्ष्य एक केंद्रीकृत सरकारी सेवा-व्यवस्था के लिए उम्मीदवार जुटाना था, जो उपनिवेशी शासन के नए चरण में ब्रितानी अफसरों और भारतीय जनता के बीच संपर्क का काम कर सकें। उपनिवेशी शासन का पुराना दौर समाप्त हो चुका था, जिसमें ईस्ट इंडिया कंपनी द्वारा भारत की लूट ही एकमात्र कार्यक्रम था। इंग्लैंड में औद्योगिक क्रांति के जरिए एक नई स्थिति पैदा हो गई थी, जिसकी प्रमुख माँग थी एक विशाल बाजार। भारत में यह बाजार उपलब्ध हो सकता था, बशर्ते भारत के पारंपरिक उद्योग नष्ट कर दिए जाएँ और प्रतियोगिता पर आधारित एक नई समाज व्यवस्था पैदा की जाए। पारंपरिक उद्योगों को नष्ट करने का काम सीधे आर्थिक और प्रशासनिक तरीकों से किया गया और नई समाज-व्यवस्था पैदा करने का काम शिक्षा नीति द्वारा। शिक्षा को प्रतियोगिता का आधार बनाने के लिए प्रमाणपत्र की व्यवस्था की गई और संपूर्ण शिक्षा को एक क्रमबद्ध तैयारी का रूप दिया गया, जो आज तक बना हुआ है। कक्षा और प्रमाणपत्र की व्यवस्था का सीधा प्रभाव शिक्षा को जीवन तथा आय के उत्पादन से काट देना हुआ। अनपढ़ समाज के जो बच्चे शिक्षा के रास्ते पर आगे बढ़े, उन्हें अपने पैतृक उद्यम तथा उत्पादक परिवेश से कटकर कक्षाओं की बाधा-दौड़ कबूल करनी पड़ी। लेकिन कबूल करने मात्र से वे इस दौड़ में उन प्रतियोगियों की बराबरी नहीं कर सकते थे, जिन्हें शिक्षा विरासत में मिली थी। नवागत प्रतियोगियों की पहुँच बहुत सीमित रहनी स्वाभाविक थी। साधनों की सीमा और प्रतियोगिता के कठिनतर होते जाने से वे वहाँ तक नहीं पहुँच सकते थे, जहाँ पहुँचकर वे पूर्वारंभियों के बराबर बैठ सकते। वे केवल स्थानीय या इकाई स्तर की ताकतवाले स्थानों तक पहुँच सके। उनकी विडंबना यह थी कि वे अपनी दुनिया से कट गए लेकिन शिक्षितों के दायरे में बहुत भीतर तक नहीं पहुँच सके।

जिस प्रतियोगिता को उन्होंने स्वीकार किया, उसकी शर्तें पढ़े-लिखे समाज द्वारा तय कर दी गई थीं। परिष्कृत चाल-ढाल, पुस्तकीय ज्ञान और चीजों के प्रति यथास्थितिवादी रवैये के साथ सबसे महत्त्वपूर्ण शर्त थी अंग्रेजी का इस्तेमाल करने की क्षमता। अठारहवीं सदी में ही, जब अंग्रेजी राज अपनी जड़ें जमा रहा था, शिक्षा के माध्यम के रूप में अंग्रेजी की उपयोगिता शासकों द्वारा ईसाई धर्म के प्रसारकों ने समझ ली थी और अंग्रेजी संसार आज तक अंग्रेजी के प्रसार की उपयोगिता को भली-भाँति समझता है। आजाद भारत को अंग्रेजी एक व्यवस्था की आत्मा के रूप में विरासत में मिली। आजादी के बयालीस वर्ष बाद आज स्कूल

में पढ़ने के लिए अंग्रेजी जानना कुछ प्रदेशों में जरूरी भले न हो, सामाजिक प्रतिष्ठा का दरवाजा अंग्रेजी बोलकर ही खुलवाया जा सकता है। अंग्रेजी हमारी शिक्षा व्यवस्था का स्थायी अंग अवश्य रही, पर एक भाषा के रूप में उसका अधिकार और लाभ समाज के केवल उसी वर्ग को नसीब हुआ, जिसमें वह आदतन बोली जाती थी। किताबी अंग्रेजी सीखकर इस वर्ग के बाहरी दायरों तक ही पहुँचा जा सकता था, इसके केंद्रीय हिस्से पर पुश्तैनी आरक्षण आज तक है। आरक्षण के उपभोक्ताओं की संतान सत्ता की सर्वोच्च जगहों पर औपचारिकताएँ पूरी करके पहुँच जाती है जबकि हिंदी या प्रांतीय भाषा बोलनवालों के बच्चों को अंग्रेजी की साधना में कठोर परिश्रम करना पड़ता है और तब कहीं जाकर उनमें से कुछ गिने-चुने, भाग्यशाली प्रतियोगी सत्ता के आसनों पर पहुँच पाते हैं। जिस तरह शिक्षा महज एक माध्यम नहीं है, उसी तरह अंग्रेजी सिर्फ भाषा नहीं है। वह एक संस्कार, एक मानसिक संरचना है। अंग्रेजी की साधना करने का आशय अंग्रेजी की मानसिकता को स्वीकार करना है। भारतीय संदर्भ में यह मानसिकता उन मध्यवर्गीय 'गुणों' से मिलकर बनी है, जो किसी को इस प्रतियोगी व्यवस्था में सफलता दिलाते हैं। ये गुण हैं अपनी विशिष्टता का भान, अपने वर्ग की सुरक्षा और प्रतिष्ठा के प्रति पूर्ण समर्पण और सामान्य जनता के प्रति हिकारत।

अनपढ़ और पढ़े-लिखों के बच्चों के बीच प्रतियोगिता की एक और शर्त अवसर की असमानता रही है। भारतीय शिक्षा बहुत पुराने समय से अवसर की असमानता पर आधारित रही है। इसका शायद सबसे पुराना और स्पष्ट प्रमाण एकलव्य की कहानी है। पुरानी असमानता का स्रोत जाति-प्रथा थी और जाति आज भी अवसर की असमानता के आधारों में सर्वप्रमुख है। कुछ अन्य आधार भी हैं : बच्चे के माता-पिता की आर्थिक स्थिति, वह शहर में रहता है या गाँव में, वह किस तरह के स्कूल में पढ़ता है, आदि। इनमें से पहले दो आधार वस्तुतः तीसरे आधार में शामिल हैं। यद्यपि भारत में संयुक्त राज्य अमरीका और कनाडा-जैसी स्थिति नहीं है, जहा स्कूलों की आर्थिक दशा उनके क्षेत्र के कुल संपत्ति कर की राशि पर निर्भर होती है, फिर भी माता-पिता की आर्थिक स्थिति और स्कूल का गाँव, कस्बे या शहर में होना आदि कारक बच्चे की शिक्षा के स्तर को भारत में भी प्रभावित करते हैं। भारत में स्कूली शिक्षा मोटे तौर पर तीन वर्गों में विभाजित है। सबसे ज्यादा तादाद सरकारी स्कूलों की है और सबसे कम 'पब्लिक' स्कूल कही जानेवाली संस्थाओं की। इनके बीच धार्मिक उद्देश्य या आधार पर चलनेवाली संस्थाओं तथा पैसा लेकर शिक्षा देनेवाली, किंतु पारंपरिक गरिमाहीन, दुकाननुमा संस्थाओं का स्थान है। आजादी के बाद स्कूली शिक्षा के क्षेत्र में मिश्रित व्यवस्था की नीति अपनाई गई, अर्थात शिक्षा पर सरकार या स्थानीय नागरिक प्रशासन का पूर्ण नियंत्रण लागू नहीं किया गया। संविधान में यह छूट दी गई थी कि अल्पसंख्यक

अपने धर्म के प्रसार के लिए स्कूल खोल सकते हैं। स्कूल चलाकर पैसा कमाने पर भी रोक नहीं लगाई गई। 'पब्लिक' स्कूलों की व्यवस्था, जो उन्नीसवीं सदी में आरंभ हो चुकी थी, अक्षुण्ण रहने दी गई। इस तरह की मिली-जुली स्कूली शिक्षा का एक परिणाम यह हुआ कि अध्यापकों की आर्थिक और संस्थागत परिस्थितियों में एकरूपता नहीं आ सकी। पर इससे कहीं अधिक गंभीर परिणाम स्कूली शिक्षा के क्षेत्र में धन पर आधारित एक दुर्लंघ्य विभाजन की स्थापना के रूप में सामने आया। भारतीय समाज में सत्ता की अत्यंत विषम असमानता के समानांतर शिक्षा में असमानता बरकरार रखने की भूमिका 'पब्लिक' स्कूल कही जानेवाली संस्थाओं ने निभाई।

'पब्लिक' स्कूलों की जन्मभूमि ब्रिटेन में इनका निश्चित स्वरूप उन्नीसवीं सदी के दौरान प्रकट हुआ। इंग्लैंड में लगभग ढाई सौ 'पब्लिक' स्कूल हैं, जिनमें से करीब एक तिहाई पहले साधारण 'ग्रामर'[2] स्कूल थे। कालांतर में इनमें से कुछ को स्थानीय स्तर से अधिक व्यापक साख मिली और देश के विभिन्न भागों से उच्चमध्यवर्गीय तथा भूमिपति घरानों के बच्चे इनमें पढ़ने के लिए आने लगे। उन्नीसवीं सदी के दौरान इन स्कूलों ने एक निश्चित व्यक्तित्व प्राप्त कर लिया जिसकी मुख्य विशेषताएँ थीं ईसाई मानवतावाद, हरफनमौलापन के लिए सम्मान, प्रायोगिक से अधिक सैद्धांतिक ज्ञान के प्रति रुझान और मनुष्य के क्रियाकलापों में वैज्ञानिक पद्धति के प्रयोग के प्रति अरुचि।[3] कड़ा अनुशासन और परिश्रम, पारंपरिक विषयों का अध्ययन और पढ़ाई-लिखाई के बहुत ऊँचे स्तर को इन स्कूलों ने अपनी रीति और पहचान बना लेने का प्रयास किया। अपनी व्यवस्था को सुचारु रूप से चलाने के लिए वे अभिजात वर्ग पर निर्भर हो गए। इस वर्ग के बच्चों को अच्छी से अच्छी शिक्षा देकर सामाजिक प्रतिष्ठा तथा राजनैतिक ताकत के ऊँचे पदों पर पहुँचाना इनका उद्देश्य बन गया। उन्नीसवीं सदी के इंग्लैंड को दुनिया भर में फैले अपने उपनिवेशों के लिए समर्पित और समर्थ अफसरों की जरूरत थी। स्वयं इंग्लैंड में पुरानी सामंती-व्यवस्था के जनतंत्रीकरण ने नौकरशाही के प्रशासक देते रहना अपना उत्तरदायित्व बनाया। उनका काम था अभिजनों की संतान को सत्ता के इस्तेमाल के लिए तैयार करना। इस काम के लिए 'पब्लिक' स्कूलों ने अपने विशिष्टत्व और बच्चों के ऊँचे सामाजिक स्तर के मेल से एक खास शैली का विकास किया। धीरे-धीरे वे मध्यवर्ग के महत्त्वाकांक्षी लोगों के लिए सामाजिक प्रतिष्ठा की स्पर्धा में प्रगतिचिह्न बन गए। उन्होंने एक शिक्षायी मशीनरी का स्वरूप प्राप्त कर लिया जो प्रतिष्ठा और सत्ता दिलवाती थी और जो लंबे समय तक आजमाई जाने के बाद भरोसेमंद साबित हो चुकी थी। इंग्लैंड में आज लगभग पंद्रह हजार बच्चे 'पब्लिक' स्कूलों में प्रतिवर्ष दाखिला लेते हैं, जो इस आयु वर्ग के कुल बच्चों के 2 प्रतिशत हैं। सर्वेक्षणों से ज्ञात हुआ है कि

व्यापारिक प्रतिष्ठानों में सबसे ऊँचे पदों पर बैठे तीन लोगों में से एक और विभिन्न सेवाओं के तीन में से दो व्यक्ति 'पब्लिक' स्कूलों में पढ़े हैं।

भारतीय 'पब्लिक' स्कूलों का इतिहास इंग्लैंड के 'पब्लिक' स्कूलों से कुछ भिन्न है। इस समय अपने को 'पब्लिक' स्कूल कहनेवाली संस्थाएँ ठीक-ठीक कितनी हैं, यह कहना असंभव है; क्योंकि अब फीस लेकर शिक्षा देनेवाली लगभग हर नई संस्था का उपनाम अंग्रेजी मीडियम पब्लिक स्कूल होता है। देशव्यापी प्रतिष्ठावाले पुराने 'पब्लिक' स्कूलों की संख्या नगण्य है और उनकी फीस बहुत ऊँची—एक बच्चे के लिए एक हजार रुपए मासिक तक है। इन स्कूलों में से कुछ की शुरुआत उन्नीसवीं सदी के उत्तरार्ध में हुई जब अंग्रेजी शासन द्वारा प्रोत्साहित किए जाने पर पर्याप्त संख्या में लोगों ने निजी स्कूल खोले। स्कूल खोलनेवालों में अंग्रेज और भारतीय दोनों शामिल थे। ईसाई धर्म-प्रचारकों ने अठारहवीं सदी में ही भारत में स्कूली शिक्षा में अपना स्थान जमा लिया था हालाँकि उन्हें लगातार कई राजनीतिक बाधाओं का सामना करना पड़ा। उन्नीसवीं सदी के अंतिम वर्षों में वाइसराय कर्जन के निर्देशन में शिक्षा पर सरकारी नियंत्रण बढ़ाने की नीति अपनाई गई, जिसका एक परोक्ष उद्देश्य स्कूलों व कॉलेजों के माध्यम से राष्ट्रीय भावना का प्रसार रोकना था। इस नीति का एक परिणाम यह हुआ कि ईसाई धर्म-प्रचारक तथा अनेक निजी संस्थाओं के संचालक अपना दायरा सीमित रखने को बाध्य हुए। अपने अस्तित्व की सुरक्षा के लिए उन्होंने धनी वर्गों तथा पढ़ाई-लिखाई व अनुशासन के बहुत 'ऊँचे' स्तर का सहारा लिया। इंग्लैंड के 'पब्लिक' स्कूल, जो अब तक एक निश्चित ढाँचा अपना चुके थे, इन भारतीय स्कूलों के संचालन के लिए अनुकरणीय सिद्ध हुए। अंग्रेजी की महिमा इन स्कूलों में पहले से स्थापित थी। आवश्यकता थी अपनी साख को एक टिकाऊ सामाजिक आधार प्रदान करने की। इंग्लैंड के 'पब्लिक' स्कूलों की तरह उन्होंने भी अपने बच्चों की मंजिल नौकरशाही की कुर्सियों में तय की। बहुत जल्दी उन्होंने अफसरी अर्हताओं को अपनी शिक्षा पद्धति में ढाल लिया। अंग्रेजी पर अधिकार, हरफनमौला किस्म की दिलचस्पी (जिसका लाभ भारतीय प्रशासनिक सेवा के लिए सामान्य ज्ञान के परचे में मिलता है), अनुशासित शिष्ट व्यवहार तथा काम के प्रत्यक्ष अनुभव की जगह किताबी ज्ञान का महत्त्व—भारतीय 'पब्लिक' स्कूलों में शिक्षा की प्राथमिकताएँ यही थीं। यह स्वाभाविक ही था कि ये इंग्लैंड के 'पब्लिक' स्कूलों की प्राथमिकताओं से मिलती-जुलती हों।

आजादी के बाद पब्लिक स्कूलों की रीति-नीति और उनके ढाँचे में कोई परिवर्तन नहीं आया। धनी परिवारों के बच्चों के अलावा वे बड़े अधिकारियों तथा मंत्रियों के बच्चों की शिक्षा के अड्डे बन गए। देश के उन लाखों सरकारी स्कूलों से उनका कोई साम्य न था, जिनमें बच्चे टूटे-फूटे बरामदे या कमरे में भर दिए जाते

है। 'पब्लिक' स्कूल स्पष्टतः स्कूली शिक्षा की मुख्य धारा से अलग थे और समाज के समृद्ध और पिछड़े हुए लोगों के अंतर को पुख्ता कर रहे थे। अनुमानतः आज भी सरकार और व्यापारिक प्रतिष्ठानों के उच्चतम पदों पर आसीन अधिकांश व्यक्ति 'पब्लिक' स्कूलों में पढ़े हुए होते हैं।

सरकार ने 'पब्लिक' स्कूलों के प्रति कभी कड़ा रवैया नहीं अपनाया। सच तो यह है कि सरकारी स्तर पर 'पब्लिक' स्कूलों के संबंध में कभी कोई गंभीर विवाद नहीं उठा। सामान्य तौर पर यह माना जाता रहा है कि 'पब्लिक' स्कूल शिक्षा और अनुशासन का बहुत ऊँचा स्तर प्राप्त कर चुके हैं, इसलिए उनकी सीमित सामाजिक परिधि को सहन किया जाना चाहिए। इस परिधि को फैलाने के घोषित उद्देश्य के तहत 1973 में सरकार की एक नई योजना के अंतर्गत 'पब्लिक' स्कूलों में समाज के कमजोर तथा पिछड़े वर्गों के योग्य पाए जानेवाले बच्चों के लिए एक निश्चित संख्या में स्थान आरक्षित किए गए। स्कूल की मोटी फीस तथा अन्य खर्चों की पूर्ति सरकार द्वारा दिए जानेवाले वजीफों से करने का निश्चय किया गया, जिनकी संख्या आरंभ में पाँच सौ नियत की गई। वजीफा पाने के लिए अर्हता यह मानी गई कि बच्चे के अभिभावकों की मासिक आय 500 रुपए से कम हो। 15 प्रतिशत स्थान अनुसूचित जातियों तथा 5 प्रतिशत अनुसूचित जनजातियों के लिए सुरक्षित किए गए।

यह एक दिलचस्प बात है कि शिक्षा मंत्रालय की यह योजना इंग्लैंड में 1968 में घोषित किए गए उस कार्यक्रम से बहुत मिलती-जुलती है, जिसके अंतर्गत 'पब्लिक' स्कूलों में समाज के गरीब तबकों के बच्चों की पढ़ाई के लिए सरकारी सहायता दी जानी थी। यह कार्यक्रम 'पब्लिक' स्कूलों के प्रधानाध्यापकों की इस चिंता की कि उनके स्कूल समाज की मुख्य धारा से कट गए हैं तथा 'पब्लिक' स्कूल विरोधी बहसों की परिणति था। भारतीय सरकार की घोषणा के पीछे ऐसी चिंता या बहसें नहीं थीं, किंतु यह बात साफ तौर पर देखी जा सकती है कि कमजोर वर्ग के बच्चों को 'पब्लिक' स्कूलों में प्रवेश दिलाकर सरकार इन संस्थाओं को एक प्रकार की सामाजिक वैधता प्रदान करना चाहती है। सरकार कहती रही है कि 'पब्लिक' स्कूलों के द्वार गरीब बच्चों के लिए खोले जाएँगे। ऐसा हो जाने पर यह आरोप 'पब्लिक' स्कूलों पर कम से कम सिद्धांततः नहीं लग सकेगा कि उन तक केवल अमीरों की पहुँच है। सरकारी शिक्षाविदों में यह मान्यता प्रचलित रही है कि 'पब्लिक' स्कूलों में दी जा रही शिक्षा बहुत अच्छे किस्म की है और यदि कहीं अच्छी शिक्षा दी जा रही है तो उसे बंद क्यों किया जाए। वे इस तथ्य को महसूस भले करते रहे हों, मुखर रूप से मानने को तैयार नहीं हैं कि 'पब्लिक' स्कूल ऐसे अभिजात संस्कारों को प्रोत्साहन देते हैं जिनके रहते समाज में समता का वातावरण नहीं पनप सकता। उनकी आस्था है कि प्रतियोगिता के बिना समाज में प्रगति की

रफ्तार अक्षुण्ण नहीं रखी जा सकती । सामाजिक डार्विनवाद में उनके विश्वास की बदौलत 'पब्लिक' स्कूलों को भारत में शासकीय एवं राजनीतिक वैधता प्राप्त रही है ।

गरीब तथा हरिजन बच्चों को धनी घरानों के बच्चों के साथ पढ़ाने के कुछ मनोवैज्ञानिक और राजनीतिक परिणाम होंगे । वर्तमान में देश के अधिकांश 'पब्लिक' स्कूलों में शिक्षा का माध्यम अंग्रेजी है । इन स्कूलों में बच्चों को पढ़ाने के लिए आर्थिक दृष्टि से समर्थ माँ-बाप समाज के उस दायरे में रहते हैं, जिसे अंग्रेजी ने बाँधा है । उनके जीवन और व्यक्तित्व को अंग्रेजी ने सजाया है और इस साज-सज्जा में देशी भाषा व आचार-विचार नितांत निचला स्थान ही पा सकते हैं । अंग्रेजी वह चर्बी है, जो इस वर्ग के वैचारिक खोखलेपन को ढाँपती है । इस वर्ग के बच्चों के साथ थोड़े-से हरिजनों व जनजातियों के बच्चों का साहचर्य इन दूसरे बच्चों में अत्यंत विषम मनःस्थितियों को जन्म देगा । भाषा के संकट से आरंभ हो कर आर्थिक दूरी पर निर्भर स्वास्थ्य, आत्मविश्वास, मानसिक क्रियाशीलता आदि सभी में ऐसी खलबली पैदा होगी जिसमें गरीब बच्चे का व्यक्तित्व पूरी तरह डगमगा जाएगा । सँभलने का एकमात्र साधन उसके पास यह शेष रहेगा कि वह अपने बहुसंख्यक सहपाठियों की जीवन-रीति को आदर्श मानकर अपना ले । यह साधन उसके अस्तित्व को एक तात्कालिक सुरक्षा भले ही प्रदान कर दे, किंतु इसे पाने के लिए उसे अपने संपूर्ण अहं, मनोबल और आत्मविश्वास की बलि देनी होगी ।

इस व्यक्तिगत पराजय के साथ वह एक सामाजिक दुर्घटना का शिकार भी होगा । 'पब्लिक' स्कूल के समृद्ध तथा आभजात वातावरण में पढ़ा हरिजन बच्चा अपने वर्ग के बहुसंख्यक लोगों से मानसिक रूप से कट जाएगा । उस पर थोपे गए उच्चवर्गीय संस्कार उसमें अपने वर्ग की चेतना नहीं, एक प्रतिगामी चेतना जगाएँगे । यह संदेह किया जा सकता है कि प्रतिगामी चेतना शासन की नीति में निहित है । कमजोर वर्गों की नई पीढ़ी के उन बच्चों को, जिनका मस्तिष्क सर्वाधिक क्रियाशील पाया जाए, अभिजात परिवेश में पोसने का लक्ष्य यह हो सकता है कि इन वर्गों से उठ सकनेवाली संघर्षशील चेतना को शुरू से दबोच दिया जाए । लक्ष्य यह हो या न हो, परिणाम अवश्य यही होगा । भारतीय समाज के इन वर्गों का जीवन-धर्म आत्मा की कुचलन को बरदाश्त करना है । इस धर्म ने उनके जीवन को जितनी क्रूरता से विकृत किया है, उसे देखते हुए यह संभव नहीं कि उनके बीच बड़ी तादाद में ऐसे बच्चे मिलें, जो अपने बड़ों की व्यवस्था से उत्पन्न दहशत को संघर्षशील बल में बदल सकें । जिन थोड़े-बहुत बच्चों में यह प्रक्रिया संघटित हो सकती है, वे कदाचित 'पब्लिक' स्कूलों में चले जाएँगे ।

'पब्लिक' स्कूलों में विशेष योग्यतावाले हरिजन बच्चों के लिए कुछ स्थान

आरक्षित करके समाज में विषमता कम करने की कोशिश भारत की आर्थिक और राजनीतिक व्यवस्था के स्वभाव के अनुकूल ही है और इसी व्यापक पृष्ठभूमि में परखी जानी चाहिए। हम अपने समाज के विभाजकों को समाप्त नहीं करना चाहते; क्योंकि मूलतः हम आज भी संस्कारी असमानता के विश्वासी हैं। हम चाहते सिर्फ यह हैं कि ये विभाजक आँख में न खटकें, उन्हें किसी प्रकार का आवरण प्राप्त हो जाए जो उन्हें सामाजिक वैधता दे दे। बड़ा सेठ जिस प्रेरणा से आश्रम खुलवाता है, पूँजीवादी तथा प्रतियोगितापोषी व्यवस्था उसी प्रेरणा से गरीब बच्चों को मँहगी शिक्षा दिलाएगी। उसकी मंशा के बारे में कोई संदेह रखना व्यर्थ होगा। यदि वह सचमुच गरीब बच्चों को 'बड़ों' के बच्चों के साथ पढ़ने का मौका देने के लिए उत्सुक होती तो गरीब बच्चों के लिए वह विशेष योग्यता की कसौटी न रखती। अमीर की संतान पैसे के बल पर पढ़े और गरीब की संतान को योग्यता के दम पर उसके साथ बैठने की इजाजत दी जाए, ऐसा सहअस्तित्व किसी प्रकार समतामुखी या समता लाने की चिंता से प्रेरित नहीं हो सकता।

नई दिल्ली की नगरपालिका परिषद ने पिछले दशक के शुरू में—'नवयुग पब्लिक स्कूल' नामक एक संस्था आरंभ की थी। इसमें प्रवेश के लिए अखबारों में दिए गए विज्ञापन के एक शब्द से नगरपालिका परिषद की प्रतिभा संबंधी धारणा ध्वनित होती थी। नगरपालिका परिषद चूँकि एक नागरिक संगठन है, इसलिए साफ-साफ यह कहना उसे शोभा न देता कि 'नवयुग पब्लिक स्कूल' में फीस दे सकनेवाले माता-पिताओं के बच्चे ही पढ़ सकेंगे। परिषद ने ऐसा रास्ता चुना जिससे उसके द्वारा संचालित 'पब्लिक' स्कूल को 'सही', यानी फीस दे सकनेवाले, बच्चे भी मिल जाएँ और उसे जनतंत्रविरोधी होने का दोषी भी न पाया जाए। उसने स्कूल के नाम और लक्ष्य को अंग्रेजी में इस तरह पेश किया : 'नवयुग पब्लिक स्कूल', फार गिफ्टेड चिल्ड्रन। 'गिफ्टेड' शब्द की व्यंजना के अनुसार प्रतिभा एक देन है—प्रकृति और सौभाग्य का तोहफा—जिसे पाने के वास्ते कोई स्वयं कुछ नहीं कर सकता। 'नवयुग पब्लिक स्कूल' का लक्ष्य इस शब्द के द्वारा उन बच्चों को पा सकता था, जिनकी योग्यता की औपचारिक परीक्षा करके इस बात की तसदीक की जा सके कि वे सचमुच 'गिफ्टेड' हैं।

बहरहाल, 'नवयुग स्कूल' मध्यवर्ग के वे बच्चे प्राप्त करेगा जिनके पास पुराने, स्थापित 'पब्लिक' स्कूलों में प्रवेश पा सकने के लिए पुश्तैनी प्रतिष्ठा, धन या अभिभावक के ऊँचे पद का सहारा नहीं है। आजादी के बाद भारत में महानगरों और कस्बों के विकास के साथ मध्यवर्ग का तीव्र विस्तार हुआ है। मध्यवर्ग की आवश्यकताएँ पूरी करनेवाले आर्थिक तथा सांस्कृतिक संगठन बढ़े हैं। एक ओर बिजली के सामान की खपत बढ़ी है, तो दूसरी ओर बीमा तथा फिल्म कंपनियों और विशेष सुविधाओंवाले स्कूलों की संख्या बढ़ी है। पुराने 'पब्लिक' स्कूलों की तर्ज

पर महानगरों के लगभग हर मुहल्ले में और प्रांतीय शहरों, कस्बों में फीस लेकर शिक्षा देनेवाले स्कूल धड़ल्ले से खुल रहे हैं। इनके संचालक स्थानीय स्तर के निजी संगठन होते हैं या कोई बहुधंधी व्यापारी। इनके और सरकारी स्कूलों के बीच कोई स्पर्धा नहीं है; क्योंकि उसमें समाज का कोई भी सदस्य अपने बच्चे भेज सकता है। नए 'पब्लिक' स्कूल समृद्धि की साधना में रत मध्यवर्ग की औलाद को शेष बहुसंख्यक समाज की संतान से अलग रखकर शिक्षा देते हैं। वे अंग्रेजी बोलना सिखाते हैं—वह कैसी भी क्यों न हो—, बच्चों को साहबों-जैसी आदतें डलवाते हैं और पिंजरों-जैसे दिखनेवाले रिक्शों में घर तक छोड़ने की व्यवस्था करते हैं। वे मध्यवर्ग को इस भ्रम में रखने की कोशिश करते हैं कि वह कुम्हार, नाई और धोबी के स्तर से ऊपर है। यह मध्यवर्ग का प्रिय भ्रम है।

पैसा लेकर शिक्षा देनेवाले निजी या स्वायत्त स्कूलों में समानांतर सरकारी स्कूलों की संख्या में लगातार वृद्धि होती रही है। विशेष सुविधाओंवाले गैरसरकारी स्कूल तो विषमतापोषी हैं ही, सरकारी स्कूल स्वयं समानता के पोषक हों, ऐसा नहीं है। 1966 के शिक्षा आयोग ने देश भर में 'नेबरहुड' स्कूलों की सिफारिश की थी, किंतु इन दस वर्षों की शिक्षा नीति का रुझान सीमित संख्या में विशेष सुविधाओंवाले सरकारी स्कूल खोलने की ओर रहा है। इनका घोषित उद्देश्य था स्तर में गिरावट को रोकने के लिए अपने इलाके के साधारण स्कूलों का मार्गदर्शन करना। 'बहुउद्देशीय', 'आदर्श', तथा 'केंद्रीय' स्कूल इसी उद्देश्य से खोले गए। अपने पड़ोसी स्कूलों के मार्गदर्शन-जैसी कोई चीज ये स्कूल नहीं कर सके, क्योंकि उनके और अन्य स्कूलों के बीच संपर्क और सहयोग की संभावनाएँ बहुत कम थीं। इसके स्थान पर ये स्कूल विशेष सुविधाओंवाले गैरसरकारी स्कूलों की तरह मध्यवर्ग के बच्चों को समाज के पिछड़े हुए तबकों के बच्चों से अलग रखने का साधन बन गए। आभिजात्य का सबसे भद्दा विकास केंद्रीय स्कूलों (संख्या 633) ने किया। इन स्कूलों में केंद्रीय सेवाओं में लगे अधिकारियों के बच्चे पढ़ते हैं। कितने इत्मीनान से हमने इन बच्चों के लिए एक पृथक स्कूली व्यवस्था का होना मंजूर किया है! यह दिखाता है कि समतामुखी समाज की मानसिकता से अभी हम कितनी दूर हैं।

1986 की 'नई' शिक्षा नीति में प्रस्तावित नवोदय विद्यालयों की शुरुआत के बाद भारतीय शिक्षा-व्यवस्था का विषमतापोषी चरित्र एक नए, गहन दौर में पहुँच गया है। नवोदय विद्यालयों की योजना के पक्ष में यह दलील दी गई है कि ग्रामीण क्षेत्रों के प्रतिभावान छात्रों को आगे बढ़ने के साधन नहीं मिल पाते, इसलिए हर जिले में ऐसा एक सरकारी स्कूल होना चाहिए, जो प्रतिभावान ग्रामीण छात्रों को शिक्षा के बेहतर साधन उपलब्ध कराए। नवोदय विद्यालय फिलहाल 11 वर्ष की आयु के प्रतिभाशाली बच्चों को दाखिल करता है। जिला स्तर पर इस योजना में दो

भारी सैद्धांतिक कमजोरियाँ हैं। एक तो यह कि प्रतिभा की भरोसेमंद पहचान बचपन में करना बहुत कठिन काम है। मनुष्य की प्रतिभा के विभिन्न रूपों को लेकर मनोविज्ञान अभी ऐसे निष्कर्षों से कोसों दूर है कि किस रूप को कब पूरी तरह पहचाना जा सकता है। जो लोग प्रतिभा को बचपन में ही पहचान लेना उचित समझते हैं, वे प्रायः प्रतिभा की एक रूढ़ सीमित धारणा लेकर चलते हैं। नवोदय विद्यालय ऐसी धारणाओं से बच नहीं सकते। नवोदय योजना की दूसरी सैद्धांतिक कमजोरी इस विचार में निहित है कि होशियार बच्चों को एक विशिष्ट वातावरण में रखने से उनकी होशियारी निखरेगी। उपलब्ध प्रमाण इसके उलट हैं। वे दिखाते हैं कि समाज में प्रतिभा का स्तर बढ़ाने का सबसे अच्छा तरीका सभी तरह के बच्चों को एक साथ रखकर हर बच्चे को उसकी स्वाभाविक गति से बढ़ने का अवसर देना है। बच्चे सिर्फ अध्यापकों और किताबों से नहीं सीखते, एक-दूसरे से भी सीखते हैं। अलग-अलग आर्थिक, पारिवारिक और सांस्कृतिक परिवेश से आनेवाले बच्चों का साथ-साथ पढ़ना उनमें नई शैक्षिक संभावनाएँ पैदा करता है।

इन कमियों के बावजूद यदि शासन नवोदय विद्यालय योजना को आगे बढ़ाने पर आमदा है तो इसके दो कारण हैं। पहला यह है कि देश के सारे बच्चों को अच्छी शिक्षा के साधन उपलब्ध कराने की आशा और इच्छा हमारे शासक वर्ग में नहीं है; न ही उसे इसकी जरूरत महसूस होती है, क्योंकि बच्चों की शिक्षा किसी सार्वजनिक चिंता या जनांदोलन का मुद्दा नहीं है। यदि हर जिले में एक स्कूल ठीक से चलाकर वाहवाही लूटी जा सके तो जिले के अन्य हजारों स्कूलों को ठीक से चलाने की क्या जरूरत है? दूसरा कारण यह है कि भारतीय राजनीति के मौजूदा दौर में ग्रामीण धनिक वर्ग को प्रसन्न रखने का काफी महत्त्व है। प्रतिभा की परीक्षा में आरक्षित स्थानों को छोड़कर शेष के लिए देर-सबेर वही बच्चे योग्य पाए जाएँगे जिनके माँ-बाप खर्चा करके परीक्षा की तैयारी कराएँगे। वैसे ही पाँचवीं कक्षा के अंत तक पहली में दाखिल हुए कुल बच्चों में से दो तिहाई स्कूल से अलग हो जाते हैं। इस छँटनी में गाँव के निर्धन लोगों की संतान शिक्षा के लिए अयोग्य सिद्ध कर दी जाती है। नवोदय विद्यालय की छठी कक्षा के लिए उसे अलग से अयोग्य सिद्ध करने की जरूरत नहीं है।

संदर्भ

1. सुरेशचंद्र शुक्ल "ऐलीमेंट्री एजूकेशन इन ब्रिटिश इंडिया ड्यूरिंग लेटर नाइंटीथ सेंचुरी", दिल्ली : केंद्रीय शिक्षा संस्थान, 1959
2. 'ग्रामर स्कूल' शब्द इंग्लैंड में मध्य युग में चर्च और बाद में चर्च तथा गैरधार्मिक संगठनों द्वारा खोले गए स्कूलों के लिए प्रयुक्त होता था। इनमें लंबे समय तक लैटिन व्याकरण को बहुत महत्त्व दिया जाता रहा।
3. एडवर्ड ब्लिशेन, (संपादक) *ब्लांड्स एनसाइक्लोपीडिया ऑफ एजूकेशन,* लंदन, 1969 में 'पब्लिक स्कूल्स' के अंतर्गत।

समाजशास्त्रीय कल्पना की खास बात ऐसी सामर्थ्य है, जो एक नजरिए से दूसरे नजरिए पर जाने और इस प्रकार सारे समाज और उसके हिस्सों की संतोषप्रद तस्वीर बनाने का मौका देती है।

—सी. राइट मिल्स

समाज की पढ़ाई

कई साल पहले मुझे नई दिल्ली के सरदार पटेल विद्यालय की आठवीं कक्षा में सामाजिक अध्ययन की एक विशेष घंटी में बैठने का अवसर मिला था। यह संसद की घंटी थी, लेकिन वैसी संसद की नहीं जैसी आमतौर पर स्कूलों में आयोजित की जाती है और 'तमाशा संसद' कहलाती है। तमाशा संसद में बच्चे 'असली' संसद के नेताओं जैसे दिखने की, शक्ल और पोशाक से लेकर बोलने के लहजे को हूबहू उतारने की, कोशिश करते हैं। इस आयोजन को शिक्षा विभाग बच्चों में संसदीय प्रशासन पद्धति का प्रशिक्षण मानता है, उसके लिए धनराशि देता है और राष्ट्रीय स्तर पर एक वार्षिक बाल संसद आयोजित करता है। स्कूलों में इसे पाठ्यक्रमेतर गतिविधियों के अंतर्गत रखा जाता है। संसद का आयोजन एक नाटक की तरह किया जाता है। निश्चय ही नाटक शिक्षा का माध्यम हो सकता है, किंतु संसद का अभ्यास पूरी तरह नाटक भी नहीं बन पाता, क्योंकि उसमें बच्चों की कल्पना और अभिनय-क्षमता को एक सुपरिचित दायरे के भीतर रहना होता है। यह अभ्यास सचमुच तमाशा बनकर रह जाता है।

सरदार पटेल विद्यालय की संसद नाटकीय नहीं थी। वह उस तामझाम से मुक्त थी जो 'तमाशा संसद' में नाटक का भ्रम पैदा करता है। 'असली' संसद के नेताओं की नकल करने का कोई इरादा बच्चों में नहीं था। उनके अध्यापक श्री बी. डी. मेहता ने संसद-प्रणाली को सामाजिक अध्ययन की कक्षा के एक साप्ताहिक अभ्यास की तरह स्थापित किया था। उनका उद्देश्य कक्षा में संसदीय ढंग की बहस का माहौल उत्पन्न करना था, न कि कक्षा में संसद का भ्रम पैदा करना। सर्दी से ठिठुरता, सबसे पिछली कतार में बैठा हुआ मैं बड़ी आसानी से देख पा रहा था कि कक्षा के यथार्थ को भूलने की कोई चेष्टा बच्चे नहीं कर रहे थे। सिवाय प्रासंगिक सवालों के संसद के सामयिक यथार्थ से उन्हें कोई वास्ता न था। उनके सत्ताधारी दल, प्रतिपक्ष, अध्यक्ष, मंत्री सभी थे, पर सभी निकर और स्कर्ट में कक्षा में अपने सामान्य स्थानों पर बिखरे हुए थे। संसद की औपचारिकताओं की ओर ध्यान देने की जगह वे कक्षा की सामान्य पद्धति को जीवंत बनाने की कोशिश कर रहे थे।

कमरा कक्षा लग रहा था, प्रेक्षागृह नहीं, जैसाकि शिक्षा विभाग तथा कुछ स्कूलों द्वारा आयोजित 'तमाशा संसद' में लगता है और आयोजकों को भौंडा नहीं लगता क्योंकि वे अपने आयोजन के उद्देश्य को नाटकीय मान चुके होते हैं। पटेल विद्यालय की संसद में मुझे ऐसा नहीं लगा कि बच्चे यह भूलना चाह रहे थे कि वे बच्चे हैं। वे जानते थे कि उनके दोनों दर्शक—उनके अध्यापक श्री मेहता और अतिथि, मैं—उनका नाटक देखने नहीं आए हैं।

प्रणाली के लिहाज से आठवीं कक्षा के इन बच्चों ने संसदीय परंपरा अपने ढंग से न केवल अपनाई थी, बल्कि उसे बेहतर बनाने की कोशिश की थी। वे किसी 'मंत्री' द्वारा दी गई जानकारी को तुरंत कोष की मदद से परखने के लिए तैयार थे। प्रतिपक्ष और सत्तादल का विभाजन उनके लिए इतना महत्त्वपूर्ण नहीं था जितना बहस के विषय की पूर्ण पड़ताल। यह सही है कि कुछेक 'मंत्री' कभी-कभी तुनक उठते, पर प्रतिपक्ष पर हावी होने की कोशिश उन्होंने शायद ही कभी की। कक्षा के सबसे होशियार छात्र उस दिन प्रतिपक्ष में थे; वे न जाने कहाँ से तथ्यपरक जानकारी तलाश कर लाए थे और उसे प्रस्तुत करने के लिए धैर्यपूर्वक बैठे रहकर सही क्षण की प्रतीक्षा कर रहे थे। सबसे बड़ी बात यह थी कि कक्षा के अध्यापक श्री मेहता की उपस्थिति का कोई प्रभाव दिखाई नहीं दे रहा था। मेरी उपस्थिति का प्रभाव होने का सवाल ही नहीं था, क्योंकि मैं एक अपरिचित अतिथि था और बच्चे उस तरह के नहीं थे जिन्हें हर वक्त अपने करतब की शान के प्रति सावधान रहने की आदत डाल दी गई हो।

बावजूद इन सब अच्छी बातों के उस संसद-कक्षा की अपनी सीमाएँ वास्तव में उस कक्षा की नहीं, उस सामाजिक अध्ययन की धारणा और प्रणाली की सीमाएँ थीं जिसके अंतर्गत संसद आयोजित की गई थी। इन सीमाओं की चर्चा आरंभ करने के लिए पहली बात, जो मुझे इस कक्षा से याद आती है, यह है कि उस दिन कक्षा या स्कूल से संबंधित कोई मामला किसी ने नहीं उठाया। जिन विषयों पर चर्चा हुई, उनमें तेल-संकट सबसे प्रमुख था। थोड़ी-बहुत चर्चा शस्त्रास्त्रों के व्यापार पर भी हुई। ये विषय इसलिए उठाए गए थे क्योंकि ये सामयिक थे। उन दिनों इन विषयों पर रोज अखबारों में ढेर-सारी सामग्री प्रकाशित हो रही थी। रेडियो और दूरदर्शन के कार्यक्रमों में भी तेल-संकट सबसे महत्त्वपूर्ण विषय था। शस्त्रास्त्रों की होड़ पर कुछ दिन पूर्व एक शिखर स्तरीय बैठक की पृष्ठभूमि में अनेक पत्रकारों ने टिप्पणियाँ लिखी थीं। इन विषयों पर सामग्री एकत्र करना बहुत आसान था। सिर्फ कुछ अखबारों से और रेडियो या दूरदर्शन के करीब कुछ घंटे बिताकर तेल-संकट का विशेषज्ञ बना जा सकता था। सरदार पटेल विद्यालय में धनी लोगों के बच्चे पढ़ते हैं, एक बच्चे पर सौ रुपए के करीब मासिक खर्च आता है। ये बच्चे शहर के समृद्ध मध्यवर्ग के परिवारों के सदस्य होते हैं। सबके घर अखबार आता

है, रेडियो है और ज्यादातर के घर दूरदर्शन भी। इन प्रसार-माध्यमों पर बताई जानेवाली जानकारी हासिल कर लेना उन बच्चों के लिए चुटकी का खेल था।

इसके विपरीत यदि वे स्कूल या अपनी कक्षा के बारे में कोई बहस करना चाहते तो उन्हें अपनी सूझबूझ से विषयों की तलाश करनी पड़ती। वे एक घोर अनुशासित स्कूल के सदस्य थे। राजधानी के 'अच्छे' कहे जानेवाले 'पब्लिक' स्कूलों की परंपरा और गरिमा के अनुकूल व्यवस्था, सफाई और अनुशासन पटेल विद्यालय में था और अब भी होगा। चारों तरफ हर चीज अपनी जगह पर दिखती थी और बरामदों में पूर्ण शांति थी। कभी-कभार किसी काम से एक कमरे से दूसरे में जा रहे एक-दो बच्चे बरामदे में दिख जाते थे। वे विद्यालय का गणवेश पहने थे साफ, सुंदर और स्वस्थ दिखते थे। पेशाबघर में भी सफाई और अनुशासन था। सारे स्कूल की दीवारें सफेदी की हुई, साफसुथरी थीं। व्यवस्था के इतने दबदबे में रहते हुए किसी विचारणीय कमी की तलाश कर सकना बच्चों के लिए क्या, किसी बाहरी बड़े के लिए भी बहुत कठिन था। कमी ही क्यों, स्कूल की व्यवस्था के किसी भी पहलू का विश्लेषण करना मुश्किल होता। हर प्रक्रिया में वहाँ इतनी संगति थी कि सतह के नीचे कुछ भी देख सकना नामुकिन था। कौन-सा बच्चा कैसे परिवार से आया है, यह जान सकने की संभावना गणवेश ने कम कर दी थी। चेहरों से कोई जान सकता तो जान लेता। वह समाज जिसके बीच में स्कूल स्थित था, स्कूल के भीतर बिल्कुल अदृश्य था। सामाजिक अध्ययन के लिए निश्चय ही काफी दूभर परिस्थिति थी।

इसलिए यह कोई आश्चर्य की बात नहीं थी कि बच्चों ने संसदीय बहस की पद्धति ही नहीं, बहस के मुद्दे भी संसद से ही लिए थे। 'तमाशा संसद' के दुर्गुणों से बच सकने के बावजूद वे समाज के अध्ययन का ऐसा कोई तरीका नहीं खोज सके थे, जो उन्हें संसदीय बहस की सीमाओं से आगे ले जा पाता। मैं स्वयं संसद में आज तक नहीं गया हूँ इसलिए वहाँ की कार्यप्रणालो का प्रत्यक्ष अनुभव मुझे नहीं है लेकिन अखबारों में संसद की रपटें पढ़ते-पढ़ते मैं संसदीय लोकतंत्र की कुछ खास बातें समझ सका हूँ। ये सभी बातें दुनिया भर की राजनीति पर लागू होती हैं क्योंकि इनका संबंध किसी एक देश की संसद से नहीं, चीजों को देखने के रवैये से है। मैं समझता हूँ कि संसदीय बहसों ने हमें समस्याओं और घटनाओं के प्रति औपचारिक दृष्टिकोण अपनाना सिखाया है। जानकारी के आदान-प्रदान के स्थान पर संसद महज पूछना और सुनना सिखाती है। उसने एक भाषा गढ़ ली है जो देश की जमीन पर घटनेवाली घटनाओं से संपर्क के अभाव में फरजी या भोथरी हो गई है। इस भाषा में लोगों के लिए नहीं, राजनीतिक इकाइयों भर के लिए जगह है। ''रूस ने अमरीका से कहा है'' या ''मध्यप्रदेश की शिक्षा नीति इस वर्ष बदल दी जाएगी'' या ''भारत को भेजा गया गेहूँ खराब निकला'' जैसे वाक्यांश शैलीविज्ञान के

दृष्टिकोण से अमूर्त हैं। इनका अर्थ इनसे अभिहित वस्तुओं, घटनाओं या लोगों को व्यंजित नहीं करता बल्कि पहले से मान लिए गए एक ढाँचे को व्यंजित करता है, जिसमें 'रूस' और 'अमरीका' का आशय इनकी सरकारों से, 'मध्यप्रदेश' का आशय वहाँ की नौकरशाही से और 'भारत' से आशय खराब गेहूँ खा सकनेवाले देश से है। पुराने इतिहास-ग्रंथों में कहा गया था कि अमुक देश के राजा ने अपने पड़ोसी देश के राजा को संदेश भेजा। यह बिल्कुल साफ था कि संदेश की आवाजाही में प्रजा ने कोई हिस्सा नहीं लिया। यह बात दूसरी है कि युद्ध होने पर उस जमाने में भी प्रजा या प्रजा के सैनिक लड़ते थे हालाँकि लड़ाई राजाओं की होती थी। आज स्थिति यह है कि युद्ध तो 'देशों' के बीच लड़ा ही जाता है, मित्रता भी 'देशों' के बीच पनपती है, यद्यपि वास्तव में वह देशों के प्रधानमंत्रियों के बीच जन्म लेती है और कुछ पढ़े-लिखे, स्वस्थ्य, सुविधाभोगी प्रतिनिधियों के बीच पनपती है। हमारी राजनीतिक और पत्रकारीय भाषा तथा शैली इतना हवाई हो चुकी है कि अब परिस्थिति का सही रूप जानते हुए भी हम उसे एक समाचार से नहीं जोड़ पाते। सत्ता की शक्ति बढ़ने के साथ देशों के भीतर और बाहर शक्ति-संतुलन सूक्ष्म हुआ है। पर यह वास्तव में देशों की अन्योन्याश्रयता बढ़ने से नहीं, वरन उनकी सरकारों के बीच पारस्परिकता बढ़ने से हुआ है। देशों की अन्योन्याश्रयता बढ़ती तो अमरीका का उपभोक्ता भारत के काजू या चाय उत्पादक की परिस्थिति समझता और लातीनी अमरीका से आया मांस खाने में हिचकता; क्योंकि वह अनाज के उत्पादन से छीनी गई जमीन पर पाले गए पशु का है। वास्तविकता यह है कि एक देश की जनता अब दूसरे देश की जनता के प्रति पहले से अधिक बेफिक्र है। देशों की आर्थिक विषमता और इस बेफिक्री में समानुपात है अर्थात आर्थिक विषमता जितनी अधिक होगी, एक देश की जनता में दूसरे देश की जनता की समझ उतनी ही कम होगी। लेकिन जहाँ आर्थिक विषमता नहीं है, जैसे यदि दो देश समान रूप से गरीब हैं, वहाँ भी समझ का नितान्त अभाव मिल सकता है। संयुक्त राज्य अमरीका का नागरिक यदि भारत के किसान का दर्द नहीं समझता तो भारत का किसान भी श्रीलंका या ब्राजील के कृषक का दर्द नहीं समझता। अब सिर्फ सरकारें एक-दूसरे को समझती हैं। जनता पहले से अधिक अपने स्थानीय और प्रांतीय दायरों में सिमट आई है। उसके पढ़े-लिखे वर्ग की जानकारी अवश्य बढ़ी है, समझ नहीं। सरदार पटेल विद्यालय के बच्चे उस सुबह जानकारी का ही संसदीय इस्तेमाल कर रहे थे।

यदि वे समझ की तलाश में होते तो तेल संकट से अधिक दिलचस्पी वे अपने स्कूल, घर और मुहल्ले में लेते। इनकी चर्चा करते हुए भौगोलिक रूप से वे सीमित हो जाते, पर मानसिक रूप से वे अधिक क्रियाशील होते। उनके पास न तो पूर्व प्रचलित शब्दावली होती, न कोई बहुत स्पष्ट धारणाएँ। उन्हें संरचनाओं की

खोज करनी पड़ती । इससे प्राप्त होनेवाला अभ्यास उन्हें कभी शायद अंतर्राष्ट्रीय राजनीति की उतनी आत्मीय और गहरी समझ तक ले जाता जैसे वह उनके आसपास की चीजों से अलग कोई दूर स्थित चीज न हो । उनकी संसद में प्रवेश करने से कुछ मिनट पहले मैंने एक घटना देखी थी, जिसे मैं बहस के लिए प्रस्तुत करता, लेकिन कक्षा का माहौल देखकर टाल गया । स्कूल में घुसने पर मुझे कुछ देर कार्यालय में प्रतीक्षा करनी पड़ी थी, क्योंकि मैं समय से पहले पहुँच गया था । कार्यालय में बैठे हुए मैंने एक नन्हीं लड़की को आते देखा । वह अपने शिक्षक के निर्देश पर चाक लेने आई थी । नियत स्थान से चाक लेते समय उसने आवश्यकता से अधिक टुकड़े उठा लिए । उठाते वक्त शायद किसी ने नहीं देखा, पर जब वह दरवाजे से निकल रही थी, एक विशालकाय हाथ, जो कार्यालय में किसी काम से आए एक शिक्षक का था, एकदम से उसके सामने आया । शिक्षक ने चेहरे पर प्यार लाते हुए चुपचाप चाक के कई टुकड़े लड़की से ले लिए और दो-तीन टुकड़े छोड़कर जाने दिया ।

इस घटना पर बहस का यह मुद्दा संसद में उठाया जा सकता था कि शिक्षक को उस लड़की से चाक इस तरह छीनने का क्या हक था ? क्या यह आवश्यक नहीं था कि वह उससे पूछे कि उसे कितने टुकड़ों की जरूरत है ? यह मान लेने का कोई अधिकार मेरी समझ में शिक्षक के पास नहीं था कि लड़की चोरी से चाक के कुछ अतिरिक्त टुकड़े 'फिजूल' खर्च करने या खेलने के लिए ले जा रही है । यदि इस घटना पर 'संसद' में बहस होती तो बच्चे अपने स्कूल की व्यवस्था तथा बच्चों और अध्यापकों के संबंध तय करनेवाली 'राजनीति' का काफी गहरा विश्लेषण कर सकते थे । सामाजिक अध्ययन की कक्षा के लिए यह बहुत उचित अभ्यास होता । लेकिन सामाजिक अध्ययन कहलानेवाले विषय की पारंपरिक अवधारणा में वह बहुत कठिनाई से स्थान प्राप्त कर पाता ।

सामाजिक अध्ययन की पारंपरिक अवधारणा तीन विषयों के मिश्रण की है । ये तीन विषय हैं : इतिहास, भूगोल और नागरिकशास्त्र; निश्चय ही ये तीनों समाज के सम्यक अध्ययन में मदद देनेवाले विषय हैं, किंतु केवल तब जब इन्हें एक-दूसरे से संबंधित करके पढ़ा जाए । इनकी पारस्परिकता ही इन्हें सामाजिक विषय बनाती है । अलग-अलग पढ़े जाने पर ये कोरे विषय रह जाते हैं, जिनके अध्ययन का उद्देश्य अपने आप में स्पष्ट नहीं होता । लेकिन, दुर्भाग्यवश, बच्चों के लिए ऐसी किताब दुर्लभ है, जो इन विषयों की पूरकता का स्थायी आभास उन्हें दे सके । ज्यादातर किताबों में भूगोल, इतिहास और नागरिकशास्त्र के लिए अलग-अलग खंड होते हैं । सामग्री में किसी तालमेल की कोई गुंजाइश नहीं होती जिसका लाभ एक परिश्रमी अध्यापक उठा सके । भूगोल के खंड का राजस्थान बेरौनक मरुभूमि होता है लेकिन इतिहास के खंड में लड़ाइयों और जौहर से गरिमामंडित हो उठता

है । नदियाँ और पहाड़ भौगोलिक ध्रुवसत्य बनकर रह जाते हैं, इतिहास कुछ वंशों के उत्थान-पतन की कहानी बन जाता है । देश का भूगोल इतिहास से जीवित और इतिहास भूगोल से प्रमाणित नहीं हो पाता ।

इतिहास और भूगोल में पारस्परिकता का अभाव वास्तव में इन दो विषयों की एक अन्य कमी का परिणाम होता है । कमी यह रहती है कि भूगोल और इतिहास लोगों से नहीं जुड़ पाते । वे समाजनिरपेक्ष बने रहकर एक तरह की स्वतंत्रता प्राप्त कर लेते हैं, जिसके प्रभाववश इतिहास किस्सागोई और भूगोल मनोरंजक चर्चा में तब्दील हो जाता है । बच्चों के लिए यह देख पाना असंभव हो जाता है कि एक इलाके के पठारी या रेगिस्तानी होने से वहाँ के निवासियों के जीवन पर क्या असर पड़ता है । वे मानने लगते हैं कि लोगों का जीवन अपनी जगह है और उनकी जमीन का उतार-चढ़ाव, उसकी जलवायु अपनी जगह पर । न ही वे यह समझ पाते हैं कि इतिहास में उत्थान और पतन किसी वंश या राजा का नहीं होता, एक समाज की सभ्यता का होता है ।

यह कहना गलत होगा कि ऐसी पुस्तकें बिल्कुल हैं ही नहीं जिनमें एक इलाके की भौगोलिक परिस्थितियों का संबंध उसमें रहनेवाले लोगों के जीवन से जोड़ा गया हो । आज से लगभग 35 वर्ष पूर्व भूगोल कार्यालय द्वारा छापी गई *बाल संसार* एक ऐसी विशिष्ट पुस्तक है, जो बच्चों को भूगोल का ज्ञान तट-रेखा के कटी-फटी होने के आधार पर अथवा पर्वत शृंखलाओं और पठारों के नाम न गिनवाकर उन भूखंडों में रहनेवाले बालकों की दिनचर्या और रहन-सहन का तारतम्य वहाँ की भौगोलिक, सामाजिक और आर्थिक परिस्थितियों के साथ बैठाकर देती है । माध्यमिक स्तर की ऐसी कुछ पुस्तकें मुझे दिखी हैं, हालाँकि उनकी शैली बहुत नाटकीय थी और उनमें दी गई जानकारी बहुत अपर्याप्त । पर प्राथमिक स्तर पर उपलब्ध पुस्तकें इस संदर्भ में बहुत दुःखद तस्वीर पेश करती हैं । राष्ट्रीय शैक्षिक अनुसंधान एवं प्रशिक्षण परिषद् के द्वारा प्रकाशित *हमारा देश भारत* मुझे बिहार के एक स्कूल में चौथी कक्षा में पढ़ाने का मौका मिला । इसका दूसरा 'पाठ' उत्तर भारत के मैदान के बारे में था । मैं जिस स्कूल में यह 'पाठ' पढ़ा रहा था, वह इसी इलाके में स्थित है । वहाँ लगभग प्रतिवर्ष बाढ़ आती है और भारी नुकसान करके चली जाती है । बाढ़ वहाँ की भौगोलिक, आर्थिक और राजनीतिक परिस्थितियों को समझने का माध्यम हो सकती है । पर *हमारा देश भारत* के दूसरे अध्याय में उत्तर भारत की नदियों और बाढ़ के बारे में सिर्फ इतना लिखा था : 'ये नदियाँ लाखों सालों से अपने साथ मिट्टी बहाकर लाती रही हैं और आज तक ला रही हैं । कभी-कभी वर्षा के दिनों में इन नदियों का पानी दोनों ओर दूर-दूर तक फैल जाता है । इसे बाढ़ कहते हैं ।'' नदियों और बाढ़ का यह विवरण यदि सामाजिक अध्ययन की किसी शाखा में आ सके तो उसे असामाजिक अध्ययन ही कहा जा

सकेगा। नदियों का किसी समाज के लिए सिर्फ इतना अर्थ दुनिया के बिल्कुल निर्जन इलाके में ही हो सकता है कि वे मिट्टी बहाकर ले जाने का साधन हैं। उत्तर भारत की नदियाँ जिन इलाकों से गुजरती हैं, वे निर्जन नहीं, भारत में जनसंख्या के सर्वाधिक घनत्ववाले क्षेत्रों में से हैं। वहाँ बसनेवाले लोगों का जीवन, उनकी संस्कृति के प्रत्येक हिस्से पर नदियों की छाप है। सामाजिक अध्ययन का अर्थ इस छाप का अध्ययन होना चाहिए, न कि बहती हुई मिट्टी का। बाढ़ ने उत्तर भारत के जनमत को प्रभावित किया है, उसकी संपूर्ण विचार-प्रक्रिया में एक निश्चित भूमिका निभाई है। सामाजिक अध्ययन का उद्देश्य बाढ़ और जनजीवन के पारस्परिक संबंध की समझ होना चाहिए। बाढ़ के भूगोल की इसी संदर्भ में कोई उपयोगिता चौथी कक्षा के बच्चे के लिए हो सकती है। मिट्टी बहाकर लाने में व्यस्त नदियों और किनारों पर फैल जानेवाली बाढ़ का अर्थ और महत्त्व वह निर्विकार भाव से याद ही कर सकता है जिससे परीक्षा में कुछ लिख सके। इस विशुद्ध भौगोलिक ज्ञान के प्रति कोई संवेदित जिज्ञासा दिखा सकना उसके लिए असंभव होगा। कई वर्षों तक इस ढंग से भूगोल पढ़ चुकने के बाद जब वह अनुशासित हो चुकेगा, तब शायद किताबी भूगोल उसके लिए दिलचस्पी, बहस और शोध की चीज बन जाए, जैसा हर विषय उसके सुविधाभोगी विशेषज्ञ के लिए बन जाता है; दस वर्ष की आयु में ऐसा होना असंभव है। यही उसके बचपन की सबसे बड़ी देन है। पर एक शोध संस्थान के वातानुकूलित कमरे में बैठकर बच्चों की किताबें रचनेवाले इस देन को प्रायः नहीं जानते। तीस-चालीस वर्ष पहले इलाहाबाद के भूगोल कार्यालय के संस्थापक श्री रामनारायण लाल अवश्य बच्चों की इस समग्रताग्राही प्रकृति से परिचित रहे होंगे। विभिन्न देशों पर उनकी पुस्तकमाला आज भी बच्चों के लिए भूगोल-लेखन की एक मिसाल है, जिसे बेचते हुए वे कुछ वर्ष पूर्व तक बहुत वृद्धावस्था में भी एक झोले के साथ स्कूलों में दिख जाते थे।

सामाजिक अध्ययन की विडंबना वास्तव में शिक्षा के प्राथमिक स्तर तक सीमित नहीं। विषयों का विभाजन हमारी सदी में अध्ययन की आवश्यक शर्त बन गया है। किसी की शिक्षा जितनी 'ऊँची' होती जाएगी, उसका दायरा उतना ही सीमित होता जाएगा जबकि इसके पहले अधिकाधिक 'ऊँचे' अध्ययन का अर्थ अधिकाधिक विस्तार होता था। 'ज्ञान और बुद्धि' शीर्षक लेख में बर्ट्रेंड रसेल ने बुद्धि को परिभाषित करनेवाली विशेषताओं में व्यापकता को सबसे पहले जगह दी है। रसेल के अनुसार ज्ञान के विस्तार के साथ-साथ बुद्धि की सामर्थ्य घटी है। अणु की शक्ति का अध्ययन करनेवाला वैज्ञानिक राजनीति को नहीं समझता। रसेल की चिंता ज्ञान की शाखाओं के रूढ़ होने से उत्पन्न हुई है। विशेषीकरण की स्पर्धा में अध्येता के मानसिक सीमांत सँकरे होते चले जाते हैं और उसे नियंत्रण में रखना

आसान होता जाता है। ऐसे वैज्ञानिक बिरले हैं, जो अणुशोध के राजनीतिक प्रयोग मे अवगत हैं। हाल में संयुक्त राज्य अमरीका के अनेक अणु वैज्ञानिकों ने अपने पदों मे इस्तीफा दिया।[1] अणुशोध के खतरों से अवगत होने के बाद उन्होंने जाना कि खतरे फायदों से कहीं ज्यादा थे। उनमें से एक, डेल ब्राइडेनबा ने कहा : ''इंसान के लिए जोखिम और अनिश्चितता तथा प्रजनन संबंधी अज्ञात परिणामों को देखते हुए मैं इस निष्कर्ष पर पहुँचा हूँ कि अणु-शक्ति होनी ही नहीं चाहिए।''[2] अणु-शक्ति उन अनेक क्षेत्रों में से एक है जिनके अन्वेषण में दुनिया भर के वैज्ञानिक अपने प्रयासों के राजनीतिक, आर्थिक तथा सामाजिक परिणामों के प्रति सचेत हुए बगैर लगे हैं। उनकी योग्यता, उनका अपने कार्यक्षेत्र पर अधिकार संदेह के परे हो, पर उनके ज्ञान में उस व्यापकता का अभाव है, जिसकी चर्चा रसेल ने अपने निबंध में की है। वे विज्ञान के पंडित भले हों; उनका सामाजिक अध्ययन शायद कुछ कमजोर है।

सामाजिक अध्ययन का तीसरा विषय नागरिकशास्त्र विशुद्धतः राजनीतिक विषय है। नागरिकशास्त्र बच्चों को उनकी सामाजिकता का ज्ञान करा सकता है, पर यह उन्हें केवल शासन की मशीनरी से परिचित करा पाता है। संविधान से लेकर जिले की प्रशासन पद्धति तक का विवरण सामाजिक अध्ययन की पुस्तकों के नागरिकशास्त्र के खंड में दिया रहता है। बच्चे इस विवरण को कक्षा में बार-बार पढ़कर समाज की एक ऐसी धारणा बना लेते हैं, जिसकी कल्पना भी एक वयस्क पाठक या अध्यापक के लिए असंभव होगी। उनकी धारणा के समाज में एकमात्र प्रशासन ही वैध धंधा होता है। जिलाधीश से लेकर पटवारी तक फैली हुई प्रशासन की सीढ़ी उनके लिए समाज का स्थानापन्न बन जाती है। नागरिकशास्त्र की चालू सामग्री में समाज दो तरह के लोगों में बँटा होता है : प्रशासक और प्रशासित। पहले वर्ग में वे सब लोग आते हैं, जो किसी-न-किसी प्रकार शासनतंत्र से संबंधित हैं। अनेक पुस्तकें बखूबी इस वर्ग के सदस्यों में उन तमाम धंधों में लगे लोगों को शामिल कर लेती हैं जो सरकारी नौकरियों के अंतर्गत आते हैं, जैसे सफाई कर्मचारी, डाकिया और अध्यापक। बच्चे को यह महसूस कराने की कोशिश इन पुस्तकों में की जाती है कि ये लोग कर्मचारी हैं, समाज के सदस्य नहीं; क्योंकि इनके धंधे सरकार द्वारा पैदा किए गए हैं। दूसरा वर्ग जो प्रशासितों का है, सामाजिक अध्ययन की पुस्तकों में दी गई सरकार संबंधी जानकारी के घटाटोप में लुप्त हो जाता है। दुकानदार, खिलाड़ी, घड़ीसाज, बुनकर, जुलाहा, मजदूर, कारीगर समेत सारा अशासक समाज नागरिकशास्त्र के खंड में स्थान नहीं पाता। वह उस इकाई में गड्डमड्ड ठुँसकर एकाध वाक्य में निपट जाता है जिसके कल्याण और सुख की खातिर सरकारी कर्मचारी काम करते हैं, अधिकारी हुक्म देते हैं, बाँध बनते हैं, बिजली गाँव-गाँव पहुँचती है।

'सामाजिक अध्ययन' इस तरह समाज की बहुत अधूरी तस्वीर देकर बच्चे को उस माहौल में जीने के लिए तैयार करता है, जिसमें प्रसार के सभी साधन प्रचार का काम करते हैं। पुस्तक में अन्यत्र मैंने शिक्षा और साक्षरता के बीच अंतर करने की चेष्टा करते हुए प्रचार सामग्री को कसौटी की तरह इस्तेमाल किया है। मैं समझता हूँ कि वह शिक्षा जो शिक्षित को प्रचार सामग्री का उपभोक्ता ही बना पाती है, साक्षरता से अलग नहीं की जा सकती। इस दृष्टिकोण से भारत में बच्चों की प्राथमिक शिक्षा को एक साक्षरता कार्यक्रम ही कहना चाहिए। प्राथमिक स्तर पर, जब बच्चे के संस्कार बन रहे ही होते हैं, स्कूलों में पढ़ाई जानेवाली सामग्री न तो अध्यापक की सूझ या जानकारी से उपजती है, न बच्चों की चयनक्षमता से। वह सीधे-सीधे शिक्षा विभाग के अधिकारियों का उत्पादन है। इनमें से अनेक कभी शिक्षक रह चुके लोग अवश्य होते हैं, पर समस्या यह नहीं है कि बच्चों की पुस्तकें शिक्षक ने लिखी हैं या गैर-शिक्षक ने। यह एक महत्त्वपूर्ण सवाल भर हो सकता है। असल समस्या यह है कि प्राथमिक स्तर की सामग्री रूढ़ है या परिवर्तनशील। यह कसौटी प्रचार सामग्री को सर्जनात्मक सामग्री से अलग कर सकती है। वह तमाम पाठ्यसामग्री जो रूढ़ हो चुकती है, अर्थात एक बार तैयार तथा तय हो जाने पर लंबे समय तक ज्यों की त्यों प्रयोग में आती रहती है, सर्जनात्मक हो ही नहीं सकती। वह अध्यापक की क्षमताओं को निरंतर बढ़ाते रहने की जगह एक साँचे में ढाल देती है। सामग्री अपने आपमें कितनी ही दिलचस्प हो, और अध्यापक कितना ही परिश्रमी; किंतु एक तय दायरे में काम करते हुए वह बच्चों के कक्षानुभव को सर्जनात्मक नहीं बना सकता। ऐसा अनुभव जो सर्जनात्मक नहीं बन पाता, प्रचार का काम करता है। यह जरूरी नहीं कि प्रचार एक शासन पद्धति का हो, प्रचार कुछ निश्चित कविताओं का हो सकता है, कुछ तस्वीरों का या महज इस संस्कार का कि शिक्षा पहले से चली आ रही पाठ्यपुस्तकों को अध्यापक से पढ़ लेने का नाम है।

बहरहाल, सामाजिक अध्ययन के मामले में सर्जनात्मक और प्रचार सामग्री के अंतर की उपर्युक्त व्याख्या को विषयांतर ही कहना चाहिए; क्योंकि सामाजिक अध्ययन की मौजूदा पुस्तकें सर्जनात्मक होने का भ्रम भी पैदा नहीं करतीं। वे सीधे-सीधे प्रचार पुस्तकों की तरह होती हैं। उनकी सामाजिक परिधि का व्यास कितना छोटा है, यह अब तक स्पष्ट हो गया होगा। बच्चों को समाज के करीब लाने का उनका दावा—यदि हो तो—उतना ही कमजोर होगा जितना पटेल विद्यालय की कक्षा संसद में बैठकर बच्चों से बहस द्वारा जनवरी की ठंड को भगाने का मेरा प्रयास साबित हुआ। पौने घंटे की अनुशासित बहस के बाद जब मैं कक्षा से निकला तो मैं यह जान चुका था कि पैट्रोल मीट्रिक टनों में नापा जाता है या टनों में और कोरिया में अंतिम अमरीकी सेनाध्यक्ष कौन था। उस कक्षा के बच्चे जब कभी सरकारी सेवा प्रतियोगिताओं में शरीक होंगे तो इस तरह का ज्ञान, जिसे सामान्य

ज्ञान कहा जाता है, उनके काम आए[2]।

भविष्य में जब कभी सामाजिक अध्ययन की बेहतर पुस्तकें पर्याप्त संख्या में लिखी जाएँगी, इस विषय का स्वरूप अवश्य कुछ कारगर बनेगा। लेकिन सिर्फ पुस्तकें एक हद तक ही सामाजिक अध्ययन का साधन बन पाएँगी। सामाजिक अध्ययन का सबसे मुफीद साधन समाज है। समाज का स्कूल से अभी कोई रिश्ता नहीं। स्कूल में समाज की जो थोड़ी-बहुत बानगी आ पाती है, वह पुस्तकों के ही जरिए आ पाती है। यानी पहले समाज को काले अक्षरों की शक्ल में तब्दील होना पड़ता है, फिर काले अक्षर बच्चे के दिमाग में समाज की तस्वीर बनाएँगे, ऐसी उम्मीद की जाती है। यह प्रक्रिया इतनी आसान तथा मशीनी नहीं है कि दूरदर्शन की तरह पहले तस्वीर को ध्वनि तरंगों में, और फिर ध्वनि को तस्वीर में तब्दील कर दे और तस्वीर ज्यों की त्यों बन जाए। किताबों के जरिए बच्चे के दिमाग में जाते-जाते समाज स्वयं किताबी बन जाता है। बच्चे की तीव्र बिंबग्राहक क्षमता के बावजूद शब्दों का यथार्थ से संबंध अक्षुण्ण नहीं रह पाता। समाज एक गतिशील वास्तविकता के रूप में उस तक नहीं पहुँच पाता। ऐसा तभी संभव है जब समाज का स्कूल और बच्चों से सीधा संबंध कायम हो। स्कूल के बाहर और अंदर का अंतर यदि इतना अधिक न हो जितना अभी है तो बच्चों और समाज का संबंध स्थापित हो सकता है। अभी अध्यापक के सिवा अन्य कोई वयस्क स्कूल में नहीं जाता। यदि समाज के तमाम धंधों में लगे हुए लोग प्राथमिक स्कूल के लिए कुछ समय देने लगें तो बच्चों का व्यावहारिक और दिमागी दायरा बढ़ेगा। बड़े चाहें तो इसे बच्चों के प्रति अपनी जवाबदेही मान सकते हैं। उन्हें बच्चों को अपने धंधे की उपयोगिता और विशेषताओं से परिचित कराना होगा। जुलाहे और जज दोनों के लिए यह काम समान रूप से कठिन किंतु दिलचस्प होगा। स्कूल में गैर-अध्यापक वयस्कों के आने से बच्चों की अध्यापकों पर निर्भरता कम होगी और अध्यापकों पर रहनेवाला काम का बोझ घटेगा। किंतु सबसे बड़ी बात यह होगी कि बच्चे समाज को अधिक करीब से समझ सकेंगे।

संदर्भ

1. *पीस न्यूज* (लंदन), अंक 2018, 18 अप्रैल, 1976
2. वही, अंक 2016, 19, मार्च, 1975

कुछ तो रुपयों की कमी है और कुछ बेजा खर्च। कभी-कभी सरकार ने दो-चार लाख ज्यादा दिया तो वह इंस्पेक्टर और डायरेक्टरों और मैं और तू के बाँट बखरे में पड़ जाता है और मुदर्रिस ज्यों का त्यों भूखा रह जाता है। दुर्भाग्य से सरकार का खयाल है कि मुआयना ज्यादा होना चाहिए, चाहे तालीम हो न हो। मुआयने पर रुपया खर्च किया जाता है, मगर तालीम की खबर नहीं ली जाती।... गवर्नमेंट कब यह समझेगी कि मुआयना कभी तालीम की जगह नहीं ले सकता।

—प्रेमचंद

स्कूल का शासनतंत्र और अध्यापक

भारत में स्कूल की गिनती, नौकरी देनेवाले सबसे बड़े शासकीय विभागों में है। देश भर में प्राथमिक और माध्यमिक शालाओं की संख्या में उत्तरोत्तर वृद्धि होती जा रही है और अभी इस वृद्धि का अंत बहुत दूर है। स्कूल चलाने के लिए अध्यापक चाहिए या इसे यूँ कहा जाए तो बेहतर होगा कि स्कूल चलाने के लिए कम से कम अध्यापक चाहिए। भारतीय स्कूल ने अध्यापक को अपनी न्यूनतम जरूरत माना है। इमारत और फर्नीचर के बगैर स्कूल चल सकता है लेकिन अध्यापक के बगैर नहीं। यदि अध्यापक हो तो स्कूल बच्चों के बगैर भी चल सकता है। ऐसी स्थिति में छुट्टी मानी जाएगी, पर स्कूल तो रहेगा। यह कोई अनहोनी नहीं है, देश के कई हजार ग्रामीण स्कूल वर्ष के ज्यादातर हिस्से में बच्चों के बिना चलते हैं; क्योंकि बच्चों को अपने माता-पिता का हाथ बँटाना होता है। लेकिन अध्यापक सचमुच जरूरी है। वह तनख्वाह लेता है, स्कूल खोलता और बंद करता है। और सबसे बड़ी बात तो यह है कि वह सरकार से रोजगार पाए हुए लोगों की सूची में एक नाम होता है। वह स्कूल के शासनतंत्र का सबसे जरूरी सदस्य है।

जरूरी होने के बावजूद उसका स्थान सबसे नीचा है। इसे आधारभूत स्थान भी कहा जा सकता है। वह स्कूली व्यवस्था का आधार है लेकिन ऐसा आधार जो अपने ऊपर खड़ी इमारत की तुलना में बहुत कमजोर है। स्कूल के अध्यापक के ऊपर शिक्षा की नौकरशाही होती है : प्रखंड का शिक्षा अधिकारी, जिले का शिक्षा अधिकारी, संभाग का शिक्षा अधिकारी और सबसे ऊपर प्रांत का शिक्षा अधिकारी। अधिकारियों के काम कार्यालयी होते हैं पर स्कूल के अध्यापक पर उनका सीधा अंकुश रहता है। स्कूल से उनका संबंध मुख्यतः मुआयने के जरिए है। स्वयं अध्यापक न होते हुए भी वे अध्यापक की दक्षता का मूल्यांकन करने के अधिकारी होते हैं; क्योंकि वे कई वर्ष पहले अध्यापन कर चुके होते हैं और अध्यापक से अधिकारी के रूप में पदोन्नत हो चुकने के कारण अध्यापन जारी नहीं रख सकते। मुआयने की व्यवस्था भारत में उन्नीसवीं सदी के दौरान अंग्रेजों ने की थी। उनके सामाजिक आदर्शों की साधक नौकरशाही थी। स्कूल का मुआयना

अंग्रेजी राज में नौकरशाही की गरिमामयी सख्ती के साथ चलता था। आज वह अंग्रेजी राज की तमाम अन्य व्यवस्थाओं की तरह एक औपचारिकता रह गया है। शिक्षा अधिकारी स्कूलों में नहीं जाते, कभी गए तो कक्षा में नहीं जाते। स्कूल का प्रधानाध्यापक, जो शिक्षा की नौकरशाही का स्थानीय प्रतिनिधि होता है, गमलों से विद्यालय को सजाकर और चाय-नाश्ता कराकर अधिकारी का आतिथ्य करता है। और अधिकारी की दिलचस्पी अपने दौरे को रजिस्टर पर दर्ज करने में होती है और प्रधानाध्यापक की दिलचस्पी इसमें कि अधिकारी ठीक-ठाक टिप्पणी लिखे। दोनों की दिलचस्पी बच्चों में नहीं होती अतएव वे रजिस्टर के पन्नों में दर्ज बैठे रहते हैं।

मुआयने के ह्रास के बावजूद अधिकारी का अध्यापक पर दबदबा घटा नहीं है। बिल्कुल अयोग्य अधिकारी की औपचारिक हिदायतें और डाँट भी योग्य, युवा अध्यापक बरदाश्त कर लेते हैं। अधिकारी के हाथ में सरकार ने ताकत दे रखी है जिससे अध्यापक डरता है। यह ताकत अध्यापक की नौकरी, उसकी यत्किंचित सुविधाओं और उसके भविष्य पर असर दिखा सकती है। अधिकारी नाराज हुआ तो स्थानांतरण, वेतनवृद्धि में रोक तथा मुअत्तली का आदेश दे सकता है, प्रसन्न हुआ तो कुछ नई सुविधाएँ दिला सकता है। मुआयना अधिकारी वस्तुतः अध्यापक और सरकार के बीच का संपर्क सूत्र है। भारत में सरकार और व्यक्ति के संपर्क के दस में से नौ रास्ते नौकरशाही में से होकर गुजरते हैं। दसवाँ रास्ता सैद्धांतिक अर्थ में ही खुला है, व्यवहारतः नहीं। चुने हुए प्रतिनिधि स्वयं नौकरशाही पर इतने निर्भर हैं कि उन तक पहुँचने के बाद फिर नौकरशाही से उलझना पड़ता है। अध्यापक के लिए चुने हुए प्रतिनिधियों का प्रत्यक्ष महत्त्व बहुत कम है, क्योंकि शिक्षा उन विषयों में से नहीं है जिनमें नौकरशाही प्रतिनिधियों की मदद से काम करती है। शिक्षा पूरी तरह कार्यालयी विषय है, इसलिए अध्यापक पूरी तरह अधिकारी पर निर्भर है।

उसकी निर्भरता के दो पहलू हैं : नौकर के रूप में और अध्यापक के रूप में। नौकर के रूप में उसकी स्थिति किसी प्रकार उन कर्मचारियों से भिन्न नहीं है, जो सीधे-सीधे कार्यालयों से संबद्ध हैं, जैसे चपरासी और क्लर्क। काम के घंटे और तनख्वाह तथा सेवा की शर्तों में अध्यापक और क्लर्क में लगभग कोई भेद नहीं। सरकार को इससे कोई वास्ता नहीं है कि अध्यापक बच्चों से जूझता है, जो फाइलों से जूझने के मुकाबले कहीं अधिक कठिन है। सरकार यह भी नहीं मानती कि स्कूल के अध्यापक को अपनी योग्यता व निरंतर जानकारी बढ़ाते रहने की आवश्यकता होती है। बहुत हाल में कुछ जगहों पर अध्यापकों के वास्ते प्रशिक्षण शिविर लगाए गए हैं, जिनका उद्देश्य प्रत्येक अध्यापक को सभी विषय पढ़ाने के लिए तैयार करना है। कहीं-कहीं इनमें कुछ पुस्तिकाएँ मुफ्त वितरित की गई हैं। मेरी

मुलाकात कुछ ऐसे अध्यापकों से हुई है, जिन्होंने बीस या अधिक वर्षों की सेवा में पाठ्यपुस्तकों के अलावा कोई पुस्तक नहीं पढ़ी थी और इन प्रशिक्षण-पुस्तिकाओं को पाकर वे स्वयं को असमंजस में पा रहे थे। देश में ऐसे सरकारी प्राथमिक स्कूल कुछ सौ होंगे, जिनमें स्थानीय या प्रांतीय अखबार के अलावा कोई पत्रिका आती हो। पुस्तकालय की सुविधावाले सरकारी प्राथमिक स्कूल और भी कम होंगे। पुस्तकालय और पत्रिकाओं की चर्चा उन स्कूलों में पहुँचकर बेमानी प्रतीत होती है जहाँ अध्यापक कुर्सी का काम उल्टी बाल्टी से लेते हैं। कक्षाओं में अँधेरा, सीलन और गढ़े होते हैं और छत, यदि हुई तो, बरसात में टपकती है। ऐसी हालत देश में शायद ही किसी कार्यालय की हो। एक औसत कार्यालय में कम से कम आलमारी, कुर्सी और मेज अवश्य होती है। स्कूल में यह भी नहीं होता, शायद इसलिए कि बच्चे बरसात सहन कर सकते हैं, फाइलें नहीं। इस दृष्टिकोण से स्कूल सरकार का सबसे दरिद्र कार्यालय है। लेकिन सरकार चाहती है कि साधनहीनता के बावजूद अध्यापक उतने ही घंटे काम करे जितने घंटे एक क्लर्क करता है। रसेल की यह उक्ति सरकार के लिए विशेष अर्थ नहीं रखती कि बच्चों के संपर्क में दो घंटे से अधिक समय नियमित रूप से बिताना एक वयस्क के मानसिक स्वास्थ्य के लिए खतरनाक साबित हो सकता है।

सरकार बच्चों के शोर और स्कूल की सीलन से बहुत दूर रहती है। वह न तो काम के घंटों के मामले में अध्यापक और कार्यालयी कर्मचारियों में अंतर करती है, न ही तनख्वाह तथा सेवा शर्तों में। देश के अनेक प्रांतों में आज भी ऐसे प्राइवेट स्कूल हैं, जो अपने शिक्षक को डेढ़-दो सौ रुपए के आसपास वेतन देते हैं। सरकारी स्कूलों में भी कई प्रांतों में शिक्षक का वेतन एक हजार रुपए के आसपास है। भयंकर मुद्रास्फीति के इस दौर में इतनी तनख्वाह केवल बेरोजगार को संतोष दे सकती है और वह भी केवल कुछ दिनों के लिए। यह कोई आश्चर्य नहीं है कि स्कूली नौकरियाँ शिक्षित बेरोजगार युवकों के अधैर्य और आक्रोश के उपचार की तरह इस्तेमाल की गई हैं। अब ऐसी नई योजनाएँ भी कहीं-कहीं बनाई गई हैं कि छः वर्ष से कम की आयु के बच्चों के लिए बालबाड़ियाँ खोली जाएँगी और इनमें बेरोजगार नौजवानों को सौ रुपए की वृत्ति पर रखा जाएगा। पूर्वप्राथमिक शिक्षा की गंभीरता से सरकार कितनी वाकिफ है, यह इस योजना से प्रकट हो जाता है। स्कूली शिक्षा के प्रति सरकारी दृष्टिकोण के संबंध में कोई भ्रम रखना संभव नहीं है। फरवरी, 1973 में हरयाणा के 40,000 स्कूली शिक्षकों ने वेतनवृद्धि की माँग पूरी करवाने के लिए लंबी हड़ताल की थी, उन्हें अंत में हार माननी पड़ी थी। हड़ताल के दौरान हरयाणा के शिक्षामंत्री ने कहा था कि उन्हें हड़ताल से कोई डर नहीं है; क्योंकि सरकार आसानी से नए अध्यापकों की भरती कर सकती है। मंत्री का आशय था कि बेरोजगार युवाओं की लंबी सूचियों का लाभ उठाकर वे हड़ताल

का सामना कर सकते हैं। अध्यापकों के अनुभव का उनके लिए कोई मूल्य नहीं था, न ही उन्हें इस बात की चिंता थी कि नौकरी छूटने पर गृहस्थ अध्यापकों की दशा बेरोजगार युवाओं से कहीं ज्यादा खराब होगी। इसके पूर्व अन्य प्रांतों में हुई हड़तालों में भी स्कूली अध्यापकों को दमन का शिकार बनना पड़ा है।

वेतन का सीधा संबंध वैचारिक क्रियाशीलता से है। लेकिन भारत के स्कूली अध्यापक से उम्मीद की जाती है कि वह आदर्शों और अधिकारियों के प्रोत्साहन पर जिए। इन हवाई जीवनाधारों को आधी सदी पहले थोड़ी-बहुत लोकप्रियता प्राप्त थी और कई व्यक्ति शिक्षा तथा बच्चों में दिलचस्पी के कारण कम वेतन के बावजूद स्कूल के अध्यापक बन जाते थे। आज के युवक-युवतियों को सामाजिक और राजनीतिक मोहभंग का लंबा अनुभव है; अध्यापन की आदर्शमूलक महानता और अध्यापक के सतत बलिदान-जैसे गरिष्ठ वाक्यांश अब उन्हें प्रभावित नहीं करते। वे जानते हैं कि पर्याप्त आय जीवन का आधारभूत मूल्य है, चाहे उसे सामाजिक कहें, राजनीतिक या सिर्फ नैतिक। इसलिए वे रुझान और योग्यता को दूसरा दरजा देकर अधिकाधिक आय की कसौटी पर धंधे का चुनाव करते हैं। स्कूल में अध्यापन अब किसी को आकृष्ट नहीं करता, क्योंकि उससे मिलनेवाली आय और सामाजिक प्रतिष्ठा बहुत कम है और काम उबाऊ। केवल ऐसे युवा इस धंधे में आ रहे हैं, जिन्हें कोई और धंधा नहीं मिल पाता। जो इस तरह विवशतापूर्वक अध्यापक बन जाते हैं, वे भी नया बेहतर धंधा मिलते ही अध्यापन छोड़ने को तैयार रहते हैं। एक अंतर्राष्ट्रीय सर्वेक्षण की रपट के अनुसार भारत में माध्यमिक स्कूल के शिक्षक की आमदनी एक डॉक्टर की घोषित आमदनी की 25.8 प्रतिशत और एक प्राथमिक शिक्षक की आमदनी माध्यमिक शिक्षक की 61.6 प्रतिशत होती है।[1] 1964-65 में प्रशिक्षण महाविद्यालयों के 18,000 प्रशिक्षणार्थियों के एक सर्वेक्षण से ज्ञात हुआ कि 70.9 प्रतिशत प्रशिक्षणार्थी तीसरी श्रेणी के अंकों से पास होकर आए थे।[2]

अध्यापक के कम वेतन और कार्यालयी सेवा के बराबर काम के घंटों के पक्ष में कई लोग यह तर्क देते हैं कि हमारे अध्यापक वर्तमान से अधिक सुविधाओं के योग्य नहीं हैं। 1972 में मुझे *दिनमान* में शिक्षा पर एक बहस आयोजित करने का मौका मिला था। भाग लेनेवाले अनेक संवादियों ने अध्यापक को कुछ इस तरह के विशेषणों से विभूषित किया था: मस्तिष्क से क्षीण, डरा हुआ पशु, दिल और दिमाग से शून्य, परंपरावादी, सामंतवादी और अप्रजातांत्रिक, कामचोर, बुजदिल, स्वार्थी और चालाक। इन विशेषणों का इस्तेमाल करनेवाले संवादियों में ज्यादातर अध्यापक नहीं थे, थोड़े-से संवादी विश्वविद्यालय तथा शिक्षा कार्यालयों से संबद्ध थे। यह स्पष्ट था कि वे केवल स्कूल के अध्यापकों तथा स्कूली शिक्षा के स्तर की समीक्षा वस्तुनिष्ठता के साथ करना चाहते थे। परिस्थितियों की सापेक्षता उन्हें

व्यर्थ की अड़चन प्रतीत होती थी। मैं अब तक जितने स्कूल अध्यापकों से मिला हूँ, उनमें अनेक निश्चय ही उपर्युक्त विशेषणों के उदाहरण साबित हो सकते थे। पर उनके जीवन की परिस्थितियाँ देखकर उनकी अवस्था का वास्तविक कारण समझा जा सकता था। मैं मानता हूँ कि चरित्र व्यक्ति की अपेक्षा व्यवस्था पर निर्भर होता है। देश के गरीब ग्रामीण स्कूलों में काम करनेवाले अनेक अध्यापक यदि अयोग्य और आलसी हैं तो इसका कारण वे भयावह परिस्थितियाँ हैं, जिनमें वे रखे गए हैं। इस समय देश के प्राथमिक स्कूलों में अध्यापक विश्वविद्यालय के अध्यापकों की तुलना में लगभग एक तिहाई या इससे कम वेतन पर तिगुनी या इससे अधिक कक्षाएँ पढ़ा रहे हैं। कक्षा में बच्चों की औसत संख्या पचास होती है और सप्ताह में कक्षाओं की औसत संख्या छत्तीस। इस दिनचर्या का अनुभव यदि विश्वविद्यालय का कोई अध्यापक एक दिन के लिए भी करे तो उसे इसकी भयावहता का अंदाज हो जाएगा। तब वह समझ सकेगा कि शारीरिक और मानसिक शोषण के परिणामों में अयोग्यता और आलस्य बहुत साधारण व्याधियाँ हैं। स्कूली अध्यापक इनसे अधिक गंभीर व्याधियाँ स्वयं भोगता तथा बच्चों के माध्यम से समाज में फैलाता है। इनमें परपीड़नरति, क्रूरता, और चापलूसी शामिल है। मैंने अध्यापकों को इनका रोगी पाया है। रोज-रोज एक बोझिल, उबाऊ दिनचर्या से गुजरते हुए वे मानसिक रूप से असामान्य हो जाते हैं। मेरे एक अध्यापक सातवीं घंटी में आकर सबसे पहले चितामणि नाम के एक लड़के को डंडे से नियमतः पीटते थे। ऐसा करके उन्हें कुछ ताजगी महसूस होती थी और तब वे भूगोल पढ़ाना आरंभ करते थे। आज भी कई स्कूलों में यंत्रणा के तरीके इस्तेमाल होते हैं यद्यपि सरकार इन पर प्रतिबंध लगा चुकी है। सरकार यह नहीं समझती कि इन तरीकों का प्रयोग अध्यापक अपनी इच्छा से नहीं, मनोरोग से उत्पन्न विवशतापूर्वक करता है।

अध्यापक और शासन का संबंध ठीक वैसा है जैसा एक औद्योगिक ढाँचे में नौकर और मालिक का होता है। औद्योगिक समाज में मालिक के लिए नौकर इकाई नहीं होता, एक कर्मचारी भर होता है जिसका स्थान कोई भी कर्मचारी ले सकता है। सरकार के लिए एक अध्यापक का निश्चित स्थान स्कूल से जुड़ा हुआ व्यक्ति नहीं होता बल्कि तीसरे दरजे का कर्मचारी होता है। जिस प्रकार एक क्लर्क किसी भी कार्यालय में बैठकर फाइलें बना सकता है, उसी तरह सरकार की निगाह में अध्यापक कहीं भी रहकर बच्चों को पढ़ा सकता है। इसलिए उसे प्रांत के किसी भी कोने में स्थानांतरित किया जा सकता है। स्थानांतरण की प्रक्रिया प्रांतीय शिक्षा विभागों की प्रभुसत्ता के प्रदर्शन का सबसे व्यस्त माध्यम है। प्रतिवर्ष कई हजार शिक्षक एक स्कूल से दूसरे स्कूल में स्थानांतरित किए जाते हैं। स्कूलों की दूरी बीस-पच्चीस मील भी हो सकती है और पाँच सौ मील भी। स्थानांतरण के कारण विविध होते हैं: पदोन्नति, स्कूल के प्रधानाध्यापक से रंजिश और अध्यापक की

अपनी इच्छा। जिले के अधिकारी के कोप के अलावा महज कार्यालयी इच्छा भी स्थानांतरण के लिए पर्याप्त कारण हो सकती है। अपनी इच्छा तथा पदोन्नति के अलावा किसी कारण से स्थानांतरण का आदेश किसी प्रकार रद्द हो जाए—उनकी इस कोशिश में संभागीय केंद्र या प्रांतीय राजधानी की यात्रा, अधिकारी के सम्मुख याचना तथा आवश्यकता पड़ने पर धनदान शामिल होता है।

स्थानांतरण के लिए अध्यापक की अपनी इच्छा के अलावा कोई अन्य वाजिब कारण क्या हो सकता है? कई सरकारी अधिकारी बतलाते हैं कि एक स्थान पर पढ़ाते-पढ़ाते अध्यापक प्रमादी व कामचोर हो जाता है और कभी-कभी स्थानीय राजनीति में शामिल हो जाता है। यदि यह तर्क सही है तो सभी अध्यापकों का एक निश्चित अवधि के बाद स्थानांतरण हो जाना चाहिए। किंतु अधिकारियों तथा स्थानीय राजनीतिज्ञों के अनुकूल रुखवाले अध्यापक कभी-कभी पंद्रह-बीस वर्षों तक अपनी जगह से नहीं हिलाए जाते, जबकि साधारण हैसियतवाले अध्यापकों तथा कुछ स्वतंत्र राजनीतिक विचारोंवाले योग्य अध्यापकों का स्थानांतरण वर्ष-दो वर्ष में निरंतर होता रहता है। स्थानांतरण के सबंध में एक बहुत दुर्भाग्यपूर्ण कारण मध्यप्रदेश के शिक्षा विभाग ने 1973 में दिया। यह घोषणा की गई कि जिन स्कूलों में ग्यारहवें दरजे का परीक्षाफल दस प्रतिशत से कम रहा है, उनके प्रायाचौं को प्रांत के भीतरी इलाकों में स्थित दुर्गम ग्रामों के स्कूलों में स्थानांतरित कर दिया जाएगा। यह चोषणा करते हुए प्रांतीय शासन ने दो बातें सोची होंगी : एक यह कि खराब परीक्षाफल प्राचार्य की अयोग्यता सिद्ध करता है, और दूसरी बात यह कि अयोग्य प्राचार्य को दंडित करने का तरीका उसे दुर्गम गाँव में भेज देना है। पहला निर्णय शिक्षायी अज्ञान की उपज था और दूसरा प्रतिगामी राजनीतिक सोच का। किसी स्कूल का स्तर वहाँ के प्राचार्य पर उतना निर्भर नहीं होता, जितना विभिन्न विषयों के लिए उपयुक्त अध्यापकों तथा आवश्यक सामान की उपलब्धि पर। लेकिन फिलहाल यदि एक प्राचार्य को अयोग्य मान भी लिया जाए तो उसे किसी दूरस्थ गाँव भेजकर शासन उसके लिए दंडस्वरूप कुछ असुविधाएँ पैदा कर सकता है, पर एक अयोग्य करार दिए गए व्यक्ति को पाकर उस गाँव के निवासी शासन के बारे में क्या धारणा बनाएँगे, शासन को इसकी चिंता कतई नहीं है। जो गाँव पहले ही अपनी स्थिति और शासन की अक्षमता के कारण शेष दुनिया से कटा है और जहाँ शिक्षा की सुविधाएँ बहुत न्यून हैं, वहाँ एक दंडभोगी प्राचार्य की उपस्थिति रही-सही कसर पूरी कर देगी।

अधिकारी पर अध्यापक की निर्भरता का दूसरा पहलू अध्यापन से संबंधित है। अध्यापन के लिए विषय, समय, क्रम तथा सामग्री संबंधी निर्णय का हक सरकार ने अध्यापक को नहीं दिया है। ये काम बहुत रूढ़ ढंग से केंद्रीय स्तर पर किए जाते हैं। इन्हें प्रतिवर्ष नए सिरे से करने की जरूरत नहीं होती; क्योंकि शिक्षा

विभाग इनमें ज्यादा परिवर्तन न उपयोगी समझता है, न जरूरी। एक बार जो पाठ्यपुस्तकें स्वीकार कर ली जाती हैं, वे कई वर्षों तक चलती रहती हैं। पाठ्यक्रम में भी कम से कम परिवर्तन करके उसे 'नया' बना दिया जाता है। बहुप्रचारित 10+2 योजना के लिए केंद्रीय माध्यमिक शिक्षा मंडल द्वारा प्रकाशित जिस पाठ्यक्रम की नवीनता का जोर-शोर से बखान किया जा रहा है, उसकी भूमिका में लिखा है : "यद्यपि नई योजना प्रगतिमुखी है, लेकिन पुरानी योजना में आमूल परिवर्तन यह नहीं है क्योंकि नए पाठ्यक्रमों का आधार वही पुराने मान्यताएँ तथा जानकारी हैं, जिनसे अध्यापक तथा छात्र अवगत हैं।"

जो थोड़ा-बहुत परिवर्तन पाठ्यक्रमों में लाया जाता है, उसका निर्धारण करने के लिए शिक्षा विभाग के अधिकारी, शिक्षक प्रशिक्षण महाविद्यालयों के व्याख्याता तथा शोधकेंद्रों से संबद्ध तथाकथित शिक्षाशास्त्री पर्याप्त समझे जाते हैं। कभी-कभार कुछ वरिष्ठ शिक्षकों को बुलाकर उनकी औपचारिक सहमति ग्रहण कर ली जाती है। जो अध्यापक असहमति व्यक्त करते हैं, उन्हें कार्यवाही में बाधक मानकर अगली बार बुलाया नहीं जाता। अध्यापकों की राय लेने की औपचारिकता पाठ्यक्रम बनाने की स्थापित प्रक्रिया को रूढ़ रहने से बचा नहीं पाती। प्रांतीय शिक्षा मंडलों में शिक्षकों की हिस्सेदारी अत्यंत न्यून है। 1967 के एक सर्वेक्षण के अनुसार देश के 15 माध्यमिक शिक्षा मंडलों के कुल 435 सदस्यों में से केवल 37 या 8.4 प्रतिशत सदस्य अध्यापक थे; प्रधानाध्यापकों का प्रतिनिधित्व कुछ बेहतर–74 सदस्य–था।[3] स्कूली शिक्षा का सीधा संबंध क्षेत्र की सामाजिक परिस्थितियों तथा भूगोल से होता है। क्षेत्रीय विभिन्नताओं को शिक्षा में समाहित करने के लिए आवश्यक है कि पाठ्यक्रम रूढ़ न हो तथा केंद्रीय स्तर पर न बनाया जाए। उसमें स्थानीय, संस्थागत और यहाँ तक कि व्यक्तिगत प्रभावों को ग्रहण करने की क्षमता होनी चाहिए। यह क्षमता तब तक नहीं आ सकती जब तक पाठ्यक्रम अधिकाधिक अध्यापकों की हिस्सेदारी से नहीं बनाए जाते और दैनिक कार्यावधि कम नहीं की जाती। पिछले कुछ वर्षों का अनुभव कहता है कि हम इस जरूरत के ठीक विपरीत दिशा में प्रगति कर रहे हैं। शिक्षा आयोग (1964-66) के बाद से हमारी शिक्षा नीति लगातार केंद्रीय नियंत्रण की ओर बढ़ रही है। पाठ्यक्रम संबंधी हमारे सोच में कोई परिवर्तन नहीं आया है लेकिन पाठ्यक्रम सामग्री के निर्धारण में केंद्रीय नीतियाँ लगातार हावी होती जा रही हैं।

पाठ्यपुस्तकों के लेखन का काम पाठ्यक्रम से अधिक केंद्रीकृत है। पाठ्यक्रम में परिवर्तन करने के पूर्व कुछ प्रांतों की समितियाँ कम-से-कम औपचारिक सलाह-मशविरे के लिए कुछ अध्यापकों को आमंत्रित करती हैं। पाठ्यपुस्तकों का लेखन पूरी तरह गैर-अध्यापक शिक्षाशास्त्री करते हैं। पाठ्यपुस्तकें पहले निजी

प्रयास से लिखी जाती थीं, लिखनेवाले बहुधा महाविद्यालयों के शिक्षक होते थे, कभी-कभी स्कूलों के प्राचार्य भी। अब इस काम को विश्वविद्यालयों के प्राध्यापकों तथा राष्ट्रीय शैक्षिक अनुसंधान एवं प्रशिक्षण परिषद के अधिकारियों के लिए आरक्षित कर दिया गया है। इन नए लेखकों का स्कूल या बच्चों के जीवन से कोई प्रत्यक्ष संबंध नहीं होता। पाठ्यपुस्तकों का ज्यादातर प्रांतों में पूर्ण या आंशिक राष्ट्रीयकरण हो गया है, इसलिए निजी प्रकाशक और लेखक अब लगभग बाहर हो चुके हैं। सरकार स्वयं किताबें लिखवाती और छापती है। जिन स्कूलों में ये किताबें पढ़ाई जाती हैं, उनके अध्यापकों का इन किताबों की रचना प्रक्रिया में कोई योगदान नहीं होता। परिणामतः पाठ्यपुस्तक कक्षा के जीवन में एक अंतरंग स्थान नहीं ले पाती, बाहर से लादी हुई चीज बनी रहती है। अध्यापक से पुस्तक का बेगाना रहना वास्तव में कक्षा की व्यावहारिक कठिनाइयों और खूबियों से बेगाना रहने के बराबर होता है। प्रांतीय राजधानी या दिल्ली के किसी कक्ष में जुट पाठ्यपुस्तक निर्माता एक कक्षा का माहौल गढ़ने में असमर्थ रहते हैं। इस कारण पुस्तक में कदम-कदम पर अनेक अव्यावहारिक निर्देश, प्रश्न आदि शामिल हो जाते हैं और कई जरूरी चीजें शामिल नहीं हो पातीं। अध्यापक के सामने ऐसा कोई माध्यम नहीं होता जिस पर प्रयोग करके वह अपनी समस्याएँ दूर करवा सकें; प्रांतीय राजधानी स्कूल से बहुत दूर होती है। वह किसी प्रकार पुस्तक को कक्षा के जीवन में अनूदित कर देता है और परीक्षा की तैयारी करवाकर अपनी तरफ से संतोष कर लेता है।

फिलहाल, स्कूल के अध्यापक की शिक्षायी जिम्मेदारियों का दायरा लगातार कार्यालयी होता जा रहा है। अब तक उसकी प्रमुख कार्यालयी जिम्मेदारी दाखिला बढ़ाने की थी। कई प्रांतों में दाखिले में वृद्धि को अध्यापक की पदोन्नति से जोड़ दिया गया था। जिन प्रांतों में ऐसा नहीं था, वहाँ भी यह व्यवस्था अवश्य थी कि दाखिला न बढ़ा सकनेवाले अध्यापक से जवाब-तलब किया जाए। इस नीति का परिणाम अध्यापकों द्वारा जाली दाखिले की शक्ल में सामने आया। अक्तूबर 1972 में शिक्षा मंत्रालय ने स्वीकार किया कि सरकार द्वारा स्कूलों में बच्चों की भरती के घोषित आँकड़ों और वास्तविकता में काफी अंतर है। सारे देश में आँकड़ों में फर्क का औसत प्रतिशतांक 25 था, जम्मू-कश्मीर में 67, उत्तरप्रदेश में 47, बिहार में 42, राजस्थान में 40, मध्यप्रदेश में 35 और शेष प्रांतों में 7 से लेकर 38 प्रतिशत तक था। यह सही है कि अध्यापकों पर भरती में वृद्धि दिखाने के लिए पड़नेवाला सरकारी दबाव ही आँकड़ों के अंतर का एकमात्र कारण नहीं था, किंतु एक महत्त्वपूर्ण कारण अवश्य था। आँकड़ों की अविश्वसनीयता शिक्षा के विकास और नीति संबंधी निर्णयों के रास्ते में एक बड़ी अड़चन रही है। यह अड़चन एक हद तक दूर की जा सकती थी यदि अध्यापक से अधिक भरती दिखाने का ऐसा काम

न लिया जाता जिसका उद्देश्य और स्वरूप शैक्षिक से अधिक राजनीतिक है।

शिक्षक के किसी भी काम को उसकी नौकरी की सुरक्षा या पदोन्नति के लिए शर्त की तरह इस्तेमाल करने की नीति शिक्षा के प्रति सरकार और समाज का अविश्वास दिखाती है। इस नीति के पीछे यह पूर्वग्रह काम करता है कि अध्यापक को राष्ट्रीय विकास की चिंता उतनी नहीं है जितनी अधिकारियों को है। अध्यापक के प्रति संशय हमारी शिक्षाव्यवस्था की एक बुनियादी और दुर्भाग्यपूर्ण सचाई है।

स्कूल के अध्यापक से पढ़ाने के अलावा अनेक कार्यालयी काम लेना सरकार की एक पुरानी आदत है। इन कामों में जनगणना, पशुगणना, चुनाव संबंधी कार्यवाही, परिवार नियोजन का प्रचार तथा चिकित्सा अधिकारियों के साथ सहयोग शामिल है। सरकार अपने कार्यालयी कर्मचारियों के साथ-साथ शिक्षकों से भी उम्मीद करती है कि वे इन कामों को निपटाने में मदद करेंगे। शिक्षक का शैक्षिक काम ही कितना अधिक और कार्यालयी काम से कितना भिन्न है, इसकी रंचमात्र परवाह सरकार को नहीं है। वह शिक्षक को इतने ऊँचे आदर्शों से मापती है कि शारीरिक और मानसिक श्रम की सीमाओं का अतिक्रमण हो जाता है। कोई आश्चर्य नहीं कि सरकारी अधिकारियों को सदैव यह कहने का मौका उपलब्ध रहता है कि अध्यापक ठीक से काम नहीं करते। अब स्कूली अध्यापकों के जीवन में कामों का घटाटोप और बढ़नेवाला है। अनेक नए कर्तव्य और उत्तरदायित्व उनके जीवन की नई संहिता में शामिल हो रहे हैं। यह स्वाभाविक ही होगा कि वे अपने कर्तव्य में पहले की अपेक्षा और पीछे रह जाएँ।

अध्यापकों के चतुर्मुखी शोषण का विरोध अध्यापकीय संगठनों से ही आरंभ हो सकता है। मौजूदा संगठनों की दशा इतनी शोचनीय है कि उनके बारे में जितना कम कहा जाए उतना ही बेहतर होगा। उनकी संगठनात्मक शक्ति क्षीण और राजनीति लँगड़ी है। लगभग हर प्रदेश में प्रांतीय संगठन के भीतर क्षेत्र, दल या जाति पर आधारित गुट हैं जिनका लाभ शासक दल के नेता तथा नौकरशाह उठाते हैं। सगठन के नेताओं में किसी किस्म के गंभीर राजनीतिक सोच के चिह्न नहीं मिलते। भविष्य के संगठन ठोस एकता और राजनीतिक प्रतिबद्धता की ओर बढ़ें, तभी वे किसी व्यापक परिवर्तन के हिस्सेदार बन सकेंगे।

संदर्भ

1. हैरी पैमो तथा अन्य : 'दि नेशनल केस स्टडी : ऐन एंपीरिकल कंपरेटिव स्टडी ऑफ ट्वेंटीवन एजूकेशनल सिस्टम्स', स्टाकहोम, आमक्विस्ट एंड विकसेल इंटरनेशनल, 1976
2. एल. के. ओड और एस. एल. कौशिक : दि स्टेट्स ऐंड वेलफेयर ऑफ टीचर्स इन इंडिया; *नया शिक्षक* (19 : 3) जनवरी-मार्च 1977, पृ 12-24
3. वही।

पाठ्यपुस्तकों को शिक्षण का माध्यम माना जाए तब तो शिक्षक की वाणी की शायद ही कोई कीमत रह जाए। जो शिक्षक पाठ्यपुस्तकों में से सिखाता है वह अपने विद्यार्थियों को स्वतंत्र और मौलिक विचार करने की शक्ति नहीं देता। इससे शिक्षक स्वय पाठ्यपुस्तक का गुलाम बन जाता है और उसे अपना स्वतंत्र तेज दिखाने का मौका ही नहीं मिल पाता। इससे मालूम होता है कि पाठ्यपुस्तकें जितनी कम होंगी, उतना ही शिक्षकों और विद्यार्थियों को लाभ होगा।

—गाँधी

पाठ और पुस्तकें

हमारी स्कूली शिक्षा का आधार कक्षा-व्यवस्था है और कक्षा का आधार पाठ्यपुस्तक। पाठ्यपुस्तकों की पढ़ाई स्कूली शिक्षा की न्यूनतम, अनिवार्य गतिविधि है और इसी के भरोसे देश के स्कूल खुले हैं। ऐसे अवसर आए हैं, जब पाठ्यपुस्तक के प्रकाशन में विलंब होने के कारण स्कूल बंद रखने पड़े।[1] पाठ्यपुस्तक के न रहने से कक्षा और स्कूल के बाहर स्थित संसार के बीच उपलब्ध एकमात्र संपर्क सूत्र कट जाता है। ऐसी परिस्थिति में कक्षा पूरी तरह बेगानी हो जाती है, उसे चलाए रखना बहुत कठिन हो जाता है। यदि कोई बच्चा पाठ्यपुस्तक घर पर भूल आए तो अनेक कर्मठ, अनुशासनप्रिय अध्यापक उसे कक्षा से निकाल देते हैं। कहने को वे उसे इसलिए निकालते हैं, जिससे भविष्य में वह नियमित रूप से पाठ्यपुस्तक अपने साथ लाए, किंतु वास्तविक कारण प्रायः उनकी अपनी विवशता होती है। उनके सामने यह समस्या होती है कि वे पाठ्यपुस्तक के बगैर बच्चे से किस प्रकार संवाद स्थापित करेंगे।

पाठ्यपुस्तक सामान्य पुस्तकों से भिन्न होती है; क्योंकि उसके भीतर जानकारी या साहित्य नहीं, 'पाठ' होते हैं। स्कूल के संदर्भ में 'पाठ' का एक ही अर्थ होता है : सीख, जो कभी-कभी 'शिक्षा' के पर्यायवाची की तरह इस्तेमाल की जाती है। अंग्रेजी में 'लेसन' शब्द का प्रयोग किया जाता है और उसकी व्यंजना बिल्कुल स्पष्ट है। उपयोगितावादी दृष्टिकोण बच्चे के प्रत्येक अनुभव को उसके लिए सीख मानता है और यही दृष्टिकोण भारतीय मध्यवर्ग का है। स्कूल के दायरों में सीखों का स्रोत पाठ्यपुस्तकें होती हैं क्योंकि प्रत्यक्ष अनुभवों की गुंजाइश बहुत कम होती है। वर्णमाला से लेकर विज्ञान तक सबकुछ 'पाठ' की इकाइयों में बँटा और बँधा होता है। जीवन का वैविध्यपूर्ण सर्वांग पुस्तकों के माध्यम से सीख के धरातल पर व्यवस्थित कर दिया जाता है। 'पाठ' का दर्शन बच्चे को अनुभव की आजादी नहीं देता; वह उसके प्रत्येक अनुभव को पूर्वनिर्धारित योजना के तहत मूल्यबद्ध कर देता है। मूल्य समाज के सांस्कृतिक तथा राजनीतिक परिवेश से लिए गए होते हैं।

अनुभव और पाठ का द्वंद्व वास्तव में दो दर्शनों का द्वंद्व है। अनुभव की गरिमा तभी स्वीकारी जा सकती है जब व्यक्ति को गरिमा दी जाए। जिस समाज में व्यक्ति के लिए गरिमा क्या, करुणा की भी गुंजाइश न हो, वहाँ अनुभव की स्वतंत्र सत्ता नहीं हो सकती। अनुभव का समूह से विरोध नहीं है, किंतु सामान्यत्व से है। जिस समाज में व्यक्ति के अनुभव को संदेह की निगाह से देखा जाता हो और उससे आशा की जाती हो कि वह सर्वस्वीकृत अनुभवों या विधानों के धरातल पर ही जिएगा, वहाँ अनुभव को एक शैक्षिक मूल्य के रूप में मान्यता नहीं मिल सकती। ऐसे समाज में शिक्षा का जीवनयापन से संबंध स्थापित नहीं हो सकता क्योंकि शिक्षा जीवन के स्थान पर सदियों से किए जा रहे अनुभवों के निचोड़—या सामान्य अनुभवों की सैद्धांतिक व्याख्या—से संबंधित रहेगी। वह समाज के स्थापित मूल्यों का पोषण करती रहेगी और परिवर्तनकारी शक्तियों का साथ न दे सकेगी।

भारत में स्कूली शिक्षा बच्चों को अनुभव के स्थान पर अनुभव की व्याख्या का आदी बनाती है, इस निष्कर्ष पर मैं उत्तर भारत के सात प्रदेशों में आरंभिक कक्षाओं के लिए इस्तेमाल होनेवाली पाठ्यपुस्तकों का अध्ययन करके पहुँचा हूँ।[2] जिन मूल्यों के आधार पर अनुभव की व्याख्या ये पुस्तकें करती हैं, उनमें सबसे प्रमुख प्रशासकीय मूल्य हैं। धर्म, शासन, नागरिकता और यहाँ तक कि विज्ञान की जानकारी भी पाठ्यपुस्तकें प्रशासनिक दृष्टिकोण से देती हैं। पाठ्यपुस्तकों का यह दृष्टिकोण पाठ्यपुस्तकों के लेखन की पद्धति को देखते हुए स्वाभाविक कहा जा मकता है। लेखकों का बच्चों से प्रत्यक्ष संपर्क न होने के कारण (पिछला अध्याय देखिए (पुस्तकों की सामग्री बच्चे के इर्दगिर्द स्थित यथार्थ का प्रतिबिंब न होकर एक केंद्रीकृत यथार्थ—जिसे शासक वर्ग प्रसारित करना चाहता है—का प्रतिबिंब बन जाती है। इस केंद्रीकृत यथार्थ में कुछ गिने-चुने प्रतीक इस्तेमाल किए जाते हैं जिनके जरिए प्रशासक-लेखक अपना नजरिया बच्चे पर लादने की चेष्टा करते हैं। यह नजरिया नीचे दिए गए विश्लेषण में इस्तेमाल उदाहरणों से स्पष्ट होगा। यह विश्लेषण[3] पाठ्यसामग्री के विषयों के आधार पर तीन भागों में विभाजित है। पहले भाग में हिंदी की पाठ्यपुस्तकों का विश्लेषण किया गया है, दूसरे में सामाजिक अध्ययन और तीसरे भाग में विज्ञान की पुस्तकों का। हिंदी और सामाजिक अध्ययन की पुस्तकें प्राथमिक कक्षाओं की हैं; विज्ञान की पुस्तकें प्राथमिक और माध्यमिक दोनों स्तरों की हैं।

[1]

भाषाज्ञान की शुरुआत की पारंपरिक पद्धति हर अक्षर से आरंभ होनेवाले किसी प्रचलित शब्द का चित्र बनाकर अक्षर का परिचय देने की है। वर्णमाला का यह आरंभिक अध्याय बहुत महत्त्वपूर्ण होता है। भाषा की रहस्यमयी दुनिया में बच्चा

वर्णमाला में लिए गए चित्रों के सा प्रवेश करता है। उसके द्वारा सीखे जानेवाले पहले शब्द उसके भाषायी और सामाजिक संस्कार बनाते हैं। यदि इन शब्दों और उनके साथ दिए गए चित्रों का उसके आसपास के जीवन से कोई संबंध न हो तो भाषा बच्चे के जीवन का भाग, उसका अंतरंग अनुभव नहीं बन पाती। सिल्विया एश्टन वार्नर ने बच्चों को उनकी प्रिय वस्तु का नाम-कार्ड दे देने की पद्धति अपनाई थी।[4] बच्चे अपनी प्रिय चीज का शब्दांकन छूकर, उसे अपने पास रखकर बहुत आसानी से वे अक्षर सीख जाते थे, जिनसे मिलकर उनकी प्रिय चीज का नाम बना होता था।

हिंदी की ज्यादातर वर्णमालाओं में अक्षरज्ञान करानेवाले शब्द और चित्र रूढ़ हो चुके हैं। हर पुस्तक एक-जैसे चित्रों का प्रयोग करती है। आप चाहे हिमाचल में हों या मध्यप्रदेश में, वर्णमाला की दृश्यावली एक-सी मिलेगी। राजस्थान की वर्णमाला में रेत नहीं, पेड़ और नदी हैं, हिमाचल की वर्णमाला में हिम का पता नहीं। 'औ' से औरत, 'क्ष' से क्षत्रिय और 'न' से नरेश, जो पुरानी वर्णमालाओं में अखिल भारतीय महत्त्व प्राप्त कर चुके थे, आज भी अनेक प्रवेशिकाओं में मिल जाते हैं : एक सजे-धजे धड़ का नाम औरत होता है, मूँछ और अस्त्रों से सुसज्जित धड़ का नाम क्षत्रिय या नरेश। इस तरह के शब्द बच्चे में ऐसे राजनीतिक और सामाजिक संस्कार डालते हैं, जिनकी उपयोगिता बेहद संदिग्ध है। यदि केवल भाषायी प्रभाव की दृष्टि से देखा जाए तो भी कुछ निश्चित, रूढ़ शब्दों का प्रयोग निर्दोष नहीं कहा जा सकता। उन्हें बार-बार दोहराने से बच्चे का अक्षरज्ञान कुंठित हो जाता है। मेरी मुलाकात एक बार एक ऐसे बच्चे से हुई थी जिसे 'क' से कबूतर इतनी कठोर पूर्वक पढ़ाया गया था कि वह जहाँ कहीं 'क' लिखा देखता—जैसे कमल या कमरा में—उसे कबूतर कहता था।

अक्षरज्ञान की एक भिन्न शैली राजस्थान की प्रवेशिका में इस्तेमाल की गई है, जिसके आरंभिक पृष्ठों में अक्षरों के बिना चित्रपट्टियाँ दी गई हैं और बच्चों को उनसे 'बात' करने का निर्देश दिया गया है। यह तरीका निश्चय ही रूढ़ शब्दों के प्रयोग से बेहतर है, पर इसका सही उपयोग अध्यापक की सूझबूझ और कल्पना पर निर्भर है।

अक्षरों की पहचान के तुरंत बाद पढ़ाए जानेवाले 'पाठ' भी भाषायी संस्कारों के निर्माण की दृष्टि से अत्यंत महत्त्वपूर्ण होते हैं। इस समय बच्चे को भाषा के रहस्य में चित्रों की सीधी मदद के बिना प्रवेश करना होता है। चित्र होते हैं, पर 'पाठ' की सामग्री से उनका संबंध बिठाने के लिए बच्चे को सही प्रसंगों की तलाश करनी पड़ती है। ऐसी प्रवेशिकाएँ हिंदी में दुर्लभ हैं, जिनमें इस स्तर की सामग्री सोच-समझकर लिखी गई हो। सबसे सामान्य दोष मात्रायुक्त किंतु निरर्थक शब्दों का प्रयोग है। एक भी मात्रा लगाए बिना वाक्य रचना करने की फिराक में

प्रवेशिकाओं के लेखक बिल्कुल अर्थहीन संरचनाएँ बना बैठते हैं :

थप रतन। घर थप। घर थप रतन।
थप थप। घर थप।

(राजस्थान)

मगर इधर मत रख। खबर उधर मत रख।

(मध्यप्रदेश)

मात्राएँ बचाने के फेर में ये वाक्यनुमा संरचनाएँ अर्थ की संगति खो बैठती हैं। इन्हें पढ़ते समय बच्चे के लिए यह जरूरी है कि वह इनके अर्थ पर न जाए, केवल अक्षर ज्ञान का यांत्रिक अभ्यास करे। यदि कोई बच्चा अर्थ पाने की कोशिश करे भी तो उसे विवश होकर अक्षरों के यांत्रिक ध्वनिक्रम पर लौट आना पड़ेगा। ऐसा अभ्यास पुस्तक में बच्चे की रुचि पर विपरीत प्रभाव डाल सकता है या उसकी अर्थग्रहण क्षमता को कमजोर बना सकता है। वस्तुतः, अक्षरों को मात्राओं से मुक्त रखकर पढ़ाने से हिंदी का बहुत विकृत संरचनात्मक संस्कार बच्चे को मिलता है क्योंकि मात्राएँ हिंदी भाषा की प्रकृति में शामिल हैं। धीरे-धीरे मात्राएँ जोड़कर अक्षर और शब्द पढ़ना सीखते हुए बच्चे बहुत समय बरबाद करते हैं। ऐसे बच्चे जो चार-पाँच वर्ष बाद पढ़ना छोड़ देते हैं, हमेशा के लिए मात्राओं को अक्षरों से अलग करके पढ़ने के आदी हो जाते हैं। अक्षरों और मात्राओं को अलग करके पढ़ाने की विधि बच्चों की पठनगति पर भी बुरा असर डालती है।

प्रवेशिकाओं में मात्रामुक्त शब्दों से बने वाक्यों के बाद यांत्रिक मात्राभ्यास दिए हैं और मात्राभ्यासों के साथ ऐसे 'पाठ' दिए हैं, जिनमें सरल वाक्य रचनाओंवाला गद्य या पद्य है। राजस्थान के बच्चे वर्णमाला में प्रवीण हो चुकने के बाद इस 'कविता' से शिक्षा ग्रहण करते हैं :

ककड़ी पर आई मकड़ी
ककड़ी ने कहा—भाग!
मकड़ी ने मारी लात!

फिर कुछ और 'पाठों' के बाद वे तिजोरी के पास बैठे एक मोटे सेठ से पैसा बनाने की कला सीखते हैं :

एक एककर पैसा जोड़ो तो बन जाओगे धनवान।

पुस्तकीय ज्ञान के ये आरंभिक 'पाठ' बच्चे के भाषायी संस्कारों के अलावा उसकी वैचारिक बुनियाद भी बनाते हैं। हरियाणा के बच्चों को हिंदी का यह रूप सरल गद्य के नमूने के तौर पर मिलता है :

वह ऋषि जी आए
ऋषि जी तृण लाए
तृण किस लिए लाए
तृण मृग खाएगा

मध्यप्रदेश में पहले दरजे की किताब में 'गुडिया का विवाह' शीर्षक 'पाठ' का अंत इस गीत से होता है :

एक लाख की चूनर उसकी
सवा लाख की साड़ी है
गुड़िया राजदुलारी है।

पहले दरजे की पुस्तकों के उपर्युक्त बिंब बच्चों की ताजी कल्पनाशक्ति को जैसा राजनीतिक प्रशिक्षण देते हैं, उसे स्वाधीन भारत की घोषित राजनीति के अनुकूल कहना किसी प्रकार संभव नहीं प्रतीत होता। महँगे विवाहों और पैसा जोड़नेवाले सेठों की परंपरा में महलों की सामंती शानो-शौकत हमारे यहाँ बाल साहित्य का प्रिय विषय रही है। पाठ्यपुस्तकों में भी इनकी कमी नहीं है। चंदामामा के राजमहल में कपूर के दीपक, सोने के मुकुट और जवाहरात से जड़े सिंहासन, चमकते घोड़ों पर सवार राजकुमार और फूलों की सेज पर तड़पती राजकुमारियाँ, गरीब प्रजा का हाल देखने आधी रात को भेष बदलकर निकलनेवाले राजा और अकाल की त्राहि-त्राहि से मुक्ति पाकर राजा की वाह-वाह करनेवाले प्रजाजन—ये बिंब हमारे बच्चों को किसी तरह एक समाजवादी देश के नागरिक बनने के लिए तैयार नहीं करते, न ही देश के निन्यानवे फीसदी बच्चों के जीवन से उनका कोई संबंध है। लेकिन पाठ्यपुस्तकें ही क्यों, हिंदी के लोकप्रिय बाल साहित्य तथा बाल पत्रिकाओं का दृष्टिकोण और बिंब विधान भी मूलतः सामंती है। 'सवा लाख की साड़ी' पहननेवाली 'राजदुलारी' गुड़िया-जैसी दिखनेवाली सजी-धजी, उच्च मध्यवर्गीय बालिकाओं के चेहरे हिंदी की सबसे अधिक बिकनेवाली पत्रिकाओं—*पराग* और *नंदन*—के मुखपृष्ठों की शोभा बढ़ाते हैं। यथार्थबाद का कोई स्वरूप वयस्क साहित्य में भले उभर सका हो, हमारा बाल साहित्य, जिसमें पाठ्यपुस्तकें शामिल हैं, आज भी मध्ययुगीन मानसिकता और मध्यवर्गीय नैतिकता से ग्रस्त हैं।

पाठ्यपुस्तकों की नैतिक दृष्टि सीधे-सीधे उस जीवन पद्धति से निकली है, जिसका सूत्रपात भारत की महाजनी सभ्यता ने किया था और जिसे आधुनिक भारत में मध्यवर्ग ने अपना हृदयहार बनाया है। यह नैतिक दृष्टि जीवन के हर अनुभव को लाभ-हानि के गणित के स्तर पर उतारकर देखती है। 'लाभ' और 'हानि' वस्तुतः दो लेबल हैं, उनके स्थान पर हम नैतिक विभाजन प्रदर्शित करनेवाले कई शब्दयुग्म रख सकते हैं, जैसे सत्य-असत्य, अच्छा-बुरा,

दुष्ट-दयालु। हमारे बाल साहित्य का नैतिक दर्शन जीवन को अति सरल खंडों में बाँटकर देखता है। कदाचित हमारे बाल साहित्य के लेखक और कवि मानते हैं कि बच्चों की दृष्टि इतनी सतही होती है कि जीवन का जटिल मूल्यांकन करने से वह उलझ जाएगी। पुराने समय से नीतिज्ञ कविता को अपने उपदेशों का साधन मानकर सुभाषितों की रचना करते आए हैं। बच्चों को सुभाषित साहित्य पढ़ाना और रटाना एक बहुत आम बात बन गई है। एक ओर जहाँ इन सुभाषितों में सटीक उदाहरणों का चमत्कार मिलता है, वहीं दूसरी ओर दृष्टि और भावना की संकीर्णता भी दिखाई जाती है, जैसे रहीम के एक दोहे की इस पंक्ति में :

हित रहीम तब जानिए जब अटकै कछ काम।

(मध्यप्रदेश, कक्षा 3)

गिरधरराय की कुंडलियों का नीतिज्ञान सरल बिंबों के सहारे बच्चों तक सकुशल पहुँच जाए, यह असंभव नहीं, किंतु नए कवियों की बाल कविताओं के मार्फत ऐसा बहुत कठिनाई से ही हो सकेगा। इन कवियों की दृष्टि इतनी विस्तृत है कि वह कोई बिंब क्रम नहीं बना पाती। उन्होंने एक तिनके को भी अपनी उपदेशक दृष्टि के आरोप से नहीं बख्शा है। उनके मतानुसार फूल, पौधे, आकाश, नदी, नाले, पर्वत, भौंरे और तितलियों से लेकर पुलिस के सिपाही तक हर चीज प्रभु और प्रशासन ने बच्चों की शिक्षा के लिए ही बनाई है। राजस्थान के चौथी कक्षा के बच्चों को यह लोकप्रिय कविता फूल, भौंरे, फल, हवा, लता, सूरज, पेड़, वर्षा, दीपक, पृथ्वी और जलधारा के साथ-साथ दूध और पानी तथा धुएँ से भी कुछ न कुछ सीखकर ही दम लेने की प्रेरणा देती है :

दूध और पानी से सीखो मिलना और मिलाना
और धुएँ से सीखो बच्चो ऊँचे ही पर चढ़ना।

इस कविता के साथ एक अन्य 'पाठ' में समाज की तस्वीर आदर्शों के भंडार के रूप में प्रस्तुत की गई है :

भंगी शिक्षा देता है कि समाज की गंदगी दूर करो। भिश्ती यह बतलाता है कि बगीचा सींचो और प्यासों को पानी पिलाओ। धाय सिखाती है कि बच्चों को प्यार से दूध पिलाकर पालो। सिपाही कहता है कि सावधानी से देश की रक्षा करो। रसोइया कहता है कि गरमागरम बढ़िया चीजें बनाओ, खाओ, खिलाओ।

बच्चों का यह घोर दार्शनिक साहित्य एक तरफ उनकी अभिधार्थ ग्रहण-क्षमता को तोड़ता है, दूसरी तरफ वह प्रकृति और समाज से संबंध को एक प्रकार की यांत्रिक औपचारिकता प्रदान करता है। नैतिक दर्शन के बोझ से इन 'पाठों' की भाषा जड़ हो जाती है, हास्यास्पदता भी उनकी अर्थहीनता को ढाँप नहीं पाती। ऐसी रचनाएँ लिखनेवालों की बारीक निगाह बिंब योजना के प्रति पूरी तरह उदासीन होती है। कविताओं में परस्पर विरोधी बिंब इतने आम हैं कि किसी जगह एक सुनिश्चित बिंब आकार या योजना पाकर हैरानी होती है। पाठ्यपुस्तकों के लेखक और कवि शायद यह नहीं जानते कि बच्चे शब्दों में नहीं, बिंबों में सोचते हैं, जो साहित्य का अध्ययन करने की सही प्रक्रिया है और जो आयु बढ़ने के साथ शब्दों के औपचारिक व्यवहार के बाहुल्य के कारण प्रायः क्षीण हो जाती है।

उत्तरप्रदेश में दूसरी कक्षा के बच्चों को गाँधी की महानता इन शब्दों में बताई जाती है :

लगते तो थे दुबले बापू
थे ताकत के पुतले बापू

पाठ्यपुस्तकों की दुनिया में ताकत का पुतला होना उतना ही स्वाभाविक है जितना चट्टानों में फूल खिलाकर, पर्वतों को धूल बनाकर कहना कि :

नम्रता भरी है, नस-नस में देखो
पर नहीं विरोधी के सम्मुख झुकते

(मध्यप्रदेश, कक्षा 2)

ऐसी कविताएँ यदि किसी बच्चे के मन में कविता मात्र के प्रति यह दृष्टिकोण पैदा कर दें कि कविता तो हवामहलों की चीज है तो आश्चर्य नहीं होना चाहिए। पाठ्यपुस्तकों के अधिकांश कवि भाषा और कल्पना दोनों दृष्टियों से रीतिकालीन काव्यपद्धति के निकट जान पड़ते हैं। वे रूढ़ बिंबों, उपमाओं और शब्दों के प्रेमी हैं। हिंदी के गीतिकाव्य की तरह बालकाव्य में भी रूढ़ शब्दों और वाक्यांशों का इतना बाहुल्य हो चुका है कि काव्यदृष्टि का संप्रेषण बच्चों को हो नहीं सकता।

यह एक रोचक बात है कि प्राथमिक दरजों में अधिकांश कविताएँ कवि का नाम बताए बगैर पढ़ाई जाती हैं। क्या कोई कविता अत्यधिक प्रचलित हो चुकने पर सरकारी संपत्ति बन जाती है? फिर भी जितने नाम इधर-उधर दिखते हैं, उनके अनुसार सोहनलाल द्विवेदी, द्वारिका प्रसाद माहेश्वरी, निरंकारदेव 'सेवक', वेंकटेशचंद्र पांडेय, और सुभद्राकुमारी चौहान खड़ी बोली के कवियों में सबसे अधिक बालोपयोगी समझे जाते हैं। रामनरेश त्रिपाठी का नाम कहीं देखने में नहीं आता, जिनकी 'छींक'-जैसी कविताओं ने हिंदी बालकविता में नई संभावनाओं का

सूत्रपात किया था। पुराने कवियों में तुलसी, सूर, मीरा और रसखान सर्वाधिक प्रचलित हैं। नए-पुराने सभी कवियों की कविताओं के बाद कंठाग्र करने और उनसे शिक्षा लेने के निर्देश दिए गए हैं।

राष्ट्रीय शैक्षिक अनुसंधान एवं प्रशिक्षण परिषद द्वारा प्रकाशित चौथी और पाँचवीं कक्षा की किताबों में कविताओं के बाद अभ्यास के अंतर्गत सामान्य प्रश्न है कि कविता का सारांश लिखो, आखिरी छंद के भावार्थ की व्याख्या करो तथा बताओ कि कविता से तुम्हें क्या शिक्षा मिलती है। मध्यप्रदेश में सूर के प्रसिद्ध पद 'मैया कबहुँ बढ़ेगी चोटी' की 'शिक्षा' यह बताई जाती है कि दूध पीने से हमारा स्वास्थ्य अच्छा रहता है और राजस्थान में तुलसी के मानस के बारे में पढ़ाया जाता है कि 'इस ग्रंथ को रचकर गोस्वामी तुलसीदास ने भारतीय जनता का बड़ा उपकार किया था'। कविता को उपदेश का साधन बना देने से बच्चों की, कविता का आनंद उठा सकने की, क्षमता नष्ट हो जाती है। संदेश की तलाश करना कविता 'समझने' का पर्याय बन जाता है और संदेश के अतिरिक्त शेष शब्द साज-सज्जा मात्र रह जाते हैं जिन्हें अलग करके 'सारांश' लिखा जाता है। इस दूषण प्रक्रिया का पूर्वानुमान करके ही पाठ्यपुस्तकों के लिए कविताओं का चयन होता होगा। वरना इस हास्यास्पद जोड़-तोड़ को किस हिसाब से कविता कहा जा सकता है:

भौतिक सुखसुविधा सबको हो,
सब जन होवें संत
बने कर्मयोगी जग सारा,
हो संसार ससार,
बनाएँ एक नया संसार,
धरा पर स्वर्ग मोक्ष अवतार।

(राजस्थान, कक्षा 5)

एक एक भी शब्द नया प्रतिदिन रट पाएँ,
दो वर्षों में शब्द नए कितने आ जाएँ।

बड़े वीर जौहर उन्होंने लिखाए,
खिले वे कसौटी कुदिन पर कसाए,
निखरते मिले वे विपद बाँध पाए,
बने ठीक कुंदन गए जब तपाए।

(हरियाणा, कक्षा 4)

नीति ज्ञान के अतिरिक्त मातृभूमि की स्तुति और प्रभुवंदना के लिए भी पाठ्यपुस्तकों में कविता का सहारा लिया गया है। एक धर्मनिरपेक्ष देश में प्रभु की

सूरत निराकार ही हो सकती है। प्रभु की शक्ल के संबंध में सरकार के संकोच को उसके कवियों ने बखूबी सँभाला है। उन्होंने प्रभु की शक्ति के स्रोत में वंदना करके अन्य तमाम मानवीय स्तुत्यों को भी अपनी कविताओं में शामिल कर लिया है। ईश्वर की इन प्रार्थनाओं में बच्चों को वीतरागी भक्त मानकर चला गया है, जिसकी पुष्टि प्रार्थनाओं के साथ दिए गए गणवेश में सुसज्जित हाथ जोड़े बच्चों के चित्र से होती है। भावना और शब्दावली दोनों में ठेठ भक्ति और करुण रस का परिपाक होता है :

जिस ओर निगाहें जाती हैं,
उसके ही दर्शन पाती हैं।

(मध्यप्रदेश, कक्षा 5)

सत्य वचन दो, बना मगन दो,
नई लगन दो, हे भगवान।

(राजस्थान, कक्षा 3)

जीभ मेरी आप के,
गुणगान नित्य किया करे।
आपके चरणों में रह,
मन चंचरीक जिया करे।

(हरियाणा, कक्षा 3)

आखिरी पद में सिखाया गया जीभ का अनुशासन बाद में बच्चे के बड़े होने पर प्रभुशक्ति के साथ-साथ सामाजिक और कार्यालयी व्यवहार में भी काम आ सकता है। प्रभु की शक्ल से जुड़ा हुआ एक सवाल धार्मिक त्योहारों का है। बिहार और दिल्ली में चलनेवाली राष्ट्रीय शैक्षिक अनुसंधान और प्रशिक्षण परिषद की पुस्तक *आओ पढ़ें और समझें* में 'हमारे त्योहार' नामक कविता में दीपावली और दशहरा के सामान्य वर्णन के बाद लिखा है :

आया है त्योहार बड़ा दिन, खुश होते ईसाई।
और ईद के दिन
ठाठ बाट से ईदगाह को जते मुस्लिम भाई।

दिवाली-दशहरे के साथ यह उल्लेख करने की जरूरत नहीं समझी गई कि ये हिंदुओं के त्योहार हैं, लेकिन बड़े दिन और ईद पर 'भाई' कहकर इन भिन्न मतावलंबियों का नामोल्लेख जरूरी क्यों समझा गया ? कक्षा का 'धार्मिक' संतुलन इस विभाजन से कहीं भीतर ही भीतर बिगड़ सकता है।

गद्य रचनाओं में भाषा की ढिलाई पाठ्यपुस्तकों के लिए लिखे जानेवाले साहित्य की आम प्रवृत्ति है। भाषा की ढिलाई से तात्पर्य अस्वाभाविक सरलता से है। यदि लंबे वाक्यों को छोटे-छोटे टुकड़ों में तोड़ दिया जाए तो भाषा सरल नहीं हो जाती। भाषा की सरलता लेखक की दृष्टि और सोच की स्पष्टता तथा ईमानदारी पर निर्भर होती है। सारे उत्तर भारत की तीस-चालीस पुस्तकों में से मुश्किल से तीन-चार पुस्तकों में कहीं-कहीं साफ-सुथरा गद्य पढ़ने को मिलता है। बच्चों के लिए प्रवाहपूर्ण और रोचक गद्य लिखना दो ही स्थितियों में संभव होता है : एक, जब विषयसामग्री बच्चों के जीवन से प्रत्यक्षतया संबंधित हो; दो, जब लेखक चीजों को बच्चे की निगाह से देखने की कोशिश करे। दोनों स्थितियों में यह जरूरी है कि लेखक के मन में बच्चों की जीवन शैली और उनकी निगाह के प्रति सम्मान हो; वह उन पर बड़ों की दुनिया और दृष्टि थोपने के लिए प्रतिश्रुत और कटिबद्ध न हो। इक्के-दुक्के लेखकों के अलावा हिंदी के बाल साहित्यकारों की दिलचस्पी बच्चों का 'ज्ञानवर्धन और मनोरंजन' करने में होती है। वे यह स्वीकार नहीं कर सकते कि बच्चे को बच्चा होने का हक है और यदि कोई उसकी दुनिया में प्रवेश करना चाहता है तो उसे पहले बच्चा बनना पड़ेगा। पाठ्यपुस्तकें लिखने के लिए सरकार द्वारा नियुक्त अधिकारी तथा लेखक ऐसी धारणा से कोसों दूर होते हैं क्योंकि सरकार स्वयं बच्चों को जल्दी से जल्दी बड़ा बनाकर देश की बागडोर उनके हाथ में दे देने का स्वाँग रचती रहती है। इस उद्देश्य की पूर्ति के लिए सरकार, गाँव एवं नगर में प्रशासन की व्यवस्था, पुलिस का काम, यातायात, देश की महानता, समृद्धि के 'असल' मायने और नेताओं की जीवनी आदि विषयों को बालोपयोगी समझती है। बिल्कुल आरंभिक कक्षाओं में इन विषयों की पढ़ाई का लक्ष्य शायद यह होता है कि बच्चों की दृष्टि और कल्पना अपने परिवेश के प्रति सचेत होने से पहले देश के राजतंत्र के प्रति संजीदा हो जाए। इस संजीदगी का लाभ बाद में उठाया जा सकता है।

प्रसिद्ध व्यक्तियों के जीवनवृत्त को प्राथमिक कक्षाओं में पढ़ाने का एक ही लक्ष्य मान्य हो सकता है कि बच्चे उन्हें पढ़कर अपनी आंतरिक प्रेरणा शक्ति को स्फुरित अनुभव करें। यह स्फुरण तभी संभव है जब बच्चे उन कारखानों को महत्त्वपूर्ण समझें, जिन्हें वयस्कों ने महत्त्वपूर्ण माना है। एक सरकारी लेखक के लिए यह उल्लेखनीय भले ही हो कि रविशंकर शुक्ल कब मुख्यमंत्री बने या देश में 'जागृति' आने के कारण एक हरिजन का लड़का उपजिलाधीश बन गया परंतु इन प्रसंगों के प्रति बच्चों के मन में कोई स्वाभाविक कौतूहल या श्रद्धाभाव न होता है, न हो सकता है। इसलिए यह जरूरी है कि पाठ्यपुस्तकों का लेखक पहले प्रशासनिक पदों की महत्ता बच्चों के दिमाग में बिठाए और साथ ही साहसिक यात्राओं, विषम परिस्थितियों में अकेले झेली गई जिम्मेदारियों या व्यक्ति वैचित्र्य के किस्सों के प्रति

बच्चों के प्राकृतिक रुझान को किसी न किसी प्रकार धीरे-धीरे कम करता चले। इस रुझान को कम करने के दो तरीके हैं। एक तो यह कि पुस्तक में इस तरह के किस्सों की संख्या प्रशासनिक और राजनीतिक जानकारीवाले लेखों से कम रखी जाए; दूसरा यह कि आख्यान ठंडी और उबाऊ शैली में सुनाए जाएँ। पाठ्यपुस्तकें दोनों तरीकों का प्रयोग करती हैं। मध्यप्रदेश के बच्चे चंद्रशेखर व्यंकट रामन की जीवनी के अंतर्गत पढ़ते हैं कि आय-व्यय विभाग की परीक्षा में प्रथम आने पर विभाग के सबसे बड़े अफसर ने उनसे अपनी लड़की ब्याह दी और फिर रामन ने 'ऊँची नौकरी छोड़कर अध्यापक की नौकरी मामूली तनख्वाह पर कर ली।' जीवनी में रामन की खोजों का कहीं जिक्र नहीं है।

पाठ्यपुस्तकों में विनोबा, गाँधी, नेहरू, पटेल आदि की जीवनियाँ बहुतायत से मिलती हैं, पर प्रेमचंद, रामानुजम, अलाउद्दीन खाँ, राहुल सांकृत्यायन, च्यवन, भारतेंदु-जैसे नामों का उल्लेख कहीं दिखाई नहीं देता। एक ही तरह की उपलब्धियाँ—राजनीतिक तथा कभी-कभी सामाजिक—हासिल करनेवालों तक अपना दायरा सीमित रखकर पाठ्यपुस्तकें जीवन की बहुत संकीर्ण तस्वीर बच्चों को देती हैं। साहित्य, यात्रा, दर्शन, विज्ञान, संगीत, चिकित्सा आदि तमाम क्षेत्रों की प्रतिभाएँ अछूती रह जाती हैं।

[2]

हिंदी एवं सामाजिक अध्ययन, दोनों विषयों की लगभग सभी पाठ्यपुस्तकों में पौराणिक नायक-नायिकाओं की चरित कथाएँ हैं। राम, कृष्ण, सुदामा, सावित्री और ध्रुव आदि की कहानियाँ हमारी सांस्कृतिक विरासत की अंग हैं, इससे कोई इनकार नहीं कर सकता। यह भी संभव है कि ये हमारे सामूहिक अवचेतन का अंग हों जैसा कि अनेक मिथक प्रेमी सोचते हैं। लेकिन इन आधारों पर यह नहीं माना जा सकता कि हमें इन कहानियों की चरित्र सृष्टि और नैतिकता को सादर स्वीकार करके अपने बच्चों को सौंप देना चाहिए। यदि हमने एक ताजे जीवनादर्श, एक नई सामाजिक दृष्टि को अपनाया है तो हमें अपने सामूहिक अवचेतन को निरपेक्षतापूर्वक समझना और परखना चाहिए। अपनी सांस्कृतिक विरासत के साँचे में ढलने, अपने अतीत के गौरव में जीने और उसे जिलाने तथा अपने मिथकीय आख्यानों पर राष्ट्रीयता का मुलम्मा चढ़ाने की चेष्टाएँ एक भाग्यवादी मानसिकता से ही उत्पन्न होती हैं। विशुद्धतः सांस्कृतिक कुछ नहीं होता—धर्म और प्रकृति-प्रेम भी नहीं। राजनीतिक और समाज-व्यवस्था विचार, कल्पना और चरित्र पर अपना अनिवार्य प्रभाव डालती है। राम, कृष्ण और दुष्यंत कितने ही 'महान' क्यों न रहे हों, अंततः वे उस व्यवस्था के अंग थे जिसमें राजा का जीवन,

जन्म, विवाह और मरण उनकी अतिविशिष्ट सामाजिक स्थिति के परिचायक होते थे।

पुराणों और इतिहास के चरित्र आख्यानों में राजनीतिक संस्कारों के सामंतीपन की दिक्कत के अलावा एक अन्य दिक्कत उनके यौन संस्कारों से पैदा होती है। नायकों का नायिकाओं के प्रति दृष्टिकोण तथा सावित्री-जैसी पत्नियों का आदर्श प्राथमिक शाला के बच्चों में दुर्भाग्यपूर्ण विसंगतियाँ पैदा कर सकता है। भारत में नारी और पुरुष की असमान सामाजिक स्थिति सामंती अतीत से उपजी है। जब हम राजनीति में सामंतवाद के विरुद्ध हैं तो सामाजिक संदर्भ में उसके पक्षधर नहीं हो सकते। दुष्यंत और शकुंतला, सावित्री-सत्यवान, नल-दमयंती और राम-सीता, की कहानियाँ उस समाज की हैं जिसमें प्रेम की शुरुआत, पत्नी का संरक्षण तथा उसकी परीक्षा लेने का अधिकार, सभी कुछ पुरुष के अधीन है। प्राथमिक स्तर पर देश के पचास फीसदी से अधिक स्कूलों में सहशिक्षा है, किंतु सहशिक्षा की सही मानसिकता की तैयारी के दर्शन दुर्लभ हैं। श्री अरविंद आश्रम, पांडिचेरी के शिक्षा केंद्र-जैसी संस्थाएँ अपवाद हैं, जहाँ लड़के-लड़कियों को साथ-साथ जीने की पद्धति सिखाई जाती है। सहशिक्षा की सही मानसिकता तैयार करने में पाठ्य-पुस्तकें काफी मदद दे सकती हैं, पर हमारी वर्तमान पाठ्यपुस्तकें ऐसी किसी जिम्मेदारी से वाकिफ नहीं दिखतीं। उलटे, जब कभी मौका मिलता है, वे लड़के-लड़कियों को अपनी-अपनी पृथक मनोभूमि तैयार करने की सलाह देती हैं। हरियाणा की प्रवेशिका का बच्चा माँ से बंदूक माँगता है जिससे वह दुश्मनों को 'ठूँ' कर देगा, पर 'औ' के परिचय के लिए बनी औरत अपनी साज-सज्जा में मर्यादापूर्वक सिमटी रहती है। उत्तरप्रदेश की मुन्नी जो हर वक्त चुन्नी ओढ़े गुड़िया से चिपकी रहती है, और मध्यप्रदेश की भोलीभाली रानी लड़कियों के लिए 'ढंग' से रहने का आदर्श स्थापित करती हैं। लक्ष्मीबाई एकमात्र अपवाद कही जा सकती थी, पर वह तो 'मर्दानी' है। मध्यप्रदेश के एक स्कूल में प्रीति नाम की आठ वर्षीय लड़की की कापी का पहला पृष्ठ मुझे अभी तक याद है, जिस पर यह प्रश्नोत्तर दिया था :

> ***प्रश्न**: सावित्री को एक आदर्श स्त्री क्यों माना जाता है?*
> ***उत्तर**: क्योंकि वह एक पतिव्रता नारी थी।*

सामाजिक अध्ययन की अलग पाठ्यपुस्तक तीसरी कक्षा में दी जाती है। इस विषय का उद्देश्य बच्चों को भूगोल, इतिहास तथा नागरिकशास्त्र की जानकारी देना समझा जाता है। इन तीन पृथक विषयों में आंतरिक संगति बिठाना ही सामाजिक अध्ययन की पुस्तक के लेखक की सबसे बड़ी समस्या होती है। किसी प्रदेश या सारे देश का भूगोल किस प्रकार उसके इतिहास और उसके वर्तमान आर्थिक-

राजनीतिक तंत्र से जुड़ा है, यह दिखा सकना एक बहुत बड़ी सफलता हो सकती है, जो अभी तक राष्ट्रीय शैक्षिक अनुसंधान एवं प्रशिक्षण परिषद की अत्यंत श्रमसाध्य पुस्तकों को भी सिद्ध नहीं हुई है । इन पुस्तकों में रेखाचित्रों, नक्शों तथा छायाचित्रों का बाहुल्य अवश्य है, किंतु टुकड़े-टुकड़े वर्णन की ऊब के साथ मिलकर यह बाहुल्य पुस्तकों को सरकारी प्रचार प्रकाशनों का स्वरूप ही दे सकता है । इन्हें पढ़कर अपने प्रांत, देश या संसार का कोई संश्लिष्ट बिंब बच्चे के दिमाग में नहीं बन सकता । बहुत मुमकिन है कि स्कूल छोड़ने के बाद दकन का पठार उसके लिए उतना ही सपाट बना रहे जितना गंगा-यमुना का मैदान । मरुस्थल की शुष्कता, असम की वर्षा और हिमाचल की घाटियाँ उसके लिए कोई सांस्कृतिक परिधान नहीं पहन पाएँगी, जो सामाजिक अध्ययन का मुख्य लक्ष्य होना चाहिए । हजार-बारह सौ पृष्ठ पढ़ने (शायद रटने) के बाद भी हरियाणा का बहादुर सरगुजा के आदिवासियों से उतना ही सशंकित बना रहेगा जितना कि बिहार की कोयला खदानों में काम करनेवाले मजदूर का लड़का राजस्थान के राजपूतों से । जिस राष्ट्रीय एकता की शपथ देश के तमाम स्कूलों में रोज प्रभु प्रार्थना के साथ दिलाई जाती है, वह तब तक कदापि विकसित नहीं हो सकती जब तक प्रांतीय सरकारें तीसरे दरजे में भूगोल को प्राकृतिक दृश्यावली और लोगों के रहन-सहन के लिहाज से कम और प्रशासनिक कार्यकुशलता तथा आजादी से अब तक हुई रोमांटिक प्रगति रटाने के लिहाज से अधिक पढ़ाती रहेंगी । हमारा गाँव, हमारी पंचायत, हमारी सरकार, हमारी योजनाएँ, हमारी प्रगति, हमारे नेता—इन सबका 'महत्त्व' इतने जोर से स्थापित करने की आखिर क्या जरूरत है ? इनकी तुलना में हमारे पहाड़ों, जंगलों, नदियों, पशु-पक्षियों का वर्णन सामाजिक अध्ययन की ये पुस्तकें, नाम, स्थिति और फायदों की बहीखाता शैली में करती हैं । पाँचवीं कक्षा की पुस्तकों में शामिल विदेशों के वर्णनों में यह विभाजन ठीक उलटा है, इस कारण एक बच्चा अर्जेंटीना के निवासियों के घोड़ों के खेल का भौगोलिक औचित्य तो समझ लेगा, पर बस्तर के आदिवासी नृत्य को गणतंत्र दिवस परेड की तैयारी ही समझता रह जाएगा ।

प्राकृतिक भूगोल की बुनियादी बातों के साथ प्रादेशिक भूगोल का सामंजस्य भी किसी किताब में नहीं दिखता । सच तो यह है कि अनेक पुस्तकों में प्राकृतिक भूगोल संबंधी अक्षम्य भूलें रह गई हैं, जो निश्चय ही मुद्रण की नहीं हैं । वर्षा कैसी होती है, इस आधारभूत प्रश्न का उत्तर आज भी कई किताबों में ऐसा मिलता है, जिसको पढ़कर लगे कि बारिश सचमुच बादलों और पहाड़ों की टक्कर से होती है । बादल 'भाप' से बनते हैं या 'वाष्प' से इस संबंध में राजस्थान, मध्यप्रदेश तथा उत्तर प्रदेश के विद्वानों में मतभेद है । वर्णन, वाक्यरचना और शब्दावली की सारी गलतियाँ दिखाने के लिए 25-30 पृष्ठ की पुस्तिका चाहिए ।

सामाजिक अध्ययन के अंतर्गत इतिहास पढ़ाने का ढंग आज भी कुएँ खुदवाने और छायादार पेड़ लगवाने के माध्यम से महाराजाओं की महानता सिद्ध करने का है। विभिन्न युगों में देश की जनता का सामाजिक और सांस्कृतिक जीवन क्या था, यह जानने की बाल जिज्ञासा तारीखों और नामों के जंगल में खो जाती है। धर्मशालाएँ बनवाने, कुएँ खुदवाने और सड़कों पर छायादार वृक्ष लगवाने को किसी राजा की उपलब्धि कहने के पीछे जनता के अधिकारों के प्रति जो उदासीनता निहित है, वह इतिहास के पन्नों से निकलकर मानो आजाद हिंदुस्तान के प्रजातंत्र में घुसी चली आ रही है। प्रजातांत्रिक सरकार के स्वाभाविक कार्य उस भाषा में बताए जाते हैं, जिसमें पुराने राजाओं की उपलब्धियाँ बताई जाती थीं। सरकार ने हमारे बैठने के लिए पार्क बनवाए हैं, अँधेरा दूर करने के लिए बिजली लगवा दी है, सरकार मलेरिया भगाने के कार्यक्रम चला रही है, सरकार की ओर से डी. डी. टी. छिड़कनेवाले आदमी भेजे जाते हैं, इत्यादि। कविताओं की तरह इन शब्दों का भावार्थ भी यदि बच्चों से पूछा जाए तो शायद वे बेचारे यही उत्तर दे पाएँगे कि सरकार ने भारत की जनता पर अनेक अहसान किए हैं। यह सब इस ढंग से पढ़ाने के पीछे सरकारी नीति में गजब की तरतीब है : जवाहरलाल चाहते तो पिता की वकालत अपनाते, लेकिन उन्होंने कष्ट का मार्ग अपनाया; इसी प्रकार सरकार चाहती तो कुछ न करती, यूँ ही बनी रहती, पर उसने कर्तव्यपथ अपनाकर पार्क, मार्ग, बाँध और न जाने क्या-क्या बनवा दिया। काम करना सरकार की कृपा नहीं, उसके अस्तित्व की शर्त है, भारत के बच्चे यह कब और कैसे सीख पाएँगे? आजादी के लगभग 42 वर्ष बाद प्राथमिक शिक्षा के वर्तमान स्वरूप से तो नहीं।

बचा-खुचा नागरिकशास्त्र दो पृष्ठों में नागरिकों के अधिकार (जिसमें संपत्ति का अधिकार किसी प्रदेश की किताब में नहीं है) और कर्तव्य बताता है और किसी-किसी प्रदेश में ग्राम और नगर के संबंधों पर टिप्पणी करता है। इस दूसरे विषय के अंतर्गत मध्यप्रदेश के मोहन को अपने पिता से यह जानकारी मिलती है : ''नगर में लोगों को न शुद्ध वायु मिलती है और न शुद्ध जल। इससे उनका शरीर पीला-सा पड़ जाता है।'' राजस्थान का नरेंद्र जब यह पूछता है कि उसके गाँव में उन्नति क्यों नहीं होती तो उसके नाना जवाब देते हैं : ''तुम्हारा गाँव बहुत पुराना बसा हुआ है। इसलिए यहाँ सड़कें कम चौड़ी और टेढ़ी-मेढ़ी हैं।'' क्या पुराने गाँव का कोई इलाज नहीं है? सामाजिक जीवन की कुरीतियों तथा पिछड़े वर्गों की जागृति पर कुछ पाठ्यपुस्तकों में लेख मिलते हैं। राजस्थान में पर्दा-प्रथा और बालविवाह पर 'मुन्नी की शादी' शीर्षक एक कहानी है जिसमें घूँघट निकालकर ससुराल जाती मुन्नी का मित्र सोहन अपनी माँ से पूछता है : ''अपनी मामी जी तो पर्दा करती हैं, लेकिन आप तो पर्दा नहीं करतीं।'' उत्तर में उसकी माँ कहती है : ''तुम्हारे मामा जी को यह पुराना रिवाज पसंद है, परंतु तुम्हारे पिता जी पढ़े-लिखे

और नए विचारों के आदमी हैं। उन्हें ये बातें अच्छी नहीं लगतीं।'' 'मुन्नी की शादी' से बालविवाह और पर्दाप्रथा की गाँठें शायद कुछ खुलती हैं, पर एक गाँठ मजबूत हो जाती है कि माँ-बहनों की स्वतंत्रता पुरुषों की कृपा है।

ठीक इसी प्रकार 'हमारी सामाजिक कमजोरियाँ' शीर्षक निबंध में अछूतत्व और सफाई गड्डमड्ड हो गए हैं: ''देखो, चंदू (एक हरिजन बालक) कितना साफ-सुथरा बनकर आया है। हमें इससे घृणा नहीं करनी चाहिए।'' हरिजन और गैरहरिजन में भेद का यह आर्थिक आधार हिमाचल प्रदेश की *भाषाज्ञान* पुस्तक में अधिक 'ऊँची' जातियों में भेद से प्रकट हुआ है: ''सुदामा ब्राह्मण थे और कृष्ण क्षत्रिय, दोनों का आपस में बड़ा प्रेम था।'' इस कथन के पीछे यह मतंव्य छिपा है कि गरीब ब्राह्मण और क्षत्रिय समान 'ऊँचाई' वाले हैं, इसलिए अच्छे दोस्त हो सकते हैं। मानवीय संबंधों के बीच जाति के शास्त्रीय औचित्य का अवरोध वस्तुत: हमारे संपूर्ण पाठ्यपुस्तकीय ज्ञान का आधार है। इस आधार के सहारे समान रहन-सहनवाले एक प्रजातंत्री देश की कल्पना हमें नहीं करनी चाहिए।

[3]

विज्ञान की पुस्तकों को देखते ही पहली बात यह समझ में आती है कि हमारे पाठ्यपुस्तक निर्माता विज्ञान को वैज्ञानिक जानकारी का पर्याय समझते हैं। विज्ञान एक दृष्टिकोण का नाम भी हो सकता है, ऐसी कोई धारणा वे नहीं पालना चाहते। उनका अभीष्ट बच्चों को शब्दावली और परिभाषाएँ रटाना है। वे न केवल वैज्ञानिक दृष्टिकोण के प्रति पूरी तरह उदासीन हैं, विज्ञान की उपयोगिता तथा आसपास की दुनिया से उसके संबंध की परख भी उन्हें गैरजरूरी लगती है। शिक्षा को जीवन के पास लाओ, यह माँग भारत समेत दुनिया भर के शिक्षा समुदायों में उठती रही है। भारत में इस माँग का असर यह हुआ कि शिक्षा का जीवन से जो थोड़ा-बहुत संबंध था, वह भी तोड़ा जा रहा है; शिक्षा के माध्यम से एक नई, तिलस्मी दुनिया मानसिक स्तर पर गढ़ी जा रही है, जिससे यथार्थ दुनिया की समस्याओं से पराङ्मुखता का अभ्यास कराया जा सके। कम से कम विज्ञान की ज्यादातर स्कूली किताबों को देखकर तो ऐसा ही लगता है। बिहार के अतिरिक्त किसी अन्य प्रदेश की किताबों का संबंध दैनिक जीवन के विज्ञान के उपयोगों से नहीं है। खासतौर से जो किताबें शैक्षिक अनुसंधान एवं प्रशिक्षण परिषद द्वारा या उसके सहयोग से बनाई गई हैं, वे विज्ञान के नाम पर प्रशासनिक हिंदी शब्दावली तथा आधुनिक कही जानेवाली जटिलता के प्रेत से बुरी तरह ग्रस्त हैं। राष्ट्रीय शैक्षिक अनुसंधान एवं प्रशिक्षण परिषद की विज्ञान पुस्तकें मूलत: अंग्रेजी में तैयार की गई थीं। जब कुछ हिंदीभाषी प्रदेशों में इनका उपयोग आरंभ हुआ, तभी इनका

अनुवाद तथा आंशिक पुनर्लेखन किया गया। अनुवाद के लिए सरकार लंबी-लंबी शब्दावलियाँ वर्षों से तैयार कराती रही है। इनके निर्माताओं ने हिंदी को संपन्न बनाने की कोशिश में शैली के परिमार्जन तथा उसकी स्वाभाविकता को गौण स्थान दे दिया। विज्ञान के लातीनी शब्दों के संस्कृत स्थानापन्न मुहैया करने की चिंता में वे बोलचाल की हिंदी पूरी तरह भूल गए। उनकी एकाग्रता के फलस्वरूप हिंदी यदि एक भाषा के स्तर से उतरकर दुनिया की सबसे संपन्न शब्दावली बन जाए, यह इतना दुखद नहीं होगा जितना विज्ञान की पुस्तकों में प्रयुक्त, कृत्रिमता से भयावह रूप से ग्रस्त हिंदी द्वारा भारी संख्या में बच्चों के भाषायी संस्कार विकृत बना दिया जाना। मध्यप्रदेश के स्कूलों में आज बच्चे जैसी हिंदी के माध्यम से विज्ञान का सबक सीख रहे हैं, वह भारत में कहीं नहीं बोली जाती। उसमें चित्रात्मकता का लेशमात्र नहीं है, वह ठस, क्रूर किताबी भाषा है :

> *तंत्रिका तंत्र तंत्रिका कोशिकाओं का बना होता है। प्रत्येक तंत्रिका-कोशिका में कोशिकाएँ, छोटे-छोटे उद्वर्ध या तंत्रिकाक्ष होते हैं। आच्छद में बंद तंत्रिकाओं को तंत्रिका-तंतु कहते हैं।* (कक्षा 8)

एक समीक्षा लेख में उद्धृत किए जाने पर यह वाक्य पुस्तक के नए संस्करण से निकाल दिया गया है, किंतु इसी पुस्तक में 'प्रगंडिका', 'ऊर्विका', 'मणिवंधिका', (ये मानव शरीर में स्थित हड्डियों के नाम हैं) 'अध्यावरणीतंत्र', 'अग्रचर्वणके', 'बाह्यकर्णकुहर' और 'यमगोलाणु'-जैसे दर्जनों शब्द हैं, जिनका उच्चारण भी बच्चों के लिए टेढ़ी खीर साबित होगा, और इस तरह के भूलभुलैया वाक्य हैं :

> *मस्तिष्क के प्रमस्तिष्क-गोलार्ध का बल्कुट हृदय तथा रुधिर वाहिकाओं पर बहुत प्रभाव डालता है।*

राष्ट्रीय शैक्षिक अनुसंधान एवं प्रशिक्षण परिषद के सहयोग से मध्य प्रदेश के पाठ्यपुस्तक निगम द्वारा निर्मित विज्ञान पुस्तकें हिंदी भाषा के इतिहास में सबसे खौफनाक किस्म के प्रयोगों की भंडार हैं। निम्नांकित उदाहरणों में शाब्दिक कठिनाई नहीं, संरचना का वैचित्र्य देखने को मिलता है :

> *मछलियाँ मुँह में पानी लेती हैं जो गिलों में से लेकर गिलों के ऊपर से उस पानी को गिल दरार से बाहर निकाल देती हैं।*
>
> (आओ करके सीखें; कक्षा 5)
>
> *बार-बार एवं जल्दी-जल्दी की क्रिया से पानी की लगातार जैसी धारा प्राप्त हो जाती है।*
>
> (भौतिकी; कक्षा 6)

यह भाषा वैज्ञानिक दृष्टिकोण तथा जानकारी का संप्रेषण तो खैर कर ही नहीं सकती क्योंकि जनजीवन की भाषा से कोई ताल्लुक न होने के कारण उसमें चित्रात्मकता बिल्कुल नहीं है; लेकिन यह भाषा बच्चों को विकृत भाषायी संस्कार देकर उनकी दृष्टि को प्रदूषित कर सकती है।

एक ओर शब्दावली का इतना भौंड़ा इस्तेमाल विज्ञान की पुस्तकों में है, दूसरी ओर शैली के दृष्टिकोण से उनमें उपदेशात्मक और बेहूदगी के साथ प्रश्न पूछने की प्रवृत्ति पाई जाती है। 'यह छड़ी उठाओ', 'वह नली रखो', 'यह देखो', 'वह देखो', 'अपने अध्यापक महोदय से प्रार्थना करो',—हमारी विज्ञान पुस्तकें ऐसे आदेशों से भरी पड़ी हैं। कोई बात कहने के बाद एकदम से यह आदेश देने या सवाल पूछ बैठने के मामले में उनकी तुलना दूरदर्शन के साक्षात्कारकर्ताओं से की जा सकती है।

> *टॉर्च को सूर्य और गेंद को पृथ्वी मानो। क्या अब बता सकते हो कि दिन और रात कैसे बनते हैं?...गेंद के एक ओर 'भारत' और दूसरी ओर 'अमेरिका' लिखो। टॉर्च जलाओ। टॉर्च के सामने गेंद के 'भारत' वाले भाग को रखो। क्या 'अमेरिका' वाले भाग में भी प्रकाश देखते हो?*
>
> (कक्षा 3)

विज्ञान की पुस्तकों में मिलनेवाली शब्दावली का संबंध उस अवैज्ञानिक दृष्टिकोण से है, जो दुनिया भर की जानकारी तथा पारिभाषिक ज्ञान को विज्ञान की शिक्षा का अनिवार्य अंग मानता है। किस प्रक्रिया या गति का क्या नाम है, यह जान लेना बच्चे के लिए किस प्रकार उपयोगी हो सकता है? कहा जाता है कि नाम तथा परिभाषाएँ तुरंत उसके काम भले न आएँ, 'आगे' जाकर वह इनसे लाभ उठाता है। यह तर्क देनेवालों से पूछा जाना चाहिए कि जो बच्चे 'आगे' नहीं जाते, उनके लिए परिभाषाएँ क्या अर्थ रखती हैं? विज्ञान की सैद्धांतिकी उनके लिए दिमागी बोझ साबित होती है। लेकिन यह कहना भी वस्तुतः स्थिति को बहुत सही ढंग से सामने नहीं लाता क्योंकि समस्या यहाँ अधिकतर बच्चों के 'आगे' न जा पाने की नहीं है, बल्कि बच्चों के लिए सैद्धांतिकी की अनुपयोगिता की है। बच्चों के लिए विज्ञान के सैद्धांतिकी पक्ष से कहीं अधिक महत्त्व उसके कल्पनाशील तथा उपयोगी पक्षों का है। कुएँ की घिर्री तथा कुएँ के भीतर जानेवाली बाल्टी की गतियों में से कौन-सी स्थानांतरीय है और कौन-सी अस्थानांतरीय, यह जान लेना घिर्री के बहुमुखी उपयोगों से परिचित नहीं करा देगा। पर राष्ट्रीय शैक्षिक अनुसंधान एवं प्रशिक्षण परिषद की सहायता से मध्य प्रदेश के पाठ्यपुस्तक निगम द्वारा प्रकाशित सातवीं कक्षा की विज्ञान पुस्तक में गति के 'पाठ' के अंतर्गत स्थानांतरीय तथा अस्थानांतरीय गतियों का अंतर बताकर संतोष कर लिया गया है। इसी पाठ के

आरंभ में स्थिर और गतिशील वस्तुओं का भेद दर्शाने के बाद लिखा है कि नदी के किनारे खड़े पेड़ की तुलना में नदी का पानी अधिक गतिशील है जबकि इसके ठीक पहले लिखा है कि बहता हुआ पानी गतिशील चीजों में आता है और पेड़ स्थिर चीजों में। यह विरोधाभास किसी चूक का परिणाम नहीं, विज्ञान को सैद्धांतिक बनाने की हविश का परिणाम है।

जानकारी के बोझ की सबसे खराब मिसाल हरियाणा और राजस्थान की पुस्तकें हैं। साफ दिखता है कि उन्हें 'ऊँचे' दरजों की किताबों में काट-छाँट करके बनाया गया है। प्रयोगों और प्रयोगशालाई चित्रों की भरमार है। परखनलियों और फ्लास्कों से लैस प्रयोगों के चित्र प्रभावशील अवश्य प्रतीत होते हैं लेकिन स्कूली बच्चे, खासतौर पर वे जिनके स्कूल में प्रयोगशाला का अता-पता भी नहीं है, उन्हें देखकर विज्ञान के बारे में अपनी धारणा जीवन से कोई संबंध न रखनेवाले विषय के रूप में बना ले सकते हैं। हरियाणा की पुस्तकों की सही समीक्षा बिहार की पुस्तकें करती हैं, जिनमें प्रयोगों के लिए कस्बाई तथा ग्रामीण घरों की आम चीजों का इस्तेमाल दर्शाया गया है। बिहार की किताबें यह दिखाती हैं कि चूल्हे और पीतल के गिलास से भी विज्ञान के आरंभिक प्रयोग किए जा सकते हैं।

विज्ञान की पुस्तकों में सामान्य जानकारी का दायरा और बोझ पिछले कुछ वर्षों से लगातार बढ़ता रहा है। पहले विज्ञान के भिन्न-भिन्न विषयों की अलग पढ़ाई आठवीं कक्षा के पश्चात शुरू होती थी, अब यह विभाजन पाँचवीं के बाद होने लगा है। कहा यह जा रहा है कि विज्ञान की कुल जानकारी की मात्रा चूँकि बढ़ती जा रही है, इसलिए पाठ्यक्रम में सामग्री 'नीचे' की ओर स्थानांतरित करना जरूरी हो गया है। विज्ञान की इस अधोमुखी गति का बच्चों की आयु से अब कोई संबंध तलाशना कठिन है। बहुत छोटे बच्चे भारी-भारी पेटियाँ उठाए हुए स्कूल के रास्ते में कई बार पेटी फुटपाथ या सड़क पर रखकर क्षण भर सुस्ताते हैं; उनकी प्रातःकालीन थकान देखकर ही जाना जा सकता है कि पाठ्यक्रम में सामग्री की मात्रा में वृद्धि कितना अवैज्ञानिक विचार है।

इस वृद्धि का एक दिलचस्प पहलू यह है कि यह सभी क्षेत्रों में नहीं हुई है। भौतिकी और रसायन में सबसे अधिक वृद्धि हुई है, प्राणि और वनस्पतिशास्त्र में कुछ कम और स्वास्थ्य तथा पोषण विज्ञान में वृद्धि के स्थान पर कमी आई है। स्वास्थ्य के लिए आवश्यक भोजन, सफाई तथा सही आदतों का ज्ञान पहले की पुस्तकों में भी बहुत अधिक नहीं था, पर अब उतना भी नहीं है। नाखूनों में छिपी गंदगी क्या नुकसान कर सकती है, यह आज किसी पुस्तक में नहीं लिखा है। सातवीं कक्षा का बच्चा तत्त्वों के रासायनिक नाम और उनकी संयोजकता जान ले, पर उसे यह नहीं बताया जाता कि सब्जी भूनने पर कौन-से तत्त्व नष्ट हो जाते हैं। पाठ्यपुस्तकों में स्वास्थ्य तथा पोषण के बारे में अज्ञान की आश्चर्यजनक राशि

छिपी है। एक ऐसे देश में जहाँ पोषक भोजन की कौन कहे, पर्याप्त भोजन भी बहुत भाग्यशाली लोगों को ही मिल पाता है, बच्चों को स्वास्थ्य तथा पोषण संबंधी ज्ञान से अपरिचित रखना एक सुनिश्चित राजनीतिक 'चेतना' का षड्यंत्र भी हो सकता है और एक दुर्भाग्यपूर्ण गलती भी। वास्तव में स्वास्थ्य और पोषण बच्चों के लिए विज्ञान की शिक्षा के बहुत उपयोगी आरंभबिंदु हो सकते हैं। स्कूल में इनकी पढ़ाई अनेक कुंठाओं और अज्ञान तथा उदासीनता से पैदा होनेवाली कई हानिप्रद आदतों से बचा सकती है। इन विषयों में वैज्ञानिक दृष्टिकोण से मिलनेवाला अनुशासन पाकर वह अकेलेपन के घेराव से बच सकता है। भारत में ऐसे बच्चों की संख्या अनगिनत है, जो ज्ञान व सहायता के अभाव में अपने आवेगों से घिर जाते हैं और बड़े होने तक अनेक अस्वाभाविक मानसिक पेचीदगियों के शिकार होते हैं। ऐसा लड़कियों में अधिक होता है क्योंकि समाज ने उनके लिए लड़कों की अपेक्षा अधिक एकाकीपन और चतुर्मुखी घेराव की व्यवस्था कर रखी है। लड़कों में अस्वाभाविक मानसिक विकास के रूप कुछ भिन्न होते हैं, पर वे उत्पन्न उन्हीं कारणों से होते हैं यानी अपने शरीर, भोजन और स्वास्थ्य के प्रति उदासीनता और अपरिचय से। इन विषयों का विज्ञान की पाठ्यपुस्तकों में समावेश एक बहुत महत्त्वपूर्ण सामाजिक परिवर्तन की तरफ एक कदम साबित हो सकता है।

पर यह कदम शायद तब तक उठाया नहीं जा सकेगा जब तक विज्ञान के बारे में हमारा रवैया सामाजिक नहीं बनता। आज जो रवैया हम उच्च शोध केंद्रों से लेकर प्राथमिक स्तर की पाठ्यपुस्तकों में देखते हैं, वह सामाजिक न होकर प्रशासनिक है। यह सच है कि रवैये में परिवर्तन राजनीतिक परिवर्तन से जुड़ा हुआ सवाल है। प्रशासनिक राजनीति किसी क्षेत्र में सामाजिक दृष्टिकोण को जन्म नहीं दे सकती। किंतु राजनीतिक चेतना में परिवर्तन कोई कार्यक्रम नहीं हो सकता, वह एक व्यापक चेतना का परिणाम ही हो सकता है जिसका एक अंग बच्चों की पाठ्यपुस्तकें होंगी। आज केवल इतना संभव है कि हम बच्चों की किताबों में उपस्थित राजनीतिक चेतना का प्रशासनिक रूप पहचानें। सामाजिक अध्ययन की किताबों के संदर्भ में यह कोशिश मैंने पिछले खंड में की है। विज्ञान की किताबों में प्रशासनिक राजनीति की पहचान करने का एक तरीका ऊपर इंगित किया गया है—विषयों के चयन की परीक्षा का। भोजन और स्वास्थ्य की तरह कुछ अन्य विषय, जिनके बारे में बहुत कम जानकारी किताबों में मिलती है या बिल्कुल नहीं मिलती, आवासीय शिल्प, पर्यावरण और उसका प्रदूषण, कुटीर उद्योग और कृषि है। प्राथमिक स्तर पर कृषि की जानकारी मुझे केवल उत्तरप्रदेश की किताबों में मिली, जो बहुत समय पहले लिखी गई थीं और अब शायद बदलनेवाली हैं। आवासीय शिल्प संबंधी ज्ञान कई पाठ्यपुस्तकों में मिलता है, पर वह न केवल अत्यल्प मात्रा में है, अपितु पूर्वग्रहपूर्ण भी है। उदाहरण के तौर पर दिल्ली में

पाँचवीं कक्षा में पढ़ाई जानेवाली पुस्तक में घर के शिल्प के पाठ में एक प्रश्न है : 'अपने घर को देखकर बताओ कि प्रत्येक कमरे में कितने खिड़की-दरवाजे हैं, रसोई में नाली है या नहीं, वार्निश है या नहीं ?' यह प्रश्न इस पूर्वग्रह के साथ बनाया गया है कि अनेक खिड़कियाँ-दरवाजे, रसोई में नाली तथा वार्निश एक अच्छे घर में अवश्य होने चाहिए। इस प्रश्न का उत्तर एक गरीब बच्चा नहीं दे सकता और एक अमीर बच्चा इस प्रश्न का उत्तर देते हुए कभी यह नहीं समझ सकता कि एक या दो खिड़कियोंवाला छोटा घर भी रहने योग्य हो सकता है।

प्रदूषण संबंधी ज्ञान बच्चों के लिए वर्जित है, इस देश के बड़े भी उसमें ज्यादा दिलचस्पी नहीं रखते। हमारी नदियों का पानी और शहरों की हवा अभी हमारी चिंता का विषय नहीं है। मलेरिया का उन्मूलन अब हमने कुछ निश्चित क्षेत्रों में आजमाने का फैसला कर लिया है। पश्चिम में प्रदूषण संबंधी चिंता अभी इतनी पुरानी नहीं हुई है कि हमारे देश में स्वीकारी जा सके। जहाँ पश्चिम में अंतरिक्ष और अणु के प्रदूषण संबंधी पक्ष के बारे में गंभीर परिणामों की आशंका व्यक्त की जा रही है, भारत में वे इतने नए हैं कि हम अपनी सफलताओं के उल्लास में उनका यह पक्ष नहीं देख पा रहे। राष्ट्रीय शैक्षिक अनुसंधान एवं प्रशिक्षण परिषद की कक्षा तीन की पुस्तक, जिसे मध्य प्रदेश के आदिवासी और ग्रामीण बच्चे पढ़ रहे हैं, चंद्रमा पर खड़ी एक आदमीनुमा आकृति से आरंभ होती है। अमरीकी अंतरिक्ष यात्री के इस चित्र का भारतीय समाज से कोई रिश्ता नहीं है। पर उसका रिश्ता दुनिया के ताकतवर देशों की राजनीति से है। हमारे पाठ्यपुस्तक निर्माता भारतीय बच्चों को आधुनिक बनाने में कोई कसर नहीं रखना चाहते। उनका जैसा प्रगाढ़ संबंध प्रशासनिक राजनीति और विज्ञान की महान उपलब्धियों से है, वैसा ही जीते-जागते भारतीय बच्चों से होता तो वे जानते कि आठ वर्ष का बच्चा उस पैमाने से जीवन को नहीं नाप सकता जो दुनिया के धनी देशों और भारत के शक्तिसंपन्न वर्ग ने तैयार किया है।

संदर्भ

1. उदाहरण के तौर पर 1973 में मध्यप्रदेश के स्कूल 1 जुलाई के स्थान पर 15 जुलाई को खोले गए क्योंकि पाठ्यपुस्तकें समुचित संख्या में उपलब्ध नहीं थीं। देखिए—*दिनमान*, 19 अगस्त, 1973
2. ये सात प्रदेश हैं : हरियाणा, राजस्थान, दिल्ली, उत्तरप्रदेश, मध्यप्रदेश, बिहार और हिमाचल।
3. यह विश्लेषण 1972 में किया गया था।
4. सिल्विया एश्टन-वार्नर : *टीचर*, लंदन, सैकर एंड वारबर्ग, 1963

राष्ट्रगीत में भला कौन वह
भारत-भाग्य-विधाता है
फटा सुथन्ना पहने जिसका
गुन हरचरणा गाता है
मखमल टमटम बल्लम तुरही
पगड़ी छत्र चँवर के साथ
तोप छुड़ाकर ढोल बजाकर
जय-जय कौन कराता है

—रघुवीर सहाय

प्रार्थना : एक शैली[1]

भारतीय जीवन में प्रार्थना का स्थान स्कूल की तुलना में बहुत पुराना है। स्कूल की उपयोगिता आज भी सरकारी प्रचार की मोहताज है; क्योंकि स्कूल अपने लिए समाज में, खासतौर से ग्रामीण समाज में, एक निश्चित जगह नहीं बना सका है।[2] इसके विपरीत प्रार्थना एक मान्य विधान है, उसका स्वरूप सुनिश्चित है। स्कूल ने प्रार्थना को एक दैनिक रस्म की तरह स्वीकार किया है। प्रार्थना की मनःस्थिति और मुद्रा को स्कूल ने बदलने की जगह आत्मसात कर लिया है। भारतीय जीवन में स्कूल—घंटी, कतार, कक्षा, हाजिरी, पाठ्यपुस्तक, परीक्षा, प्रतियोगिता, पुरस्कार, प्रमाणपत्र आदि जिन औपचारिकताओं के सहारे जीवित है उन्हीं में से एक महत्त्वपूर्ण औपचारिकता प्रार्थना है। प्रार्थना रोज होती है, हर स्कूल में होती है, इसलिए कुछ होने का आभास देती है। रोजमर्रा की औपचारिकताओं की बदौलत ही स्कूल चालू रहता है; कोई आश्चर्य नहीं कि औपचारिकताओं की उपयोगिता के आगे कभी प्रश्नचिह्न नहीं लगाया जाता। प्रार्थना का प्रयोजन, उसकी घोषित भावना की वास्तविकता, मनोवैज्ञानिक व्यंजनाएँ क्या हैं, ऐसे प्रश्न स्कूल से संबद्ध ज्यादातर लोगों के मन में नहीं उठते। उनके लिए प्रार्थना इतनी पवित्र रस्म है कि उसकी परीक्षा नहीं की जा सकती। यदि कोई कहे कि बच्चे प्रार्थना की कद्र नहीं करते तो वे कहेंगे कि प्रार्थना की गरिमा फिर से स्थापित करने के लिए कोशिश करनी चाहिए। स्वयं प्रार्थना में कोई खोट नहीं हो सकता।

एक धर्म या संप्रदाय के नाम और पैसे पर चलनेवाले स्कूलों में प्रार्थना की जरूरत समझी जा सकती है, किंतु देश के लाखों सरकारी स्कूलों तथा नगरपालिका-जैसी स्वायत्त संस्थाओं द्वारा चलाए जानेवाले स्कूलों में भी प्रार्थना प्रतिदिन की जाती है। धर्मनिरपेक्ष तथा जनतंत्री शासन द्वारा नियंत्रित स्कूलों में प्रार्थनाएँ किसकी अभ्यर्थना करती हैं? उनके आराध्यों की आकृति कैसी है? यदि ये आराध्य धर्मनिरपेक्ष हैं तो ये किन मूल्यों के समाहार हैं? इस तरह के आधारभूत प्रश्न पूछना भारतीय सामाजिक जीवन में स्कूल के स्वरूप को समझने के लिए अनिवार्य है। इन प्रश्नों के सहारे ही यह जाना जा सकता है कि भारत में स्वाधीनता

के बाद स्वीकार किए गए राष्ट्रीय मूल्यों ने बच्चों की शिक्षा को किस हद तक तथा किस तरीके से प्रभावित किया है। प्रार्थना को स्कूली जीवन का अंग माननेवाले लोग—जो शिक्षा जगत का बड़ा अंश हैं—इन प्रश्नों को अप्रासंगिक मानते हैं। उनके अवचेतन की मान्यताओं में शिक्षा आज भी एक प्रकार की धार्मिक तैयारी है। धर्मनिरपेक्ष राज्य में यह तैयारी किसी धर्मविशेष के मत और संस्कार से मुक्त हो जानी चाहिए थी, लेकिन ऐसा नहीं हुआ है। हमारी धर्मनिरपेक्षता वास्तव में धर्म के प्रति शासकीय उदासीनता (वह भी कहने को) है, समाज की धर्मों के ऊपर प्रतिष्ठा नहीं। इसीलिए बच्चों की तालीम से जुड़े लोगों के लिए धर्म को शिक्षा का प्राणतत्त्व मानते रहना संभव हो सका है।

धर्मविशेष के मत या ईश्वर के स्वरूप के अलावा एक और स्तर पर धर्म और शिक्षा में गठबंधन दिखाई देता है। यह स्तर धर्म की मनोवृत्ति का है। एक बहुत व्यापक दृष्टिकोण से कहा जा सकता है कि धर्म की सबसे सामान्य उपपत्ति समर्पण की भावना है। भारत में बच्चों की शिक्षा की सबसे लोकप्रिय मान्यता तलाशनी हो तो 'समर्पण' से अधिक उम्दा शब्द नहीं मिलेगा। स्कूली जीवन के अध्ययन के लिए देश के विभिन्न भागों के स्कूलों में बीते समय और अर्जित किए गए अनुभव के आधार पर मैं कह सकता हूँ कि बच्चों को समर्पण सिखाना उनके अध्यापकों और अध्यापकों पर नियंत्रण रखनेवाले अधिकारियों की सबसे गहरी कुंठा है। समर्पण की भावना को बच्चे का संस्कार बनाने की जी-तोड़ कोशिश में स्कूल जिन साधनों का प्रयोग करता है, उन्हीं में से एक प्रार्थना है। विनय की जितनी मुद्राएँ हो सकती हैं, लगता है, वे सब प्रार्थनाओं में कहीं न कहीं शामिल हो चुकी हैं। विनय की मुद्राओं के लक्ष्यों यानी विनय दर्शानेवाले के आराध्यों को प्रार्थनाओं में निहित सामग्री की दृष्टि से तीन कोटियों में रखा जा सकता है (क) प्रभु, (ख) देश, (ग) प्रशासक। इनके स्वरूप का विश्लेषण इस लेख के तीसरे खंड में किया गया है। पहले खंड में स्कूल में प्रार्थना की व्यवस्था और उसके प्रयोजन के संबंध में प्रचलित धारणाओं पर एक नजर डाली गई है। दूसरे खंड में मैंने इस प्रश्न पर विचार करने की चेष्टा की है कि प्रार्थना एक कर्मकांड मात्र है या एक प्रभावशाली विधान। लेख के अंतिम यानी चौथे खंड में प्रार्थनाओं की विषय-सामग्री के तीन अन्य विषय लिए गए हैं : प्रकृति, समाज व संसार तथा चरित्र। यह कहना गलत होगा कि प्रार्थना सामग्री में प्रभु, देश, प्रशासक, प्रकृति, समाज और चरित्र, इन छः विषयों के अलावा और कुछ शेष नहीं रह जाता। सच तो यह है कि प्रार्थनाओं का संपूर्ण विश्लेषण करने के लिए उन मुद्राओं, बिंबों तथा संस्कारों का विशद अध्ययन करना आवश्यक होगा जो भारतीय समाज में प्रचलित धर्मों के संरचनात्मक भाग हैं। ऐसा अध्ययन इस लेख तथा इस पुस्तक की सीमाओं से बहुत दूर जाकर ही संभव हो पाता। मेरा उद्देश्य प्रार्थनाओं के माध्यम से स्कूल

द्वारा बच्चों को दिए जानेवाले मानसिक ढाँचे की खोजबीन करना था।

[1]

स्कूल की व्यवस्था के कुछ पहलुओं का विवरण इस पुस्तक के दूसरे अध्याय में दिया गया है। ये पहलू स्कूल की दिनचर्या के अधिकांश समय छिपे रहते हैं। कमरों में विभाजित स्कूल कक्षाओं में विभाजित नहीं दिखता। ज्यादा से ज्यादा वह एक अदृश्य व्यवस्था से सँभला दिखाई देता है। यह व्यवस्था वास्तव में उसकी संरचना बन चुकी है, यह प्रार्थना के समय स्पष्ट देखा जा सकता है। आयु के अनुसार बच्चों का कक्षावार विभाजन प्रार्थना के समय सजी पंक्तियों में प्रकट होता है। व्यवस्था के दृष्टिकोण से पंक्तियों का औचित्य बहुत सीधा तथा स्पष्ट है किंतु इस दृष्टिकोण से पंक्तिवार विभाजन से प्रकट होनेवाली एक अन्य बात नहीं सोची जा सकती। यह बात है कि प्रार्थना में स्कूल चलानेवालों के घोषित अमोघ विश्वास के बावजूद प्रार्थना स्कूल को एकमय कर देने की क्षमता रखनेवाली शक्ति नहीं बन पाती, प्रार्थना के लिए जाते हुए तथा प्रार्थना गाते हुए हाथ जोड़कर, आँखें मींचकर खड़ा बच्चा प्रार्थना की भावना में स्वयं को भुला देने के लिए इतना स्वतंत्र नहीं छोड़ दिया जाता कि वह अपनी कक्षा तथा कक्षा की पंक्ति भुला दे। प्रार्थना में अपनी निजी सामर्थ्य के विलय की उम्मीद उससे अवश्य की जाती है, पर कक्षातंत्र की सीमाओं के भीतर रहते हुए ही।

इन सीमाओं को स्कूली-व्यवस्था जिस उद्देश्य के तहत स्वीकार करती है, उसे अनुशासन का नाम दिया जाता है। स्कूली सभ्यता में अनुशासन की धारणा सीधे-सीधे समर्पण से संबंधित है। स्कूल के विधि-विधानों के प्रति पूरी तरह समर्पित होना ही अनुशासित छात्र बनाता है। स्कूल की कक्षावार संरचना, अध्यापक की गरिमामय स्थिति, घंटी और प्रार्थना 'अनुशासन' लाने में मदद देनेवाले अप्रत्यक्ष साधन हैं। दंड-विधान एक प्रत्यक्ष साधन है। प्रार्थना के समय अनेक स्कूलों में दोनों किस्म के साधनों का मेल देखने को मिलता है। पंक्ति में ठीक से खड़ा न होने, प्रार्थना की मुद्रा में कोई कमी होने—जैसे आँखें खोलना, मुस्कराना या किसी को चिढ़ाना—या ठीक उच्चारण न कर सकने के 'अपराध' अध्यापक की छड़ी को न्यौता दे डालते हैं। यह सही है कि मार के साधन अब पहले से कम इस्तेमाल किए जाते हैं, पर प्रार्थना के समय छड़ी या चाँटों का प्रयोग होते मैंने कई स्कूलों में देखा है। बच्चों और अध्यापकों का प्रार्थना के समय व्यवहार कैसा होता है, इस वृत्तांत में बहुत स्पष्ट देखा जा सकता है : 'प्रार्थना में बच्चे पंक्तिबद्ध खड़े थे। पंजों को काँख से दबाए, दो-तीन शिक्षक छड़ी लेकर घूम रहे थे और हुरचुल कर रहे बालकों की पीठ पर सपाक-सपाक मारते थे।''[3]

प्रार्थना के समय बच्चे अधिकतर स्कूलों में धूप में खड़े होते हैं। भारत में जाड़े और बरसात के कुछ महीने छोड़कर धूप सुखद नहीं होती। सितंबर-अक्तूबर या मार्च-अप्रैल की कष्टप्रद धूप में अध्यापक बरामदे या मेंड़ की छाया में दुबक जाते हैं, बच्चे भक्तिभाव से किंतु सैन्य विन्यास में धूप का सामना करते हुए खड़े रहते हैं। अनेक बच्चे, जो कुपोषण या अपने माँ-बाप के भोजन व स्वास्थ्य संबंधी अज्ञान के शिकार होते हैं, धूप में ज्यादा देर तक खड़े नहीं रह पाते। इस तरह की सबसे तीखी याद मेरे मन में कोटखाई (हिमाचल) के स्कूल की है। एक सुंदर घाटी के ढाल पर स्थित उस स्कूल में रोज लगभग छः बच्चे अपनी कक्षा की पंक्ति से अलग होकर छाया में जाकर बैठ जाते थे। हिमाचल में मई की धूप जो मेरे लिए बेहद शानदार थी, उनके लिए बरदाश्त से बाहर हो जाती थी। छाया में बैठे उन बच्चों के अशक्त चेहरे देखकर मैं समझ सका था कि स्वास्थ्य और स्वतंत्रता से ज्यादा तरजीह अनुशासन और व्यवस्था को देनेवाली स्कूली सभ्यता वास्तव में कितनी बर्बर है।

स्कूली दिनचर्या में प्रार्थना की उपयोगिता कई अध्यापकों को यह लगती है कि प्रार्थना के बहाने सारे बच्चे और अध्यापक एक जगह इकट्ठे हो जाते हैं। खासतौर से प्रधानाध्यापक को इस आमसभा से यह सुविधा मिल जाती है कि वह एक जगह खड़े होकर सूचनाएँ तथा आदेश प्रसारित कर सके तथा कक्षाओं में जाए बिना स्कूल की कुल हाजिरी का अनुमान कर ले। जैसा कि स्पष्ट है, इन सुविधाओं को जुटाने में प्रार्थना कोई प्राथमिक सहयोग नहीं देती, अतएव प्रार्थना की उपयोगिता दर्शाने के लिए इन सुविधाओं का हवाला देना बहुत प्रासंगिक नहीं कहा जा सकता। कुछ अध्यापक सोचते हैं कि प्रार्थना के समय एक से परिधान में इतने सारे बच्चों को व्यवस्थित रूप से एकत्र देखकर उनके मन में गर्व उत्पन्न होता है। अध्यापक ही नहीं, मैंने कुछ बच्चों में भी इस तरह के अनुभव का प्रमाण पाया है। मेरी समझ में यह अनुभव भी सीधे-सीधे प्रार्थना की उपयोगिता पर प्रकाश नहीं डालता। प्रार्थना के स्थान पर यदि कोई शोकगीत गाने के लिए बच्चे इकट्ठे किए जाएँ, तो भी वैसा ही दृश्य उपस्थित होगा, गर्व का अनुभव शायद तब न हो। एक-जैसे परिधान में अनेक लोगों को अनुशासित खड़ा देखने से जैसे भाव मन में आते हैं, वे वास्तव में देखनेवाले के मस्तिष्क के सैन्य प्रशिक्षण से उत्पन्न होते हैं। जैसा कि मैंने पुस्तक के पहले लेख में स्पष्ट करना चाहा है, आधुनिक शिक्षा की प्रचलित अवधारणाएँ कई अर्थों में सैन्य हैं।

[2]

प्रतिदिन की जाने के बावजूद प्रार्थना अनेक बच्चों को याद नहीं हो पाती। पूछे जाने पर ये बच्चे स्पष्ट बताते हैं कि प्रार्थना उन्हें कतई पसंद नहीं; करनी पड़ती है,

इसलिए करते हैं। प्रार्थना के समर्थक बच्चों की इस उदासीनता का कारण सांस्कृतिक मूल्यों के व्यापक पराभव में ढूँढ़ते हैं। वे मानते हैं कि नैतिक विघटन और सर्वतोमुखी ह्रास के युग में प्रार्थना एक प्रभावहीन कर्मकांड के रूप में ही रह सकती है। स्पष्ट है कि वे प्रार्थना के ह्रास को समाज के सामान्य ह्रास का अंग मानते हैं। सामाजिक जीवन के ह्रास के कुछ स्रोत प्रार्थना में हो सकते हैं, यह विचार उनके लिए विधर्मिता से कम नहीं होगा। क्या प्रार्थनाओं में निहित कुल बिंब तथा मूल्य समाज की परिवर्तित परिस्थिति और मान्यताओं की पृष्ठभूमि में ह्रासोन्मुख नहीं हो सकते? इस प्रश्न का उत्तर प्रार्थना के कई पक्षधर बहुत चौंकानेवाले ढंग से देते हैं। उनकी दलील यह होती है कि प्रार्थना तो वस्तुतः एक रस्म होती है; उसे रोज निभाते-निभाते बच्चे उसके इतने अभ्यस्त हो जाते हैं कि उसके शब्दों का कोई अर्थ उनके लिए नहीं रह जाता। इस तर्क की स्वाभाविक परिणति यह होती है कि प्रार्थना की वास्तविक उपयोगिता उसके रस्मी या विधानरूप में दिखाई जाए : एक दैनिक विधान के रूप में प्रार्थना एक संस्कार मन पर छोड़ती है, जिसका शाब्दिक रूप तथा अर्थ तर्कबुद्धि के परे हो जाता है। इसे कुछ अलग ढंग से देखें तो आशय यह है कि प्रार्थना के शब्द अपने आप में महत्त्वपूर्ण या सार्थक नहीं होते। वे सिर्फ माध्यम होते हैं जिसके सहारे समर्पण के लक्ष्य तक पहुँचा जाता है। शब्द बदलते रह सकते हैं, लक्ष्य सदा एक रहता है; क्योंकि यह लक्ष्य किसी परिस्थिति द्वारा नहीं, मानव समाज द्वारा तय किया गया है और मानव स्वभाव अपरिवर्तनीय है। इस तर्क का आधार कितना कमजोर है, यह दिखाने की आवश्यकता नहीं है। ऐसा विधान अपने आप में बहुत स्तुत्य नहीं कहा जा सकता, जिसका रस्मी संस्कार ही अभीष्ट हो और शाब्दिक अर्थ संशयग्रस्त। फिर इसकी क्या गारंटी है कि बच्चे सचमुच प्रार्थना के शब्दों का शाब्दिक अर्थ ग्रहण नहीं करेंगे?

बहरहाल, इस बहस का एक अन्य पक्ष शेष रह जाता है, जो निष्कर्ष तक पहुँचने में हमारी मदद कर सकता है। यदि प्रार्थना सचमुच महज एक रस्म है और उसके शब्द माध्यम भर हैं जिनका लक्ष्य सदा एक रहता है, तो प्रार्थनाएँ भी सदा एक-सी रहनी चाहिए अथवा उन पर समसामयिक परिस्थितियों का वैसा प्रभाव नहीं पड़ना चाहिए, जैसा साहित्य पर दिखाई देता है। किसी भी संस्था में प्रार्थनाओं का कुछ वर्षों का इतिहास देखकर जाना जा सकता है कि प्रार्थना अपने समय की परिस्थिति से कितने स्पष्ट रूप से संबंधित होती है। नीचे दिए गए उदाहरणों से ज्ञात होता है कि प्रार्थना समय और परिवेश से उतनी ही जुड़ी हुई चीज है, जितनी किसी शासन की नीतियाँ। वह एक शाश्वत, सार्वभौमिक तथा पारलौकिक किस्म की सचाई नहीं है जिसे मानव स्वभावोचित कहकर छुट्टी पा ली जा सके। वह एक सामाजिक अनुष्ठान भर नहीं है, बच्चों की शिक्षा के विपुल कार्यक्रम का एक भाग है जिस पर समाज की सभ्यता के सबसे बुनियादी मूल्यों के साथ-साथ परिस्थिति

और शासन की नीतियों की छाप रहती है। यदि ऐसा न होता तो कभी सरकार के दबाव से और कभी परिस्थिति की प्रेरणा से प्रार्थना में परिवर्तन न होता।

प्रार्थना सर्वेक्षण के अंतर्गत मुझे ऐसे कई संवाद पढ़ने को मिले, जो देश की परिस्थिति और एक संस्था में प्रार्थना के परिवर्तित किए जाने में तालमेल स्पष्ट दिखाते थे। पटना के मारवाड़ी उच्च विद्यालय की स्थापना के समय, यानी 1938 में, प्रार्थना के रूप में यह लोकप्रिय गीत स्वीकृत हुआ :

हे प्रभो आनंददाता, ज्ञान हमको दीजिए,
शीघ्र सारे दुर्गुणों को दूर हमसे कीजिए।

1942 के आसपास एक राष्ट्रीय प्रार्थना गाई जाने लगी, लेकिन उसे शीघ्र ही अंग्रेज सरकार ने बंद करवा दिया और तब "मिलता है सच्चा सुख केवल भगवान तुम्हारे चरणों में" प्रार्थना शुरू कर दी गई। इसके साथ 'जय जगदीश हरे' और मानस की कुछ चौपाइयाँ भी गाई जाती थीं। 1947 में स्वाधीनता मिलने के बाद "भगवन रहे निरंतर दृढ़ संगठन हमारा" अपनाई गई। यही प्रार्थना आज भी चल रही है।

राजनाँदगाँरव की एक शाला में 1962 के चीनी आक्रमण तक गयाप्रसाद शुक्ल 'सनेही' का यह रहस्यवादी गीत प्रार्थना में गाया जाता था :

तू है गगन विस्तीर्ण तो मैं एक तारा क्षुद्र हूँ।
तू है महासागर अनत मैं एक धारा क्षुद्र हूँ।

चीन के साथ सीमा संघर्ष के बाद यह गीत हटाकर "वह शक्ति हमें दो दयानिधे, कर्तव्य मार्ग पर डट जाएँ" ले लिया गया। इन दो संवादों की तुलना करने से एक दिलचस्प निष्कर्ष निकलता है, जिसका जिक्र मैंने लेख के चौथे हिस्से में किया है। इन दो उदाहरणों में राष्ट्र की जगह प्रभु की उपासना और रहस्यवाद की जगह कर्तव्य की प्रार्थना परिस्थितियों में परिवर्तन के कारण आरंभ हुई। एक अन्य उदाहरण आमतौर (सारण) के स्कूल में मिलता है जहाँ चीनी हमले तक सरस्वती की वंदना, निराला की "वर दे वीणा वादिनि" गाई जाती थी। चीनी हमले के बाद विद्या की देवी को मातृभूमि के सम्मान में हटना पड़ा और जयशंकर प्रसाद का यह गीत प्रार्थना की तरह गाया जाने लगा, जो उनके ऐतिहासिक नाटक *चंद्रगुप्त* में तक्षशिला के नागरिकों की प्रेरणा का स्रोत बना है :

हिमाद्रि तुंग शृंग से प्रबुद्ध शुद्ध भारती
स्वयंप्रभा समुज्ज्वला स्वतंत्रता पुकारती
अमर्त्य वीर पुत्र हो दृढ़ प्रतिज्ञ सोच लो
प्रशस्त पुण्य पंथ है, बढ़े चलो, बढ़े चलो।

नौ वर्ष बाद, जब बंगला देश का जन्म हुआ, एक बार फिर प्रार्थना को बदलने का निश्चय किया गया और इस बार ऐसी प्रार्थना आई जो तत्कालीन राजनीतिक वातावरण से मेल खाती थी :

भगवन हमारा तनमन संसार के लिए हो।

इस गीत का भाव बंगला देश के जन्म के समय आमतौर पर महसूस किए जा रहे भारत के कर्तव्यबोध से मेल खाता है।

इन उदाहरणों से स्पष्ट जाहिर है कि प्रार्थना समाज और देश की परिस्थितियों से सीधे-सीधे जुड़ी हुई चीज है, महज एक रस्म नहीं है जैसा कि अनेक लोग मानते हैं। उसके शब्दों के अर्थ तथा उसकी समवेत भावना एक परिस्थिति में जनसामान्य की मनोदशा से संबंधित होते हैं। इसका एक बहुत उपयोगी सबूत मुझे 1940-42 के दिनों में पंजाब का वातावरण चित्रित करनेवाले इस संवाद में मिला :

> उस समय इंग्लैंड के बादशाह जहाँपनाह की 'उम्र दराज' होने की प्रार्थना स्कूलों में सामूहिक रूप से की जाती थी। संभवत: उन्हीं दिनों आजादी का आंदोलन तेज हो गया और ''लब पे आई है दुआ बन के तमन्ना मेरी, तेरे दर पे रोज सबेरे हम करते दुआ खुदाया'' मुस्लिम प्रभाव के कारण गाई जाने लगी। बिना धार्मिक भेदभाव के सभी धर्मों के छात्र इसे गाते थे। इस प्रार्थना के समय गाँव के अनेक मुसलमान बंधु स्कूल की चारदीवारी के बाहर कुएँ की मेंड़, पास की मुँडेर पर खड़े हो जाते और छात्रों से भी ऊँचे स्वर में गाते। उसी समय विद्यालय में नए प्राचार्य आए और अगले दिन से ''हम बालकों की ओर भी भगवान तेरा ध्यान हो'' की प्रार्थना बोली जाने लगी। स्कूल के बाहर की भीड़ उसी दिन से छँट गई।[4]

[3]

प्रभु की वंदना प्रार्थना की पारंपरिक भूमि है। स्कूली प्रार्थनाओं में प्रभु का स्वरूप कहीं निराकार मिलता है तो कहीं विशुद्ध अवतारवादी। निराकार रूप में भी वह संदर्भ के मुताबिक हिंदू या अन्य धर्मों के अनुकूल बन जाता है। दिल्ली के एक स्कूल में पिछले सौ वर्षों से होती चली आ रही यह प्रार्थना निराकार ब्रह्म से हिंदू रीति नीति के अनुसार चलनेवाले समाज की माँग करती है

ब्रह्मन् स्वराष्ट्र में ही द्विज ब्रह्मतेजधारी
क्षत्रिय महारथी हों अरिबल विनाशकारी

इसके बाद प्रार्थना में दुधारू गायों, बलिष्ठ अश्वों और सुभग नारियों की माँग की गई है। स्पष्टतः प्रार्थी यह मानकर चला है कि 'ब्रह्मन' कुछ भी कर या दे सकता है। प्रार्थना में ब्रह्मन स्वयं अदृश्य रहता है, पर छोटे बच्चों में अमूर्त ग्रहण-क्षमता नहीं होती। वे शब्दों को उनकी चित्रात्मक व्यंजना में तब्दील कर देते हैं। यजुर्वेद की ऋचाओं पर आधारित उपर्युक्त प्रार्थना की दार्शनिक व्याख्या जो भी हो, बच्चों के लिए इसमें वर्णित 'ब्रह्मन' का चेहरा एक ऐसे बलशाली व्यक्ति का होगा जो कुछ भी कर सकता है। स्कूली प्रार्थना पर विचार करते हुए प्रार्थना सामग्री की शास्त्रीय व्याख्या में जाना गलत होगा; क्योंकि प्रत्येक शब्द तथा बिंब की व्यंजना हमें बाल-मनोविज्ञान के संदर्भ में देखनी है। लेकिन ज्यादातर स्कूली प्रार्थनाओं में दार्शनिक शब्दों की इफरात देखकर लगता है कि देश के अभिभावक बच्चों को छोटी उमर में दर्शन पढ़ा देना चाहते हैं; इससे उन्हें कोई वास्ता नहीं है कि वे स्वयं अपने बच्चों की भाषा, कल्पना और जिज्ञासा के विषयों की जानकारी प्राप्त करें और इस जानकारी के मुताबिक बच्चों से अपने व्यवहार का नियमन करें जैसा कि वे अपने वयस्क मित्रों के साथ करते हैं। यदि वे ऐसा करें तभी तो वे समझ सकेंगे कि प्रार्थनाओं का दर्शन किस रूप में बच्चों के पास पहुँचता होगा।

स्कूली प्रार्थनाएँ जिस प्रभु की महिमा बच्चों के मन में स्थापित करना चाहती हैं, वह दिखाई दे या न दे, किंतु ताकत और प्रभाव के हिसाब से वह राजसी वैभव का पुतला है। उसकी महिमा प्रकृति से मनुष्य तक सर्वत्र फैली है। ब्रह्मांड की सामंती कल्पना में वही एक प्रभावी शासक है :

मुझको वनस्पति से वृहस्पति तू बना सकता अहो!

वह एक दयालु राजा की तरह का दाता है, जो अपनी महानतावश दया का करिश्मा दिखाता है लेकिन लोगों को यह महसूस कराने से नहीं चूकता कि वे उसकी महानता की वजह से जीवित हैं। प्राथमिक कक्षाओं की सामाजिक अध्ययन की पुस्तकों में इतिहास के अतंर्गत लिखा रहता है कि अमुक राजा इसलिए अच्छा था क्योंकि उसने सड़कों के दोनों ओर छायादार वृक्ष लगवाए या कुएँ खुदवाए। प्रार्थनाएँ इसी तरह की शब्दावली में जीवन की सामान्य, प्रकृति-प्रदत्त सुविधाओं को प्रभुसत्ता के प्रतीकों में बदल देती हैं :

पेड़ों से फल तूने लगाए
गल्ले सब तूने उपजाए
जो इस दुनिया में आते हैं
तेरा ही दिया खाते हैं।

स्कूली प्रार्थनाओं का प्रभु कहीं सूर्य के रथ पर सवार है तो कहीं सारी सृष्टि को

अपनी कृपादृष्टि से पालनेवाला है। उसके तमाम रूपों, बैठने की मुद्राओं और जगहों के चुनाव में एक प्रकार की राजसी मस्ती है, जिसे एक साधारण हैसियत का बालक आंतकपूर्वक ही देख सकता है। अमोघ शक्तिसंपन्न प्रभु की बाललीलाएँ काव्य पारखियों को जो भी आनंद देती हों, बच्चों के लिए वे एक विराट करिश्मा ही हो सकती हैं—एक ऐसा करिश्मा जिससे मिलते-जुलते लौकिक करिश्मे वह समाज में देखता है। प्रार्थना में अभिव्यक्त स्तुति का वास्तविक लक्ष्य भले ही पारलौकिक या आध्यात्मिक हो, अंततः वह समाज में स्थापित शक्तियों के पोषण में ही सहायक साबित होगी। निम्नांकित तीन उदाहरण इस कथन की पुष्टि करते हैं।

कोटा के एक विद्यालय में 1937 से 1947 के बीच प्रताप नारायण मिश्र रचित यह प्रार्थना कराई जाती थी :

पितु मातु सहायक स्वामि सखा तुम ही इक नाथ हमारे हो
महाराज महा महिमा तुम्हरी समुझे बिरले बुधवारे हो।

कोटा के महाराज ने इस प्रार्थना के अंत में यह दोहा जुड़वा दिया था :

बार-बार विनती करैं हाथ जोड़ जगदीश,
स्वस्थ सुखी कोटेश हों, जीवैं कोटि बरीश!

इस संबंध में दो राय नहीं हो सकतीं कि प्रार्थना के मूल गीत का पूज्य ईश्वर ही है। किंतु गीत के अंत में जोड़ दिया गया दोहा बच्चों के लिए प्रार्थना का संदर्भ और अथ पूरी तरह बदल सकता है। प्रार्थना में जो विशेषण ईश्वर के लिए इस्तेमाल किए गए हैं, वे जोड़े गए दोहे में मूर्त हो उठते हैं। एक प्रकार से वे स्थानांतरित हो जाते हैं यद्यपि शब्दार्थ यह है कि अंततः राजा का स्वास्थ्य भी ईश्वर के ही अधीन है।

जयपुर के एक स्कूल में आजादी के पूर्व की जानेवाली प्रार्थना—''शरणागत पाल कृपाल प्रभो, हमको इक आस तुम्हारी है''—के बाद ये दो पंक्तियाँ और बोली जाती थीं :

हाथ जोड़कर करहुँ यह विनती दीनदयाल
अमर अकंटक करहु प्रभु मानसिंह महिपाल।

ग्वालियर राज्य के सब स्कूलों में ''धन्य धन्य हे नाथ दयामय अखिल विश्व के स्वामी'' से आरंभ होनेवाली प्रार्थना के अंत में बच्चे महाराज जीवाजीराव के प्रति सम्मान प्रकट करते थे : ''जुग जुग जीवैं जीवाजी महाराज हमारे।'' जिस राजा की श्रीवृद्धि के लिए हजारों बच्चों को प्रार्थना करनी पड़ती हो, वह प्रार्थना में प्रभु के लिए प्रयुक्त विशेषणों की व्यंजना पर प्रभाव तो डाल ही सकता है। वह प्रार्थना के रहस्यवादी मुहावरों और विराट बिंबों को लौकिक बनाकर उनके खाँचों में स्वयं

स्थापित हो सकता है। यदि ऐसा होता है तो बच्चों के मन में प्रार्थना के उपमान समाज में उपलब्ध उपमेयों से जुड़ जाएँगे। अर्थात यदि प्रार्थना में कोई 'अखिल विश्व का स्वामी' है, तो वह अपना महत्त्व और प्रभुत्व राज्य के शासक को अर्थस्थानांतरण की प्रक्रिया के द्वारा सौंप दे सकता है। प्रभु के प्रति सिखाया गया विनय भाव कालांतर में शासक या शासकीय शक्तियों के प्रति आवश्यक विनय की तरह काम कर सकता है। यह घटना सामंती समाज में जितनी संभव है, उतनी ही जनतंत्री समाज में भी, खासतौर से यदि किसी जनतंत्री समाज में शासकीय शक्तियों का स्वरूप सामंती बना रहा हो।

प्रभु का प्रशासक रूप सबसे अधिक स्पष्टत: प्रार्थनाओं में वर्णित प्रकृति में दिखाई देता है। भूगोल तथा विज्ञान की पाठ्यपुस्तकों में प्रकृति का जो ज्ञान बच्चों को दिया जाता है, वह प्रार्थनाओं में निहित जानकारी से मिलता-जुलता नहीं है। वर्णन चाहे गहरी रहस्यवादी शैली में हो या स्थूल शब्दों में किया गया करिश्माई वर्णन हो, प्रार्थनाओं में प्रकृति अंततः हाथ की सफाई दिखलाने में माहिर प्रभु की महिमा की सबसे व्यापक अभिव्यक्ति है। वह अपने आपमें सुंदर या महत्त्वपूर्ण नहीं है; क्योंकि उसका अस्तित्व पूरी तरह प्रभु की कृपा पर निर्भर है। अधिक से अधिक वह एक प्रतीक है जो विविधता का भ्रम पैदा करता है। प्रार्थनाओं को यदि सत्य मानें तो सारी विविधता या अनेकता नियंत्रित है। उस पर प्रभु का नियंत्रण आवश्यक है; क्योंकि वह सच्ची नहीं है, दृष्टि का भ्रम है, माया है। सत्य तो एक ही हो सकता है जबकि प्रकृति अनेक रूपों में मिलती है :

सागर से उठा बादल बनकर
बादल से फूटा जल होकर
फिर नहर बनी, नदिया गहरी
तेरे भिन्न स्वरूप तू एक ही है।

अंतिम पंक्तियों का 'तू' प्राणतत्त्व की तरह प्रकृति के विभिन्न दृश्यों और वस्तुओं में विद्यमान रहता है। सूरज और चाँद से लेकर पत्ते-पत्ते में उसका अस्तित्व है :

सुनहली सूर्य की किरणों में तू ही जगमगाता है,
कलाधर की कलाओं में कला से मुस्कराता है।

हरेक पत्ते हरेक बूटे में है उसका पता चलता
उसे ढूँढ़े अगर कोई तो है वह हर जगह मिलता।

बच्चों में प्राकृतिक वस्तुओं से मित्रता स्थापित करने की स्वाभाविक प्रवृत्ति होती है। प्रार्थनाओं में वर्णित प्रकृति मैत्री की कोई संभावना उपस्थित नहीं करती। वह इतनी प्रभुमय है कि उसकी सारी सुंदरता चमत्कारप्रिय ईश्वर की शान का सबूत

बनकर रह जाती है :

जर्रों में तेरी ताबिश तारों में तेरा जलवा
तेरी ही यह जमीं है और आसमान तेरा।
कौनो मकान तेरा औला मकान तेरा
आली है शान तेरी ओ आसमान वाले।

जिन प्रार्थनाओं की रहस्यवादिता इससे कम सघन है, वे एक विविधताविरोधी प्रभु की स्थापना अधिक सफलता से कर सकती हैं। कहीं प्रकृति की दृश्यावली में वे एक प्रकार का मृत्युबोध उपस्थित करती हैं, कहीं कौतुकपूर्ण ऊहापोह और प्रत्यक्ष के प्रति संशय पैदा करती है :

फीका फीका चाँद उसे भी बादल ढाँपे,
अंधड़ तूफानों से उपवन उजड़े जाते,
हे प्राची के भानु उदित हो नव प्रभात दर्शन दो।

आकाश में मनमोहिनी किसने बनाई तारिका?
वन में मधुर स्वर से अहो किसने धुलाई सारिका?

संक्षेप में प्रार्थनाओं में वर्णित प्रकृति एक तरह की मशीनी सृष्टि है, जिसका चालक ईश्वर है। प्राकृतिक दृश्यावली की विविधता चालक की कृपा या क्रोध का पैमाना है। प्रकृति का सौंदर्य और उसकी भयावहता प्रभु की अस्थायी मुद्राएँ हैं। प्रार्थनाओं में प्रकृति का यह यांत्रिक स्वरूप संभवतः भारतीय साहित्य की उस धारा से संबंधित है, जिसमें प्रकृति का प्रयोग एक उद्दीपक के रूप में किया जाता था। आरंभ में प्रकृति का आलंबन और उद्दीपन दोनों रूपों में अत्यंत स्वाभाविक प्रयोग होता था, परंतु परवर्ती साहित्य में प्रकृति का उद्दीपक रूप रूढ़िग्रस्त होता गया।[5] हिंदी साहित्य में प्रकृति के दोनों रूपों के प्रयोग की धाराएँ अक्षुण्ण रही हैं, किंतु रीतिकाल में प्रकृति का उद्दीपक रूप अत्यंत यांत्रिक हो उठा। प्रार्थनाओं में प्रकृति वर्णन की यांत्रिकता संभवतः रीतिकाल का अवशेष है। हिंदी के गीतिकाव्य में यह अवशेष बहुत व्यापक रूप में दिखाई देता है और प्रार्थना गीतिकाव्य की ही एक शाखा है।

[4]

स्कूली प्रार्थना के अनेक समर्थक मानते हैं कि प्रार्थना का केंद्रबिंदु राष्ट्र होना चाहिए। वे प्रभु और राष्ट्र के बीच कोई द्वंद्व नहीं देखते, प्रभु के स्वरूप की धार्मिक विभिन्नताओं और राष्ट्र की धर्मनिरपेक्षता का स्पष्ट विरोध भी नहीं। कदाचित वे मानते हैं कि प्रार्थना की भाँति राष्ट्र भी एक शाश्वत सत्य है। उसे मातृभूमि कहें या

जन्मभूमि या भारतवर्ष, प्रार्थना की दृष्टि से वह एक ऐसा सत्य है जिस पर समय या परिस्थितियाँ कोई प्रभाव नहीं डालतीं । भारत की प्राचीनता प्रार्थना जगत की इस मान्यता का सहयोग करती है । दोनों मिलकर एक ऐसी शब्दावली को जन्म देते हैं, जिसे शास्त्रीय चापलूसी कहना अनुचित न होगा :

ज्योतिर्मय यह देश हमारा
कोटि-कोटि संवत्सर से यह
चलता पथिक सनातन
अंधकारमय पतन दिशा में
दीप्तिवान सपनों से पावन

किसी-किसी प्रार्थना में देश की स्तुति के लिए प्रकृति का सहारा लिया गया है । इन प्रार्थनाओं में प्रकृति वैसी मशीनी सृष्टि नहीं रह जाती जैसी प्रभु और प्रकृति का सम्मिलित बयान करनेवाली प्रार्थनाओं में होती है । लेकिन वह किसी किस्म का सजीव यथार्थ भी प्राप्त नहीं कर पाती । वह देश की प्रशंसा करनेवाले शब्दों को रूपक क्षमता प्रदान करती है :

जहाँ शांति अपना कर्तव्य करना न भूलती थी
कोमल कलाप-कोकिल कमनीय कूकती थी
वरवीरता का वैभव छिटका हुआ घना है
छिटका हुआ जहाँ पर विद्या का चाँदना है ।

यह एक दिलचस्प तथ्य है कि प्रार्थनाओं में व्यक्त की जानेवाली राष्ट्रीयता स्वतंत्रता के पूर्व एक भावना थी, स्वतंत्रता के बाद वह प्रायः एक नाटकीय मुद्रा की तरह मिलती है । स्वतंत्रता के पहले राष्ट्रवाद एक जीवित सचाई था, सामाजिक जीवन में उसने एक निश्चित जगह प्राप्त कर ली थी । स्वतंत्रता के लिए संघर्ष कर रहे नेताओं में भारतीय समाज अपनी उद्दीप्त आकांक्षाओं का प्रतिबिंब देखता था; स्वतंत्रता प्राप्ति में एक ऐसा इरादा निहित था जिसका आकर्षण वर्गीय उद्देश्यों से ऊपर था । आजादी मिलने के बाद राष्ट्रीयता का ऐसा कोई स्वरूप नहीं उभरा, जो स्वतंत्रता प्राप्ति से रिक्त हो गए स्थान को भर सके । कल्याणकारी शासन की परिकल्पना एक निश्चित उद्देश्य तथा योजना को उभरने न दे सकी । स्वतंत्रता के पहले भारत की राजनीति राष्ट्रवादी थी, समाज के विभिन्न वर्गों के आपसी टकराव देश को आजादी दिलाने के बड़े उद्देश्य में समाहित हो गए थे । आजादी के बाद राष्ट्रवाद का कोई निश्चित उद्देश्य नहीं रह सका । वस्तुतः, राष्ट्रवाद के स्थान पर अब देश के विशाल निम्न वर्ग—भूमिहीन, हरिजन, छोटे किसान और मजदूर—के संघर्ष की सफलता को राजनीति का आधार बनाया जाना चाहिए था । किंतु ऐसा

नहीं हुआ। वर्ग और राजनीति का विच्छेद एक राजनीतिक प्रचार का साधन बन गया। सभी वर्गों के विकास की विचित्र मान्यता एक राष्ट्र के रूप में भारत की तस्वीर के स्पष्टतया उभरने में बाधा बन गई। परिणामतः हमारी स्वतंत्र्योत्तर राष्ट्रीयता एक सरकारी घोषणा ही बनकर रह गई, सामाजिक जीवन में उपस्थित उत्प्रेरक नहीं बन सकी।

इस अध्याय के दूसरे खंड में मैंने दो उदाहरण देकर इंगित करना चाहा था कि प्रार्थनाओं में परिवर्तन किस प्रकार समसामयिक परिस्थिति से प्रभावित होते हैं। इन उदाहरणों से यह भी परिलक्षित होता है कि गुलाम भारत में कराई जानेवाली राष्ट्रीय भावना से ओत-प्रोत प्रार्थनाएँ विदेशी शासन के दबाव से बंद हो जाती थीं और ईश्वर-भक्ति आरंभ हो जाती थी। स्वाधीन भारत में राष्ट्रीय संकट—जैसे चीनी आक्रमण—ने एक रहस्यवादी प्रार्थना—"तू है गगन विस्तीर्ण तो मैं एक तारा क्षुद्र हूँ"—को अपर्याप्त साबित करके प्रभु की प्रत्यक्ष भक्ति—"वह शक्ति हमें दो दयानिधे"—की आवश्यकता महसूस कराई। कदाचित भारतीय मन के लिए संकट और असहायता की स्थिति में राष्ट्रीय भावना की टेक अब उतनी भरोसेमंद नहीं रही जितनी आजादी के पहले थी।

स्वतंत्रतापूर्व के राष्ट्रवाद की एक मिसाल भोजपुर के एक विद्यालय में 1930 से 1942 तक प्रचलित यह प्रार्थना है :

काट डालें दासता की बेड़ियाँ सी. आर. दास
लाजपत सों लाजपत भारत की रहनेवाली हैं।
फिर होगा मुरसीद प्यारा हिंद मोतीलाल सों
फिर जवाहर सों खजाना अपना भर जाने की है।
स्वर्ग से आकर करेंगे तेरा भारत तिलक
कर्मयोगी गाँधी यहाँ शुभ घड़ी लाने को है।

इस प्रार्थना में राष्ट्रीय नेताओं के प्रति जो सम्मान व्यक्त किया गया है, उसकी भावना आजकल गाए जानेवाले उपदेशमूलक गीतों की तरह नाटकीय नहीं है। श्लेष के प्रयोग से इस प्रार्थना के कवि ने नेताओं के नामों में राष्ट्र के सपनों की पहचान पाई है जबकि आज की प्रार्थनाएँ नेताओं के व्यक्तिगत गुणों को बच्चों के लिए जीवनादर्शों के रूप में रखकर राष्ट्रीयता की औपचारिकता भी नहीं निभा पातीं। इस गीत की तुलना में सीकर के देवदत्त निडर द्वारा रचित यह गीत जो उनके अनुसार कई स्कूलों में प्रार्थना की तरह इस्तेमाल किया जाता है, भारतीय समाज में आजकल प्रचलित राष्ट्रीयता, जो नेताओं के व्यक्तित्वों में सिमटकर रह गई है, की अच्छी मिसाल दे सकता है :

गाँधी से कुछ करना सीखो,
सत विनोबा से चलना सीखो,
दयानंद से ब्रह्मचर्य सीखो,
मीराबाई से धीरज सीखो,
विवेकानंद से भाषण सीखो,
लालबहादुर से हिम्मत सीखो।

इस पुस्तक के पहले लेख में मैंने जिक्र किया है कि शिक्षा के सैन्यीकरण का एक पहलू बच्चों को 'कौन बनोगे?' किस्म की चुनौती देकर नेताओं के चेहरे और व्यक्तित्व को बच्चों के मन में राष्ट्रीय संस्कारों की तरह स्थापित करना है।

आजाद भारत की स्तुति प्रार्थनाओं में इस तरह नहीं है कि बच्चे पुराने और नए भारत का अंतर जान सकें। यह स्तुति मातृभूमि के नाम है या भारत की शाश्वत कही जानेवाली सांस्कृतिक धरोहर के नाम। किसी किस्म की समकालीनता का पता उससे नहीं चलता जो आजादी से पहले की राष्ट्रीय प्रार्थनाओं को देखते ही चल जाता है। यही कारण है कि इन्हें राष्ट्रीय कहना कठिन है हालाँकि उनके पक्ष में प्रायः यह दावा किया जाता है। यदि राष्ट्र की बात कहने से ही कोई राष्ट्रीय हो जाता है तो बात और है; कम से कम बच्चों पर उनकी बात का असर पड़ना कठिन है। जिन कविताओं में राष्ट्रीयता के नाम पर केवल रूढ़ शब्द भरे हों, वे बच्चों तक पहुँच नहीं सकतीं, भले ही वे कितने ही महान कवि की लिखी हों। फिर भी यदि वे बच्चों को कुछ 'देती' होंगी तो एक तरह का अपराधबोध ही देती होंगी। "है यह भारतवर्ष हमारा, इसको भूल न जाऊँ मैं।" या फिर मातृभूमि और बच्चे के बीच ऐसा अर्धमनोवैज्ञानिक वैषम्य रचती होंगी :

जीवन पुष्प चढ़ा चरणों पर
माँगूँ मातृभूमि से यह वर
तेरा वैभव अमर रहे माँ
हम दिन चार रहें न रहें।

ऐसी प्रार्थनाओं की संख्या नगण्य है जो बगैर किसी मनोवैज्ञानिक, सामाजिक या आध्यात्मिक कुंठा के देश के प्रति प्यार प्रकट करती हों। मातृभूमि या राष्ट्र के नाम पर हमारा जो दृष्टिकोण पाठ्यपुस्तकों, प्रार्थनाओं तथा भाषणों के माध्यम से अभिव्यक्त हो पाता है, उसे अधिक से अधिक एक संशयग्रस्त शपथबद्धता कहा जा सकता है। भारतीय जीवन की विविधता के लिए हम गर्व भले प्रकट करते हों उसमें हमारी आस्था है, यह कहना इसलिए मुश्किल है क्योंकि हम उसे कभी पूर्ण स्वीकृति नहीं देते। विविधता को अपना एक राष्ट्रीय जीवन सत्य न मानकर उसे

हम एक दिलचस्प विवशता की तरह प्रस्तुत करते हैं, गोया ऐसा करते हुए हम अपनी एकतापरस्ती को संतुष्ट कर लेंगे। देश भर में किसी न किसी प्रकार बच्चों को यह बताया जाता है कि अनेकता में एकता ही हमारी मूलभूत विशेषता है। अनेकता हमारी विशेषता नहीं, एक ऐसा तथ्य है जिसका हम कुछ नहीं कर सकते, सिवाय इसके कि उसमें एकता का सूत्र तलाशते रहें। 'अनेकता' शब्द में जो जीवन निहित है, उसके स्थान पर बच्चों को 'अनेकता-एकता' का समीकरण पढ़ाकर हम उन्हें संकोची तथा सावधान नागरिक बनाने की भूल कर बैठते हैं। इनसान स्कूल, किशनगंज (पूर्णिया) की प्रार्थना की ये पंक्तियाँ यदि ध्यान से पढ़ी जाएँ, तो हमारी लोकप्रिय राजनीति का निचोड़ दे सकती हैं :

कुछ जात हो कुछ मजहब कुछ तौर तरीके हों,
मिलजुल के मगर रहना हम सबको सिखाएँगे।

पहली पंक्ति में मोहलत देने का जो भाव निहित है दूसरी पंक्ति में 'मगर' उसे पुष्ट करता है। यह कहना असंभव है कि बच्चे इन व्यंजनाओं को अवचेतन के स्तर पर ग्रहण नहीं करते होंगे।

बच्चों के लिए राष्ट्रीयता का वही अर्थ जीवंत और कुंठामुक्त हो सकता है, जो उनके दैनिक जीवन से जुड़ा हो। स्कूली प्रार्थनाओं को देखकर ऐसा नहीं लगता कि स्वाधीनता मिलने से लेकर अब तक ऐसा कोई संबंध हम अपने राष्ट्रीय इरादों और जीवन के बीच बिठा पाए हैं। हम भले ही यह घोषित कर चुके हों कि हमारा राष्ट्रीय लक्ष्य आत्मनिर्भरता तथा सभी के लिए आत्मसम्मानपूर्ण सामाजिक जीवन है, व्यवहार में हम शक्ति के विनयी भक्त होना आत्मसम्मानपूर्ण बर्ताव से ज्यादा उपयोगी पाते हैं। हमारी नौकरशाही और राजनीति दोनों सामान्य जनता की याचना और विनय की आदी हो चुकी हैं। यह असंभव है कि बच्चे इन गुणों का नित्य व्यवहार न देखते हों। स्कूली प्रार्थनाएँ भी उन्हीं गुणों की शिक्षा देती हैं। राष्ट्र की उन्नति की माँग हम चाहे प्रभु से करें या झंडे से या भारतमाता से, प्रत्येक दशा में हमारी मुद्रा असहायता की होती है। प्रार्थनाओं में दया और कृपा की घिघियाती हुई याचना की विपुल मात्रा देखकर लगता है कि असहायता से बड़ी राष्ट्रीय विशेषता हममें नहीं है। इसे हम पीढ़ी दर पीढ़ी एक विरासत के रूप में देते चले जाएँगे, जिस तरह मधुबनी के एक विद्यालय की यह प्रार्थना दो पीढ़ियाँ पार कर चुकी है :

इस देश को हे दीनबंधु आप फिर अपनाइए
भगवान भारतवर्ष को फिर पुण्य भूमि बनाइए
इसके शरण होकर रहें, अब तुम बिना गति कौन है
माँ रम्य अब अवलंब देकर शांतिसुधा बरसाइए।

[5]

इस अंतिम खंड में मैं प्रार्थना में व्यक्त समाज तथा चरित्र संबंधी धारणाओं का ब्यौरा दे रहा हूँ। प्रार्थनाओं की विषयपरिधि भारत की राष्ट्रीय मुरादों से लेकर मानवजाति के शास्त्रीय दुखों तक फैली है। संसार, समाज, जीवन और चरित्र के बारे में प्रार्थना का रवैया कुछ निश्चित मनःस्थितियों और एक निश्चित मुद्रा शैली में पढ़ा जा सकता है। मनःस्थितियाँ हैं वैराग्य, उदासीनता, सेवा, आत्मतोषी असामाजिकता और असहायता की तथा मुद्रा है विनय की। ऐसा प्रतीत होता है कि प्रार्थना की बुनियाद समाज के प्रति अनास्था है, जिसमें एक प्रकार की भयत्रस्त व्यक्तिपरकता जन्म लेती है। प्रार्थी के लिए एक सटीक चित्र वह होगा, जिसमें वह समाज की मार खाकर किसी बीहड़ वन में अकेला जा पहुँचा है या जीवन-समुद्र के किनारे खड़ा समाज का कोलाहल सुन रहा है। यह विकट स्थिति दुनिया के तमाम धर्मों में किसी न किसी प्रकार कल्पित की गई है किंतु यह कहना कठिन होगा कि भारतीय मानस में वह जितने व्यापक रूप से मिलती है, उतने व्यापक रूप से दुनिया के कितने देशों में मिलती होगी।

प्रार्थनाओं में व्यक्त चरित्र संबंधी आकांक्षाएँ पता लगाने के लिए संसार और समाज विषयक प्रार्थनायी दृष्टिकोण को समझना आवश्यक है। समाज के संदर्भ में प्रार्थना की सबसे प्रिय गुत्थी व्यष्टि और समष्टि के भेद की है। यह एक दिलचस्प बात है कि यद्यपि स्कूली प्रार्थना एक सामूहिक गीत विधान है, उसमें प्रार्थी प्रायः अकेला बताया जाता है। प्रार्थी को अकेला मानने से प्रभु की आवश्यकता बढ़ जाती है। लेकिन साथ ही समाज प्रार्थी का शत्रु बन जाता है। समाज ही क्यों, संपूर्ण संसार अपने-अपने स्वार्थ में डूबे हुए भावनाशून्य लोगों का बंदीगृह बन जाता है।

प्रार्थना में समष्टि पर पहली चोट प्रार्थी के सबसे निकटवर्ती संबंधियों की वफादारी पर पड़ती है :

साथी नहीं हमारा माँ-बाप और भैया
दुनिया में खूब देखा आँखें पसार करके
सुख के हैं सब संघाती, दुनिया में यार सारे।

इस प्रार्थना में की गई शिकायत के दो हिस्से हैं : माँ-बाप आदि की विश्वासपात्रता और सुख की साधना। प्रार्थी अपने माता-पिता और बंधुओं को भरोसेमंद हितचिंतक नहीं पाता। उन्हें वह सुख की उस संघर्षशील साधना में रत पाता है, जो संसार में सब ओर चल रही है। इस प्रार्थना का मूल संदेश वास्तव में यही है कि सुख की साधना एक कुत्सित अपराध है। प्रार्थी इस सर्वव्यापी होड़ में शामिल नहीं होना चाहता, किंतु इस निषेध में वह अपने-आपको अकेला पाता है। यहाँ तक कि

माता-पिता भी उसके साथ नहीं हैं। शायद अकेला होने के कारण ही वह प्रार्थना कर रहा है, जिससे स्वार्थ-विरोधी मोर्चे पर कम से कम प्रभु का साथ मिल सके।

असहाय और अकेले होने पर प्रभु का ध्यान उपयोगी हो सकता है, किंतु उस तरह नहीं, जिस तरह किसी मित्र का ध्यान। प्रार्थनाओं का प्रभु अक्सर एक साथी नहीं बनता, संबल देनेवाली भावना के रूप में प्रार्थी के अकेले संघर्ष में उसका साथ देता है। उसका संघर्ष स्वार्थी दुनिया के खिलाफ है। यह संघर्ष (प्रश्न उठता है कि वह स्वयं उस स्वार्थी दुनिया से किस तरह भिन्न है?) इसलिए और कठिन बन गया है, क्योंकि संसार रह-रहकर प्रार्थी के मार्ग में बाधाएँ खड़ी करता है :

जब जग धोखे पर धोखा दे
और चोट पर चोट लगाए
अपने मन में हार न मानूँ
ऐसा नाथ विधान करो।

प्रार्थना की शैली में संसार व समाज धोखा देने, निर्मम प्रहार करने तथा बाधाएँ खड़ी करने की जिम्मेदारी निभाते हैं जबकि प्रार्थी एक ऐसे संघर्षरत प्राणी के रूप में दिखाया जाता है, जो किसी मनोरोगी की तरह अपने अकेलेपन और कष्टों को बढ़ा-चढ़ाकर पेश करने में एक तरह का आनंद पाता है; क्योंकि उसकी रुग्ण मनःस्थिति उसे ईश्वर के पास ले जाती है। उसके कष्टों का ठीक-ठीक स्वरूप कभी स्पष्ट नहीं होता। वे शास्त्रीय होते हैं, एक निश्चित शब्दावली के मोहताज। कोई आश्चर्य नहीं कि ऐसे दुखों के निवारणार्थ प्रार्थी न तो समाज की तरफ देखता है, न सरकार की तरफ। वह सीधे ईश्वर की तरफ देखता है :

चढ़ आए कभी जो दुख की घटा
या पाप करम की होवे तपन
तेरा नाम रहे मेरे मन में बसा
तेरी दया व मेहर की आस हो।

यह प्रार्थना जबलपुर की एक पाठशाला में पूर्वमाध्यमिक स्तर से ही आरंभ हो जाती है। पाँच वर्ष के बच्चे के लिए 'दुख की घटा' और 'तपन' का शायद ही कोई अर्थ हो, लेकिन किसी के नाम में दया की आस एक स्थायी स्मृति अवश्य बन सकती है। प्रार्थनाओं के समाज में स्वार्थों में फँसे हुए दया के पात्र, अज्ञानी मनुष्य निवास करते हैं। उनके लिए प्रभु एक महान अधिकारी है, जो हर एक का अलग हिसाब रखता है :

माया के झंझटों में मैं तुमको भूल जाऊँ
पर नाथ दया करके मुझको न भुला देना।

इन पंक्तियों में व्यक्त अभ्यर्थना एक ऐसे देश के समाज की सटीक व्याख्या करती है, जहाँ नौकरशाही एक आतंक-प्रेरक ताकत की तरह रहने की आदी हो गई है। दंड विधान से संबधित एक अन्य बिंब कैद का है। निम्नलिखित पंक्ति में संसार एक जेल और प्रार्थी जन्म-जन्मांतर के लिए दंड भोगने को तत्पर कैदी के रूप में वर्णित है : ''जब-जब संसार का कैदी बनूँ निष्काम भाव से काम करूँ।'' कई जन्मों तक चलनेवाले इस दंड की दार्शनिक पृष्ठभूमि के अनुसार संसार का हर प्राणी एक व्यूह में फँसी हुई आत्मा है जिसकी मुक्ति केवल मोक्ष में है।

सामाजिक जीवन में अविश्वास और अकेलेपन से उत्पन्न कष्टों का अमूर्त तथा अतिशयोक्तिपूर्ण वर्णन हमें एक ऐसे बचपन की कल्पना के निकट ले जाता है, जिसमें दीनता ही सबसे बड़ी उपलब्धि है। बच्चों में शारीरिक शक्ति के अभाव को प्रार्थना एक अपराध की तरह पेश करती है और इस प्रकार वह उनमें अपने अस्तित्व के प्रति कुंठा जगाने में सफल होती है। 'जल्दी बड़े हो' का आशीर्वाद हमारे पारिवारिक जीवन में काफी प्रचलित है, पर प्रार्थनाएँ इससे एक कदम आगे बढ़कर सिखाती हैं : छी, छी, बच्चा होना कितनी गंदी बात है। प्रार्थनाओं में बच्चा जितना पतित और स्खलित और दीनहीन चित्रित किया जाता है, बड़ी आसानी से वह एक भयावह किस्म के अपराधबोध को बच्चे में जन्म दे सकता है। प्रार्थनाओं में दिए गए बच्चों की विभिन्न मुद्राओं के चित्र यदि एक साथ रखे जाएँ तो बहुत सीधे-सीधे यह कहना संभव हो जाएगा कि प्रार्थनाएँ बच्चों में आत्मकुंठा पैदा करती हैं।

विद्या बुद्धि नहीं कुछ पास
हमें बना लो अपना दास
हाथ जोड़ हम खड़े हुए हैं
पैरों पर हम पड़े हुए हैं।

मैं मन बचन काय से पापिन
और बिका पाप के हाथ

(बाइबिल से ली गई राँची के एक स्कूल की प्रार्थना)

हम ब्रह्मवर्चस से गिरे बालक पुनः तुम दो शरण।

करें आपसे कैसे बिनती, बस सीखे हैं अक्षर गिनती।

कितने तर गए जनम जनम के
पापी दुष्ट कुमारगगामी,
अब तो दया करो हे स्वामी,
कब से प्रभुवर टेर रही हूँ

दयादृष्टि पथ हेर रही हूँ
शरणागत की लाज बचाओ।

अंतिम उदाहरण डाल्टनगंज की एक जूनियर कन्या पाठशाला की प्रार्थना से है। वह शिक्षा सचमुच महान होगी जो नन्हीं बालिकाओं को अपनी लाज बचाने की प्रेरणा देने से आरंभ होती है।

पतित बाल्यत्व की इस झाँकी से कुछ भिन्न उन गुणों की सूची है, जिन्हें अनेक-अनेक प्रार्थनाएँ जीवन में उतरवाने के लिए प्रभु से विनती करवाती हैं। स्वाभाविक है कि गुणों के समांतर अवगुणों का उल्लेख भी अक्सर होता है, जिनसे दूर रखने का अनुरोध भी प्रभु से ही किया जाता है। गुण और अवगुण दोनों के मामले में प्रभु एक गतिशील, प्रेरक तत्त्व के रूप में चित्रित किया जाता है, प्रार्थी एक अचेतन, मूढ़ प्राणी के रूप में। न वह गुणों को वर सकता है; न ही अवगुणों को दूर कर सकता है। दोनों के लिए वह प्रभु की कृपा पर आश्रित है :

हे प्रभो आनंददाता ज्ञान हमको दीजिए
शीघ्र सारे दुर्गुणों को दूर हमसे कीजिए।

प्रार्थनाओं द्वारा प्रमाणित श्रेष्ठतम चारित्रिक विशेषताओं में है : सेवा, प्रेम, विनय, श्रम, सहनशीलता, तत्परबुद्धि और समता; तथा सबसे भयंकर दुर्गुण हैं : लालच, ऊँच-नीच, गर्व, चपलता, आलस तथा ईर्ष्या। इन वृत्तियों के अच्छे या बुरेपन से असहमति की समस्या उतनी महत्त्वपूर्ण नहीं है, जितनी अच्छे एवं बुरे के अतिसरल विभाजन की। बंबइया फिल्मों तथा हिंदी के बाल साहित्य की तरह प्रार्थनाओं में भी चारित्रिक विभाजन पूर्णतः निश्चित होता है, जीवन की जटिल संभावनाएँ एक मोटी लकीर से बाँटकर रख दी जाती हैं। फिल्में अपनी इस शैली से चारित्रिक भिन्नताओं के प्रति भारतीय समाज में पहले से उपस्थित असहिष्णुता को पुख्ता करती रही हैं। प्रार्थनाएँ बच्चे में एक अतिसरल, नैतिक दृष्टि का विकास करके इसी तरह की असहिष्णुता को जन्म देती हैं। यह असहिष्णुता उन्हें संदेही, चौकन्ने नागरिक बनने में मदद दे सकती है, जो परिस्थिति और चरित्र के अन्योन्याश्रित संबंध को पूरी तरह भूल चुके हों, जो पापी और पुण्यी का भेद केवल इस आधार पर करते हों कि पहले ने एक तथाकथित पाप किया है, दूसरे ने एक तथाकथित पुण्य।

जहाँ तक गुणों का ताल्लुक है, वैराग्य और सेवामय जीवन ही प्रार्थनाओं का उच्चतम आदर्श है। सेवा के अनेक अर्थ हिंदी में प्रचलित हैं, प्रार्थना इन सभी अर्थों का स्पर्श करती है। प्रार्थना का व्यंजना-क्षेत्र सेवा के विशुद्ध त्यागमय स्वरूप से लेकर ताबेदारी तक है। भारतीय स्काउटिंग संगठन के जन्मदाता श्रीराम वाजपेयी रचित प्रार्थना 'दया कर दान भक्ति का' की ये पंक्तियाँ यदि पहले किस्म की सेवा

की अभिव्यक्ति मानी जाएँ :

हमारा कर्म हो सेवा हमारा धर्म हो सेवा
सदा ईमान हो सेवा कि सेवकचर बना देना।

तो इस सेवाभाव का बिल्कुल विपरीत रूप एक अन्य प्रार्थना की आखिरी पंक्ति में मिल जाएगा :

मैं प्रयोग से बचूँ सदा ही अहंशून्यता का वर दो
दुख में हो न सुख की इच्छा हानि लाभ सब एक समान
सेवक बनकर टहल बजाऊँ ऐसा वर दो हे भगवान!

पहली पंक्ति में प्रयोग से बचने की प्रार्थना वास्तव में कुछ चौंकानेवाली है, लेकिन तलाशने पर कुछ अन्य प्रार्थनाओं में भी इससे मिलते-जुलते अनुरोध मिल जाते हैं। मिसाल के तौर पर वनस्थली विद्यापीठ के आधारपुरुष हीरालाल शास्त्री द्वारा रचित प्रार्थना में तर्क और संघ से बचने की सलाह दी गई है :

सब धर्मों का करें समादर खंडन-मंडन करें नहीं
तर्क करें पर गुरु वचनों में निर्मल आस्था नमो नमो...

किसी संघ में शामिल होकर मनमानी हम नहीं करें

अनेक प्रार्थनाओं में चरित्रगत तैयारी के लिए गुणों और अवगुणों का सीधा नामोल्लेख करने की जगह रूपकों से काम लिया गया है। ये रूपक प्रायः रूढ़ हैं, गीत एवं बाल साहित्य में इनका पर्याप्त पिष्टपेषण काफी समय पूर्व संपन्न हो चुका था, पर आज तक चल रहा है। बच्चों के लिए लिखे जानेवाले काव्य में इतिवृत्तात्मकता हिंदी से आज तक नहीं गई है; छायावाद वहाँ अभी तक नहीं आया है। आज भी कठिनाइयों के लिए वहाँ पर्वत, समुद्र, मँझधार और काँटों का उपयोग किया जाता है और निदान व सफलता के लिए पतवार, किनारा और धूल उड़ाते सैनिकों की छवि उतारी जाती है :

उच्च शिखर है मार्ग कँटीला
वीर बहादुर ही चढ़ पाते
बाधाओं से लड़कर ही हम
विजय पताका फहरा पाते

उत्तम चरित्र हमारा दुश्मन का मन रिझावे
वह देखते ही कह दे तुम प्यार के लिए हो
पतवार बुद्धि कर में मँझधार के लिए हो।

इतिवृत्तात्मकता प्रार्थना की शैली की सबसे प्रमुख विशेषता ही नहीं, उसकी भावना की भी बानगी है। बार-बार दुहराया जाना प्रार्थना की नियति है, अतएव उसके शब्दों में एक तरह की रूढ़ जिद का होना स्वाभाविक और आवश्यक है। उनमें भावना का आरोपण एक संवेदनशील प्रार्थी ही कर सकता है, अपने-आपमें वे महज शब्द होते हैं, जिनका अर्थ उनके स्रष्टा के मन में भी शायद ही रहा हो। प्रार्थना की भोथरी मानसिकता और उसकी कुंठित कल्पना उसके आंतरिक विरोधाभास के दो अंग हैं। साथ ही, वे दोनों उसकी शैली के आधारभूत तत्त्व हैं। संभवतः प्रार्थना एक शैली का ही नाम है, भावना का नहीं।

संदर्भ

1. इस लेख का प्रकाशन *दिनमान* में 17, 24 और 31 अगस्त, 1975 के अंकों में 'प्रार्थना सर्वेक्षण' के अंतर्गत हुआ था। लेख की सामग्री *दिनमान* के लगभग 300 पाठकों के सहयोग से मुझे प्राप्त हुई थी। इनमें से जिन पाठकों द्वारा भेजी गई सामग्री का उद्धरण या उदाहरण के तौर पर इस्तेमाल लेख में किया गया था, उनका नामोल्लेख *दिनमान* के उपर्युक्त अंकों में है। यहाँ पर स्थानाभाव के कारण सभी का नाम देना कठिन है।
2. ग्रामीण अभिभावकों के लिए स्कूल अभी अनिवार्य नहीं बना है। बच्चों का अधिकांश समय स्कूल के बाहर बीतता है और स्कूल छोड़नेवालों की तादाद बहुत अधिक है।
3. यह वर्णन पटना के श्री प्रेमकुमार मणि ने भेजा था।
4. दिल्ली के श्री जयनारायण कौशिक द्वारा प्रेषित वृत्तांत।
5. *रघुवंश, प्रकृति और हिंदी काव्य;* साहित्य भवन लिमिटेड, प्रयाग; संवत् 2005; पृष्ठ 156

जब मैं बच्चा था, मुझे फालतू चीजों से खिलौने बनाने और अपनी कल्पना से खेल ईजाद करने की आजादी थी। मेरे आनंद में मेरे साथियों की पूरी हिस्सेदारी थी; सच तो यह है कि मेरे खेलों का पूरा मजा मेरे साथियों की हिस्सेदारी पर निर्भर था। एक दिन हमारे बचपन के स्वर्ग में वयस्कों की व्यावसायिक दुनिया के एक प्रलोभन ने प्रवेश किया। हमारे एक साथी को किसी विलायती दुकान से लाया गया खिलौना दिया गया। खिलौना अद्वितीय था—खूब बड़ा और सजीव। हमारे साथी में खिलौने का घमंड आ गया; खेल से उसका मन कुछ हट गया। उस महँगी चीज को वह हमसे सावधानीपूर्वक बचाकर रखने लगा—उसके पूर्ण स्वामित्व में मस्त होकर खुद को अपने साथियों से श्रेष्ठ समझने लगा क्योंकि हमारे खिलौने सस्ते थे। ...इस प्रलोभन ने एक ऐसी चीज को ढाँप दिया जो खिलौने से ज्यादा अद्वितीय थी—एक आदर्श बच्चे की झलक को।

—रवींद्रनाथ ठाकुर

खिलौनों का ह्रास

इधर के दस-पंद्रह वर्षों में भारतीय समाज के उच्च तथा नवधनिक मध्यवर्ग को छोड़कर अन्य तबकों में जीवन की प्राथमिकताएँ कम हुई हैं । आर्थिक दबावों ने सामाजिक जीवन में अस्तित्व तथा सुविधाओं के लिए होनेवाली प्रतियोगिता को कठिनतर बनाया है । फलस्वरूप, पहले के मुकाबले कम लोग जीवन की विविध आवश्यकताओं के बारे में निश्चित और गैर-प्रतियोगी रवैये से सोच पाते हैं । फल, यात्रा, पुस्तकें और बच्चों के खिलौने-जैसी अनेक चीजें जो पहले साधारण हैसियत के लोगों के जीवन में कुछ-न-कुछ मात्रा में रह लेती थीं, अब संपन्नता के प्रतीकों की श्रेणी में चली गई हैं ।

खिलौने किसी समय जन-संस्कृति के अत्यंत साफ-सुथरे प्रतीक होते थे । जनता की मान्यताएँ, उसके विश्वास, उसके द्वारा स्वीकृत व्यवस्था के प्रतीक, उसकी संतान की आकांक्षाएँ और कल्पना का संसार, ये सभी खिलौनों में समाए रहते थे । तब खिलौने मिट्टी और कपड़े के बने होते थे जो जीवन की दो बुनियादी जरूरतें हैं । आज प्रचलित खिलौने जीवनोपयोग की अनेक चीजों की भाँति औद्योगिक स्तर पर बनते हैं । वे निर्माता फैक्टरी के मालिक तथा उसकी नौकरी करनेवाले तकनीशियन की सूझबूझ के सुबूत होते हैं, जनमानस की जीवनदृष्टि, अभिरुचियों और आकांक्षाओं के प्रतिनिधि नहीं होते । मिट्टी और कपड़े की जगह प्लास्टिक और लोहे ने ले ली है, जो आज की औद्योगिक सभ्यता के दो महत्त्वपूर्ण उपादान हैं ।

भारत में खिलौनों का उद्योगीकरण इस सदी के आरंभिक दशकों की घटना है । खिलौना उद्योग और कुटीर व्यवसाय के बीच टकराहट की प्रक्रिया अब भी पूर्ण नहीं हुई है, किंतु अन्य क्षेत्रों की भाँति इसमें भी मशीनरी की विजय सुनिश्चत हो चुकी है, और यदि मध्यवर्ग के बच्चों को उपलब्ध खिलौनों को ध्यान में रखकर देखें तो विजय हो भी चुकी है । मिट्टी, कपड़े आदि सामग्री से बने खिलौने अब सामान्य तौर पर शहरों तथा कस्बों के बाजारों में नहीं आते । शहर में कुटीर खिलौनों की एकमात्र मिसाल कागज की फिरकी रह गई है, जिसका आकर्षण महँगे मशीनी

खिलौनों से खेलनेवाले बच्चों के लिए भी होता है। कस्बों में त्योहारों के अवसर पर देवी-देवताओं के साथ कुछ खिलौने भी सड़क पर आ पहुँचते हैं। सावन में बिकनेवाली लकड़ी की चकरी और लट्टू दो महत्त्वपूर्ण अपवाद हैं। शहरों में मिट्टी से बनी, अत्यंत कलापूर्ण श्रमसाध्य सामग्री सड़कों के किनारे बिकने आती है, पर यह सामग्री खिलौनों की तरह इस्तेमाल के लिए नहीं, उभरते हुए मध्यवर्गीय घर की बैठक में सजावट के लिए होती है। सजी-धजी दुकानों में बिकनेवाले प्लास्टिक तथा धातु के खिलौनों से उनकी कोई स्पर्धा नहीं होती।

कारखानों में बने खिलौने उन जरूरतों व इच्छाओं का प्रतिबिंब होते हैं, जो मध्यवर्ग के विस्तार के साथ समाज में प्रचलित हुई हैं। सीमित साधनों के बावजूद अपने से 'ऊँचे' लोगों की सभ्यता तथा जीवन का यथाशक्ति अनुकरण ही मध्यवर्गीय मनोवृत्ति का केंद्र होता है। अनुकरण अधिक कीमत की टिकाऊ चीजें खरीदने की प्रेरणा देता है। टिकाऊपन, आकर्षण, मशीनी शुद्धता तथा कीमत के आधार पर मध्यवर्ग चीजों की श्रेष्ठता तय करता है। कुटीर स्तर पर बने खिलौने कीमत में कम तथा अल्पायु होते हैं। साथ ही इनके अनगढ़ आकार और रंग-विन्यास उच्च वर्ग के लकदक से मोहित मध्यवर्गीय मन को मोहित नहीं कर पाते। चीजें खरीदने की क्षमता रखनेवाला एक बड़ा वर्ग होने के कारण मध्यवर्ग किसी भी वस्तु के बाजार पर प्रभाव डालने में सक्षम होता है। मध्यवर्गीय समाज में मशीनी खिलौनों के प्रचलन ने कुटीर खिलौनों की व्यावसायिक संभावनाओं पर बुरा असर डाला है, यह निष्कर्ष कस्बाई केंद्रों में कुटीर खिलौनों की दुर्लभता तथा उपलब्ध कुटीर खिलौनों की न्यून विविधता देखकर निकाला जा सकता है। कुटीर खिलौनों की बिक्री इन दो दशकों में लगातार त्यौहारों में सीमित होती चली गई है, इस कारण उनके विषय सामाजिक के स्थान पर धार्मिक होते गए हैं।

यह एक धारणा है कि औद्योगिक सभ्यता ने अधिक वस्तुएँ अधिक लोगों को सुलभ कराई हैं। इसी धारणा के अंतर्गत एक यह भ्रांति प्रचलित है कि प्लास्टिक के खिलौने उपलब्ध होने से बच्चों पर खर्च की जानेवाली पारिवारिक आय में बचत संभव हुई है। वास्तविकता यह है कि देश के बहुसंख्यक बच्चे अपने मनोरंजन के लिए कभी बाजार में बिकनेवाले खिलौनों के भरोसे नहीं रहे। तुलनात्मक रूप से खिलौनों के दाम कम-ज्यादा होते रहे हों, पर गरीब बच्चों के लिए वे सदैव एक दुर्लभ विलास ही रहे हैं। प्रेमचंद द्वारा 1933 में लिखी गई 'ईदगाह' शीर्षक कहानी खिलौनों और समाज के संबंध का एक निराला दस्तावेज है, जिसमें एक गरीब बच्चे का खिलौनों के प्रति दृष्टिकोण बखूबी चित्रित हुआ है। ईद के दिन बिकने आए खिलौनों का बहुत सजीव वर्णन प्रेमचंद ने इस कहानी में किया है। मिट्टी के सिपाही और गुजरिया, राजा, वकील, भिश्ती, धोबन, साधु वगैरह सभी खिलौने दो-दो पैसे के हैं लेकिन गरीब हामिद की पहुँच से बाहर हैं : "हामिद के पास कुल

तीन पैसे हैं, इतने महँगे खिलौने वह कैसे ले ? खिलौना कहीं हाथ से छूट पड़े, तो चूर-चूर हो जाए। जरा पानी पड़ेगा तो सारा रंग धुल जाए। ऐसे खिलौने लेकर वह क्या करेगा, किस काम के ?'' कहानी में आगे चलकर हामिद लोहे के चिमटे को अपनी सूझबूझ से उपयोग और मनोरंजन के बीच की चीज बनाकर इस्तेमाल करता है। हामिद की तरह दुनिया भर के साधनहीन शिशु अपने आसपास की चीजों में दिलचस्पी व मनोरंजन के विषय तलाश कर बड़े होते रहे हैं। खेल-खिलौनों को स्वयं अपनी कल्पना से ईजाद करने की नैसर्गिक प्रतिभा यदि बच्चों में न होती तो दरिद्र बच्चों की दुनिया में मनोरंजन की कोई गुंजाइश न रहती।

बहुत छोटे शिशुओं के लिए साधारण डिब्बा भी खिलौना होता है। ढक्कन हटाने पर डिब्बे के भीतर रखी चीज का गिर जाना और इस तरह एक की जगह दो चीजें—डिब्बा और सामान—बन जाना उनके लिए एक कौतुक होता है, जिसे वे गहरी उत्सुकता से समझने की चेष्टा करते हैं। कूड़े के ढेर में तरह-तरह की चीजें उलट-पुलटकर इकट्ठा करते हुए बच्चों को मैं अक्सर देखता हूँ और सोचता रह जाता हूँ कि वे किस-किस तरह के खेल उन चीजों से बनाएँगे। पिछली गर्मी की छुट्टी में दस वर्ष की रेखा ने मुझे 'सोलह गोटी' नामक खेल सिखाया। फर्श पर कोयले से खींची गई आकृति में सजाने के लिए गोटियाँ मेरे पास नहीं थीं। रेखा बाहर गई और दो मिनट में टूटी चूड़ियों के आठ टुकडे और आठ तिनके तलाशकर लौटी।

'मनोरंजन' कहलानेवाले एक विशेष अनुभव की आवश्यकता जो वयस्कों में पाई जाती है, बच्चों के लिए एक अलग आवश्यकता नहीं होती। उनके लिए मनोरंजन, ज्ञानार्जन और सामान्य दैनिक जीवनयापन अलग-अलग दायरों में बँटे हुए काम नहीं होते। ये क्रियाकलाप उनकी जीवन पद्धति के अविभाज्य अंग होते हैं। इस जीवन पद्धति को यदि बच्चों की सभ्यता कहा जाए तो अनुचित न होगा। मैं यह नहीं कहना चाहता कि बच्चों की सभ्यता उस समाज की सभ्यता से दीगर हो सकती है, जिसकी संतान वे हैं। लेकिन यदि 'सभ्यता शब्द का प्रयोग मान्यताओं, रीति-रिवाजों तथा कला, भोजन आदि से संबंधित विधानों के अलावा जीवन जीने की मानसिक कोशिश के अर्थ में करना संभव हो, तो यह कहा जा सकता है कि बचपन की एक अलग सभ्यता होती है। इस सभ्यता का प्रधान लक्षण जीवन के क्रियाकलापों की अविभाज्यता होती है। बच्चों के लिए खेल और पढ़ाई जितनी परस्पर विरोधी दिखनेवाली क्रियाओं में भी कोई खास भेद नहीं होता हालाँकि शिक्षाशास्त्री और माता-पिता एक जमाने से कहते आए हैं कि खेल के वक्त खेलना और पढ़ाई के वक्त पढ़ना चाहिए। बच्चे की जिज्ञासा, जो उसे अपने परिवेश को समझने के लिए प्रेरित करती है, और कल्पना, जो उसे परिवेश को समझने का

माधन देती है, के मेल से एक खास दृष्टि आर कार्यपद्धति जन्म लेती है । इस दृष्टि और कार्यपद्धति से बच्चा अपने चारों ओर की दुनिया का विश्लेषण, पुनर्योजन करता है और अंततः अपने परिवेश और स्वयं के बीच सामंजस्य प्राप्त करता है । पर यह तभी हो पाता है जब उसकी कोशिश स्वतंत्रतापूर्वक होने दी जाए । यह बहुत कम हो पाता है । ज्यादातर माता-पिता और अध्यापक बच्चे की कोशिशों को स्वतंत्रतापूर्वक नहीं चलने देते । वे अक्सर महसूस करते हैं कि कोशिश बहुत धीमी है या उसमें बहुत तोड़-फोड़ हो सकती है । तोड़-फोड़ बच्चा करे या न करे, पर उसका डर माता-पिता को बच्चे की कोशिशों का थानेदाराना ढंग से निरीक्षण करने की छूट देने के लिए पर्याप्त होता है । बहाना प्रायः यह होता है कि वे बच्चे के साथ सहयोग कर रहे हैं। वे यह भूल जाते हैं कि वे बच्चे की कोशिश की स्वाभाविक गति को बढ़ाने की फिराक में कोशिश को ही रोक देते हैं ।

वयस्क समाज में बच्चों की स्वाभाविक जीवन पद्धति के अज्ञान की एक अच्छी मिसाल बाल पत्रिकाओं में मिलती है । उनके मुखपृष्ठ तथा विज्ञापनों में अक्सर लिखा रहता है कि वे बच्चों के मनोरंजन के साथ उनका ज्ञानवर्धन भी करेंगी । इन पत्रिकाओं के विज्ञ संपादकों में बच्चों को खेल-खेल में कुछ सिखा देने की चतुरता का आत्मतोष जरूरत से काफी ज्यादा मात्रा में होता है । मुझे उनकी हालत पर अपना तरस व्यक्त करने के लिए वह चुटकुला उपयुक्त लगता है, जिसमें दो बच्चे एक चालाक मनोवैज्ञानिक की इस कोशिश को भाँपकर कि वे खरगोशों से खेलते-खेलते कुछ गणित सीख जाएँ, एक-दूसरे को आगाह करते हुए कहते हैं "खबरदार ! यह खेल-खेल में हमें कुछ सीखा न दे !"

अपनी जीवन पद्धति की उपर्युक्त अविभाज्यता के कारण ही बच्चे खेलने और इस्तेमाल करने की सामग्री के बीच कोई अंतर नहीं देखते । वे प्रत्येक उपयोगी चीज को खेल और खेलने की चीज को अपने लिए उपयोगी बना सकते हैं । स्वाभाविक है कि माता-पिता उन्हें इतनी छूट नहीं दे पाते कि वे उपयोग की हर चीज को खेल बना लें । माता-पिता को यह चिंता होती है कि कोई उपयोगी चीज खेल के तौर पर इस्तेमाल की जाने पर टूट-फूट जाएगी । इस संदर्भ में मैंने यह दिलचस्प बात देखी है कि टूट-फूट की संभावना और चिंता ज्यादातर उन चीजों के संबंध में रहती है जो दैनिक उपयोग में नहीं आतीं, जैसे कमरे को सजाने के लिए रखी जानेवाली चीजें । एक तो वे टूटती ज्यादा आसानी से हैं; दूसरे, बच्चे उनके लिए उतने चिंतित नहीं होते, जितने उनके माता-पिता होते हैं । अपनी एक नन्हीं मित्र सारू के अनुभव को आधार बनाकर कहूँ तो बच्चों में ऐसी चीजों के प्रति एक प्रकार का गुस्सा होता है । अनुपयोगी होने के बावजूद इन चीजों को प्राप्त सम्मानपूर्ण रख-रखाव बच्चों की नजर में अन्यायपूर्ण होता है । ज्यादातर बच्चों में हर चीज का इस्तेमाल करके देखने की ललक होती है । वे चीजों के संपर्क में आना

चाहते हैं, उन्हें छूना, जानना और समझना चाहते हैं। उनकी इस ललक का दूसरा पहलू उनमें हर उपयोगी चीज के प्रति एक तरह की फिक्र जगाता है। यह सही है कि उनकी फ्रिक्र इतनी सजग नहीं होती कि कोई चीज उनके हाथ से कभी न टूटे, पर उतनी अवश्य होती है कि वे खेल के दौरान किसी उपयोगी चीज के टूट जाने पर पश्चाताप कर सकें। ज्यादातर माँ-बाप और अध्यापक बच्चों में मौजूद इस फिक्र से वाकिफ नहीं होते। इसलिए, चीजों की टूट-फूट के डर से वे बच्चों को किसी चीज के पास नहीं फटकने देते। वे यह नहीं जानते कि बच्चों को हर चीज से दूर रखने से उनके व्यक्तित्व में जितनी टूट-फूट होती है, वह उनसे बचा ली गई चीजों के कुल मूल्य से कहीं अधिक होती है। न ही ये माता-पिता बच्चों में उपस्थित पश्चाताप कर सकने की क्षमता से अवगत होते हैं। वे कोई नुकसान हो जाने पर बच्चे को उसके अपराध का भरसक बोध कराने पर तुले रहते हैं। वे यह नहीं समझते कि अपराध बोध का नियमित अभ्यास बच्चे की सारी जिज्ञासा और कल्पना को सुखाकर मानसिक तौर से उसकी हत्या कर दे सकता है और हत्या न कर सके तो मुकम्मिल तौर पर उसे अपराधी बना सकता है।

बच्चे उपयोग और खेल की चीजों में भेद नहीं करते, फिर भी, यदि मुझे 'खिलौना' शब्द की व्याख्या करनी हो तो मैं कहूँगा कि बच्चे जो चीजें स्वयं बनाते हैं, वे ही असली खिलौने होते हैं। रेत के घर और किले, मिट्टी की गुड़िया, कपड़े की गेंद, डिब्बों की रेल, शीशियों के घर और इस तरह की तमाम अन्य चीजें उनकी जिजीविषा का सुबूत होती हैं। बाजार में बिकनेवाले खिलौने, खासतौर से महँगे, रंग-बिरंगे, जादुई खिलौने, खिलौना विशेषज्ञ वयस्कों की सूझबूझ का परिणाम होते हैं। बच्चे उनकी ओर आकृष्ट अवश्य होते हैं, पर उन्हें अपने जीवन का अंग नहीं बना पाते। उनके जीवन का अंग वे चीजें ही बन पाती हैं जिन्हें वे वयस्कों द्वारा प्रशासित और व्यवस्थित दुनिया में से बीनकर लाते हैं और अपने अजूबे के डिब्बे में रखते हैं।

अजूबों का डिब्बा संपन्न बच्चे भी रखते हैं और गरीब बच्चे भी, पर गरीब बच्चों के अजूबे सचमुच अजूबे होते हैं क्योंकि वे जीवन के उपयोग की अत्यंत साधारण सामग्री में से तलाशे गए होते हैं और केवल संदर्भ बदल जाने के कारण अजूबे बन जाते हैं। इसके विपरीत, संपन्न बच्चों के अजूबे कुछ निश्चित प्रकार के सामान से निकाले गए होते हैं। उनमें अक्सर पुराने खिलौनों की टूट-फूट शामिल होती है या फिर बटन, पेंसिलें, धागे आदि होते हैं। गरीब बच्चों को अपने मनोरंजन की वस्तुएँ श्रम और मनोयोग से इकट्ठी करनी पड़ती हैं, इसलिए उनके रख-रखाव में गहरा धैर्य और प्रेम दिखाई देता है चाहे वे लकड़ी के टुकड़े हों या बोतलों के ढक्कन। गरीब बच्चे के सामने एक पूरी दुनिया होती है जिस पर दूसरों का आधिपत्य है। इस दुनिया द्वारा बेकार घोषित कर दी गई सामग्री में से वह

अपने लिए उपयोगी चीजें तलाशता है। संपन्न बच्चे के लिए दुनिया पराई नहीं होती, वह एक छोटी-सी रंगीन दुनिया का मालिक स्वयं होता है। महँगे से महँगे खिलौने तक उसकी पहुँच अपने अभिभावक के मार्फत होती है। इस आसान पहुँच का उसकी खेल शक्ति पर कैसा असर पड़ता है, इस प्रश्न का उत्तर रवींद्रनाथ ठाकुर ने अपने एक व्याख्यान-लेख 'सभ्यता और प्रगति' में दिया है। रवींद्रनाथ मानते थे कि खिलौना जितना अपूर्ण और अविकसित होगा, बच्चे को उससे उतना ही अधिक आनंद प्राप्त होगा। उनके अनुसार बच्चे की कल्पना का पूर्ण व्यायाम तथा प्रशिक्षण तब होता है, जब वह स्वयं किसी आकृति या क्रिया का आविष्कार करता है और उसकी कमियों से एक तरह का मानसिक समझौता करता है। समझौता करते हुए बच्चा अपने आपसे बात करता है और अपनी सामर्थ्य, संभावना और कल्पना को एक साथ इस्तेमाल करता है। महँगे, सजीव खिलौनों से खेलते हुए वह ऐसे किसी समझौते की आवश्यकता महसूस नहीं कर पाता, इसलिए समझौते से मिलनेवाले लाभों से वंचित रह जाता है।

सजीव दिखनेवाला मशीनी खिलौना एक संपूर्ण यंत्र होता है—बच्चे की कल्पना और निजी सामर्थ्य पर एक प्रकार का आक्रमण, जिसके सामने बच्चे का आत्मसमर्पण लगभग अनिवार्य हो जाता है। फिल्म उद्योग ने वयस्कों के मनोरंजन पर जैसा असर डाला है, लगभग वैसा ही असर मशीनी खिलौनों ने बच्चों के मनोरंजन पर डाला है। दृश्य, अभिनय, शब्द, संगीत आदि अनेक प्रभाव माध्यमों के समवेत प्रयोग से फिल्मी कहानी एक प्रकार का आक्रमण दर्शक की कल्पना पर करती है, मशीनी खिलौना इसी प्रकार का आक्रमण अपनी चमक-दमक, शक्ति और गति की सहायता से बच्चे की कल्पना पर करता है। शक्ति और गति इस सदी में विज्ञान और टैक्नोलॉजी की अभूतपूर्व प्रगति द्वारा सामाजिक जीवन में जबरन, किंतु गहराई से स्थापित किए गए दो प्रमुख मूल्य हैं। यांत्रिक खिलौने इन मूल्यों के सक्षम प्रतीक हैं। स्थिर और शांत रहनेवाली आकृतियों की तुलना में खिलौना उद्योग आवाज पैदा करनेवाले तथा शक्ति को इकट्ठा करके चमत्कारी ढंग से इस्तेमाल करनेवाले खिलौने कहीं अधिक संख्या में बनाता है। इनकी भीतरी संरचना जटिल तथा कार्य-क्षमताएँ अजीबोगरीब होती हैं। साथ में रंगों की चटक से ये खिलौने बच्चे की सरल चिंतना में एक तरह का जादुई आतंक पैदा करते हैं।

आकृतियों के दृष्टिकोण से युद्ध-सामग्री पिछले दशक और इस दशक का सबसे प्रचलित विषय रही है। इस अवधि में देश द्वारा तीन युद्ध लड़े जाने के कारण ऐसा हुआ, यह तर्क इसलिए ढीला साबित होगा क्योंकि युद्ध की मानसिकता का हमारे जीवन में कोई प्रमाण नहीं मिलता। सचाई यह प्रतीत होती है कि युद्ध ने खिलौना उद्योग में लगे दिमागों को एक ऐसा साँचा प्रदान किया, जो खिलौनों के आकारों में प्रासंगिकता की ताजगी और उनकी गति तथा कौशल के क्षेत्र में

सामरिक आकर्षण ला सकता था । इस प्रासंगिकता की वास्तविक प्रकृति युद्धों पर बनी बंबइया फिल्मों के सहारे अधिक आसानी और स्पष्टता से समझी जा सकती है । बंबई के फिल्म निर्माताओं को युद्ध ने मानव स्वभाव के अनेक अभूतपूर्व तथा रोमांचक आयाम मुहैया कराए जिन्हें सामान्य जीवन में तलाशना तथा चित्रित करना अटपटे परिणाम पैदा करता । खिलौना तथा फिल्म उद्योग-जैसी ही सूझ बाल पत्रिकाओं के संपादकों और लेखकों के हाथ लगी । युद्धों की बदौलत उन्हें नई रंगारंग सामग्री, नए कथानक और शब्दावली का अंबार हाथ लगा, जिसे उन्होंने देखते ही देखते भारतीय बाल लेखन का स्थायी स्तंभ बना दिया ।

आकृति के दृष्टिकोण से गुड़िया भारतीय खिलौनों में सबसे स्थायी और लोकप्रिय है । गुड़िया को सदैव लड़कियों की अभिरुचि से जोड़ा गया है । गुड्डे-गुड़िया के खेल दांपत्य जीवन के घरेलू पक्ष के प्रतीक रहे हैं और घरेलू होना भारत में परंपरा ने लड़कियों के जिम्मे छोड़ रखा है । इसी कारण गुड़ियों की वेशभूषा में सजावट और शृंगार का विशेष ध्यान रहा है । कदाचित उनके निर्माता बचपन में ही लड़कियों को वधू के पारंपरिक सौंदर्य का अभ्यस्त बना देना चाहते हैं । जो गुड़ियाँ लड़कियाँ स्वयं बनाती हैं, वे देखने में खूबसूरत शायद ही कभी होती हों और सजावट उनमें तभी मिलती है जब परिवार की किसी स्नेही सदस्या या माँ ने सहयोग देने की मेहरबानी की हो । बाजार में बिकनेवाली गुड़िया हमेशा सौंदर्य प्रतियोगिता के लिए तैयार प्रतियोगी और बनी-ठनी वधू का मिलाजुला रूप होती है । प्लास्टिक की गुड़ियों में मेम की आकृति बहुत प्रचलित है; सुनहरे बाल, लाल होंठ और फ्रॉक में लैस गुलाबी बदनवाली फिरंगी मेम आज भी भारतीय कल्पना के नारी-रूपों में से एक है । बाजार में आनेवाली गुड़ियों के दोनों रूप—वधू और मेम हमारी लड़कियों की कल्पना को विकृत करने में परंपरापोषी वयस्कों को मदद देते हैं । वे उन्हें उस समाज को ज्यों का त्यों कबूल कर लेने के लिए मानसिक रूप से तैयार करते हैं जिसमें नारी के ये दो ही रूप हैं—सर्वगुणसंपन्न सौंदर्यवती गृहवधू और गुणहीना उच्छृंखल आधुनिका । वरेण्य और त्याज्य के कठघरों में बँधे ये नारी-रूप उस समाज का सपना भी हमारे बच्चों को नहीं देखने देंगे जिसमें नारी-पुरुष के बीच असमानता नहीं होगी, न ही कार्यक्षेत्रों का दकियानूसी बँटवारा होगा ।

आजकल यह एक सर्वस्वीकृत मान्यता है कि खिलौनों का बच्चों की कल्पना और सोच-समझ से सीधा ताल्लुक होता है । खिलौनों से खेलते या उन्हें बनाते वक्त बच्चे अपने परिवेश का पुनर्निर्माण तथा अनुकरण करते हैं । अनुकरण से आशय कोरी नकल से नहीं, चयन, काट-छाँट तथा पुनर्योजन की संपूर्ण कलात्मक प्रक्रिया से है । खिलौने बच्चों के लिए समाज का सूक्ष्मांकन होते हैं और बच्चों द्वारा स्वयं बनाए गए खिलौने जीवन के सामाजिक समीकरणों का प्रतिबिंब होते हैं ।

गत्ते का सिनेमा, लकड़ी की गाड़ी और रेत के किले बनाते समय बच्चे अपने परिवेश का समीक्षात्मक पुनर्निर्माण करते हैं। बालजीवन में खिलौनों की यह विशिष्ट स्थिति उन्हें बच्चों की शिक्षा के माध्यम के रूप में बहुत उपयोगी साबित करती है, किंतु खिलौनों के शिक्षायी उपयोग का विचार शिक्षा के इतिहास में बहुत देर से आया। वास्तव में, बच्चों के लिए विशेष रूप से खिलौने बनाने का रिवाज स्वयं बहुत पुराना नहीं है। यूरोप में सत्रहवीं शताब्दी के पहले बच्चों के लिए खिलौने बनाए जाने की जानकारी नहीं मिलती। मध्य युग के आलेखों में बच्चो और वयस्कों के सामूहिक खेलों का उल्लेख अवश्य मिलता है, पर बच्चों के खिलौने संभवतः काफी देर से ईजाद किए गए। गुड़िया का बालरूप शायद आदमकद प्रतिमाओं से निकला[1] और अन्य खिलौनों की शुरुआत सजावट की सामग्री के तौर पर हुई। सत्रहवीं सदी के पहले खिलौनों पर बच्चों का विशेषाधिकार नहीं था।[2] भारत में प्राचीन स्थानों की खुदाई से जो खिलौने या खिलौनानुमा चीजें मिली हैं, उनका संबंध बच्चों से जोड़ना असंभव नहीं तो कठिन अवश्य है। भारतीय खिलौनों का संपूर्ण इतिहास तब तक लिखा जाना संभव नहीं होगा जब तक ऐतिहासिक सामग्री के अलावा साहित्य तथा लोककथाओं का इस दृष्टि से विश्लेषण नहीं कर लिया जाता।

जहाँ तक शिक्षा में खिलौनों के प्रयोग का प्रश्न है, यूरोप में वह उन्नीसवीं सदी से अधिक पुराना नहीं है। जिस आयु (जन्म से 6 वर्ष) में बच्चा खिलौनों के साथ घनिष्ठ मानसिक संबंध बनाता है, उस आयुवर्ग के बच्चों की शिक्षा का आरंभ भी उन्नीसवीं सदी में हुआ जब औद्योगिक क्रांति से उत्पन्न रहन-सहन की समस्याओं के संदर्भ में यूरोप के सुधारकों का ध्यान बच्चों की ओर गया।[3] उन्नीसवीं सदी के यूरोपीय बाल साहित्य में खिलौनों का विशेष स्थान है। इतालवी लेखक कार्लो कौलोडी के महान उपन्यास *पिनोकियो* का नायक एक कठपुतला है, जो लड़का बनने के लिए अच्छे काम करने के प्रयासों में लंबा संघर्ष करता है। डेनिश कथाकार हैंस क्रिश्चियन एंडरसन की अनेक कहानियों के पात्र खिलौने हैं, जो बच्चों के सुख-दुखों में शरीक होते हैं, उनकी अच्छी-बुरी भावनाओं के लक्ष्य बनते हैं। बच्चों के नैतिक विकास में साहित्य, शिक्षा, नियंत्रण आदि के साथ खिलौनों का सहयोग उन्नीसवीं सदी के पश्चिम यूरोपीय मस्तिष्क की उपज था। बच्चों की शिक्षा को एक स्पष्ट नैतिक झुकाव देकर यूरोपीय समाजों में पनप रही मध्यवर्गीय सभ्यता अपने मूल्यों और दर्शन को एक निश्चित स्वरूप और स्थायित्व प्रदान करने की चेष्टा कर रही थी। इन मूल्यों में शालीनता और व्यवहारकुशलता-जैसे सांसारिक गुण और यह विश्वास शामिल था कि जो स्वयं अध्यवसायी होते हैं, ईश्वर भी उनकी मदद करता है, इसलिए समृद्धि ईश्वरीय कृपा की प्रतीक है। जिस दर्शन से ये मूल्य निःसृत हुए थे, वह व्यक्ति की असीम संभावनाओं में आस्था

का दर्शन था। समाजशास्त्री मैक्स वेबर ने उन्नीसवीं सदी के सामाजिक दर्शन तथा मूल्यों को ईसाई प्रोटेस्टेंटवाद आदि के क्रोड़ में पनपती पूँजीवादी सभ्यता से जोड़ा है।[4]

उन्नीसवीं सदी के अंत तक ये मूल्य पश्चिमी यूरोप के देशों के सारी दुनिया में फैले उपनिवेशों में पहुँच चुके थे। इन औपनिवेशिक समाजों में, जिनमें भारत भी शामिल था, स्थानीय संस्कृति और यूरोपीय मानस के घालमेल से एक नई मध्यवर्गीय सभ्यता ने जन्म लिया। इस सभ्यता का दार्शनिक विश्वास था कि हर व्यक्ति को प्रगति के अवसर ढूँढ़कर अपने परिवेश से अलग हो जाने की हरचंद चेष्टा करनी चाहिए। अवसर का लाभ उठाने तथा अपने समाज से निराला बनने व दिखने की नैतिकता सामंती शासन पद्धति तथा जातिप्रथा द्वारा भारतीय समाज में बहुत पहले स्थापित की जा चुकी थी। नए, मध्यवर्गीय संदर्भ में इस नैतिकता की पनुर्स्थापना अंग्रेजी राज द्वारा आरोपित शिक्षा ने की। इस कार्य में खिलौनों की भूमिका इस अध्याय के शीर्षक पृष्ठ पर उद्धृत रवींद्रनाथ के लेखांश से प्रकट होती है। अंग्रेजी खिलौने अपने मूल्य और विदेशी रूपरंग के कारण बहुत जल्दी भारतीय समाज के संपन्न परिवारों में श्रेष्ठता के प्रतीक बन गए। मेम-जैसी दिखनेवाली प्लास्टिक की गुड़िया, फौज के सिपाही और अफसर, कार और बंगला आदि इस सदी के तीसरे दशक तक समृद्ध बच्चों को शान-शौकत और रोब के संस्कार देना आरंभ कर चुके थे। आजादी आने तक खिलौनों के मध्यवर्गीय संसार में यूरोपीय स्थापत्य के लघुरूप रंगीन इमारती टुकड़े (बिल्डिंग ब्लाक्स), इंजीनियरी के चमत्कारों का प्रशिक्षण देनेवाले मेकेनो और सामान्य ज्ञान की गुत्थियाँ हल करनेवाले बैटरीचालित ब्रेनों ने प्रवेश पा लिया। खिलौने मध्यवर्गीय संस्कृति की मुख्यधारा का भाग बन गए। काठ के पशु-पक्षी, मिट्टी के आकार, लुगदी के पुतले और कपड़े की गुड़िया उस जनसंस्कृति के साथ लुप्त होने लगीं, जिसमें बच्चों की शिक्षा स्कूल की चारदीवारी में कैद नहीं, प्रकृति और समाज के परिवेश से उसका परिचय समझी जाती थी। धन और रोब को जीवन का उच्चतम लक्ष्य माननेवाली मध्यवर्गीय सभ्यता ने जानकारी की लूट और संचय को शिक्षा का मुख्य उद्देश्य बना दिया। बाल साहित्य के रचयिता हर कहानी और कविता में चरित्र और उन्नति की सस्ती व्याख्या पर आधारित नैतिक नाटक घुसाने लगे। खिलौनों का इस्तेमाल हिंसक वीरता, संपत्तिसुख और मुख-शृंगार की शिक्षा देने के लिए किया जाने लगा। बच्चों की टोकरियों में पिस्तौल, कार, हेलीकॉप्टर, हवाई जहाज, क्रेन और टैंकों का अंबार लग गया।

आज के बालक से आशा की जाती है कि वह अपने संक्षिप्त और अमूल्य बालकाल का एक भी क्षण बिना कुछ सीखे न बिताए। पिस्तौल हो या फायर-ब्रिगेड, बच्चे को दोनों से 'सीखना' है, जिससे अभिभावकों को यह संतोष

मिल सके कि उनके बच्चे खेल-खेल में ही कुछ सीख रहे हैं और कितनी जल्दी सीख रहे हैं। खेल-खिलौनों के माध्यम से स्कूली विषयों की शिक्षा देनेवाली संस्थाएँ भारत के लगभग हर कस्बे में खुल चुकी हैं। ये 'नर्सरी', 'पब्लिक स्कूल', 'किंडरगार्टन' आदि के अनेक नामों से जानी जाती हैं। इन्हें चलानेवालों में धार्मिक संगठनों से लेकर विशुद्ध दुकानदार तक शामिल हैं। ये संस्थाएँ अपनी-अपनी औकात के अनुसार इतालवी शिक्षाविद मारिया मांतेस्सरी के नाम से पुकारी जानेवाली पद्धति का प्रयोग करती हैं, जिसमें खेल-खिलौनों का विशेष इस्तेमाल होता है। मध्यवर्ग के ऊपरी तबकों के बच्चे इनमें जाते हैं तथा छः वर्ष की आयु प्राप्त करने तक गिनती, अक्षरज्ञान आदि के साथ-साथ स्कूली वातावरण में रहने का अभ्यास प्राप्त कर लेते हैं। निम्न वर्ग के बच्चों के लिए कहीं-कहीं सरकारी बालबाड़ियाँ अवश्य हैं, पर इतनी कम संख्या में हैं कि देश के 0-6 आयुवर्ग के मुश्किल से 2.5 प्रतिशत बच्चों की देखरेख हो पाती है। सरकारी बालबाड़ियों में फीस लेकर शिक्षा देनेवाली नर्सरियों के मुकाबले खिलौनों का प्रयोग नगण्य मात्रा में होता है।

खिलौनों का उपयोग स्कूली शिक्षा के उस स्तर पर सर्वाधिक प्रभावकारी सिद्ध होता है जब शिशु-मन अपनी प्राकृतिक अभिरुचियों को अपने आसपास के संसार की शर्तों तथा माँगों के अनुरूप ढाल रहा होता है। इस अत्यंत संवेदनशील दौर में खिलौनों से मिलनेवाला शिक्षण उसके ज्ञान संबधी संस्कार बनाता है। जिन विषयों को सिखाने के लिए खिलौनों का प्रयोग आमतौर पर किया जाता है, उन्हें किसने मान्यता प्रदान की है? क्या इन मान्य विषयों की शिक्षा देना ही शिक्षा का लक्ष्य है? क्या इस शिक्षा से बच्चे की स्वच्छंद प्रतिभा कुछ निश्चित दिशाओं में बहने के लिए विवश नहीं हो जाती? इस तरह के अनेक प्रश्न इधर के कुछ वर्षों में दुनिया के अनेक भागों में उठे हैं। शिक्षा के क्षेत्र में भारतीय चिंतन की रफ्तार मृतप्राय होने के कारण ये प्रश्न यहाँ नहीं उठे हैं, लेकिन इन प्रश्नों के मूल में जिस औपचारीकरण के प्रति चिंता निहित है, वह भारत में अत्यंत विकसित दशा में है। हमारे समाज में कुछ विशिष्ट धंधों की प्रतिष्ठा है जिनमें प्रवेश पाने के लिए कुछ निश्चित विषयों की शिक्षा पाना जरूरी है। सबसे ज्यादा प्रतिष्ठा दिलानेवाला धंधा है प्रशासन या अफसरी और उसमें शामिल होने के लिए सबसे जरूरी विषय अंग्रेजी है। अन्य धंधे हैं इंजीनियरी, डॉक्टरी, व्यापारिक प्रतिष्ठानों का संचालन आदि। इनमें से कुछ का संबंध नर्सरी स्कूलों में उपलब्ध शिक्षा के लिए इस्तेमाल होनेवाले खिलौनों से स्पष्ट देखा जा सकता है। खिलौनों का सबसे अधिक प्रयोग अंग्रेजी का अक्षरज्ञान, भौतिकी और ज्यामिति के आकार और बुनियादी सिद्धांत, गणित तथा सामान्य ज्ञान देने के लिए किया जाता है। भौतिकी और ज्यामिति का ज्ञान देनेवाले खिलौने अपनी स्पष्ट तथा स्थिर सीमाओं में बच्चे की कल्पना व बुद्धि

को बाँधने की चेष्टा करते हैं। जिस ज्ञान के प्रतीक वे स्वयं होते हैं, उसकी मान्यताओं के मुताबिक अपनी सीमाओं में बँधी संभावनाओं की ओर बढ़ने की इजाजत वे बच्चों को देते हैं, उन्हें उन्मुक्त नहीं होने देते।

यह ज्ञानदिशा बीसवीं सदी की विज्ञान संबंधी कुंठा के कारण मान्य हुई है तकनीक, सांख्यिकी और भौतिकी को शिक्षा की बुनियाद मान लिया गया है। ज्ञान का यह सीमांकन इस सदी में विज्ञान के राजनीतिक महत्त्व ने किया है। शक्ति स्रोत के रूप में भौतिकी और रसायन का चरम लाभ सामरिक ही सिद्ध हुआ है, यद्यपि शक्ति केंद्रों ने उन्हें कल्याणकारी ज्ञान के रूप में प्रचारित किया है। विज्ञान के फल लूटने की दौड़ में कभी न कभी सारे मानव समाज को कामयाबी हासिल होगी, इस भ्रम का प्रचार करके ही शक्तिशाली राष्ट्रों ने शिक्षा को विज्ञान की जानकारी और तकनीक का पर्याय बनाया है। कला और समाज संबंधी अभिरुचियाँ शिक्षा मे गौण हो गई हैं। भारत में लगभग दो दशक पूर्व तक अनेक स्कूलों में कला और दस्तकारी के अभ्यास की व्यवस्था थी और लगभग हर स्कूल में खेलकूद के लिए एक घंटी नियमित रूप से रहती थी। मोम, कागज की लुगदी, जादुई मिट्टी, कपड़े और लकड़ी के खिलौने अनेक प्राथमिक और माध्यमिक स्कूलों में बनवाए जाते थे। ये खिलौने अब अतीत की चीज बन चुके हैं।

संदर्भ

1. जायस ग्लोवर; *दि डॉल ऐज हीरोइन*; दि जूनियर बुकशैल्फ, दिसंबर, 1971
2. फिलिप एरीज; *सेंचुरीज ऑफ चाइल्डहुड, 1960;* हारमंडस्वर्थ, पेंग्विन, 1973
3. विलियम वान डेर आइकेन; *दि प्रि-स्कूल ईयर्स*, हारमंडस्वर्थ, पेंग्विन, 1967
4. मैक्स वेबर; *दि प्रोटेस्टेंट इथिक ऐंड दि स्पिरिट ऑफ कैपिटलिज्म 1930*; स्क्रिबनर, न्यूयार्क, 1959

हमारे देश में 1983 में जो लगभग 2.3 करोड़ बच्चे पैदा होंगे, उनमें से करीब 30 लाख पहला साल पूरा करने के पहले चल बसेंगे और 10 लाख अन्य बच्चे अपना शैशव पूरा करने के पहले मर चुकेंगे। बाकी बचे 1.9 करोड़ में से करीब 90 लाख बचपन में गंभीर कुपोषण और बीमारी के कारण कमजोर शारीरिक और मानसिक क्षमताओं के साथ वयस्क जीवन में प्रवेश करेंगे। करीब 70 लाख को कुछ कम गंभीर कुपोषण और उसके परिणाम सहना होंगे। इस तरह 1983 में पैदा हुए 2.3 करोड़ लोगों में से केवल 30 लाख ऐसे रह जाएँगे जो इस देश के स्वस्थ्य नागरिक बन सकेंगे।

—सी. गोपालन

स्कूल और मृत्यु से पहले

भारत में होनेवाली कुल मौतों में से लगभग 47 प्रतिशत मौतें 5 वर्ष से कम आयु के बच्चों की होती हैं । इतने बड़े पैमाने पर बच्चों की मौत विश्व के थोड़े ही और देशों में होती हैं । किसी देश में 0-6 आयुवर्ग के इतने बच्चे नहीं हैं जितने भारत में हैं कुल जनसंख्या के 21 प्रतिशत । अवश्य ही भारत बच्चों का देश है, पर एक मायूस अर्थ में ।

जन्म से लेकर 3 महीने तक एक औसत भारतीय बच्चे की विकास दर एक सामान्य अमरीकी बच्चे के बराबर होती है । इसके बाद अमरीकी बच्चा अपनी विकास दर कायम रखता है, भारतीय बच्चा कुपोषण की चोट खाकर मृत्यु, अंधेपन या अधोस्तरीय जीवन की ओर अग्रसर होता है । आँकड़े कहते हैं कि देश में प्रतिमास लगभग 1 लाख बच्चे कुपोषण से मरते हैं । अंधे बच्चों की संख्या भी लाखों में कूती जाती है । अंदाज है कि देश में कम से कम ढाई लाख बच्चे अंधे हैं, इतने ही बहरे हैं, करीब 5 लाख लूले-लँगड़े-जैसी विकलांगता से ग्रस्त हैं और 20 से 30 लाख बच्चे मानसिक विकासबाधाओं के शिकार हैं ।[1] ये आँकड़े जिस स्थिति का आभास देते हैं, वह काफी भयावह कही जा सकती है, किंतु वास्तविक स्थिति शायद कहीं अधिक भयावह है । कुपोषण से मरनेवाले तथा कुपोषण-जनित रोगों से ग्रस्त बच्चों की संख्या में संचारी तथा अन्य रोगों से पीड़ित बच्चों की संख्या शामिल नहीं की जाती यद्यपि कुपोषण के कारण ही बच्चों में प्रतिरोध शक्ति इतनी कम हो जाती है कि वे इन बीमारियों की चपेट में आ जाते हैं । कुछ सीमित क्षेत्रों में किए गए सर्वेक्षण भी यह दिखाते हैं कि सारे देश के लिए दिए जानेवाले आँकड़े तथा अनुमान बहुत विश्वसनीय नहीं हैं । गरीब प्रांतों और संपन्न प्रांतों के पिछड़े हुए इलाकों के बच्चों के कुपोषण की स्थिति देश के औसत से कहीं ज्यादा खराब है ।[2]

कुपोषण मात्र एक दुर्घटना नहीं है जो कुछ को छोड़कर शेष को मृत्यु के हवाले कर देती है । वह एक राजनीतिक प्रक्रिया है जो समाज के बहुसंख्यक बच्चों के लिए दो विकल्प सामने रखती है : मृत्यु; या रोगी और निश्चेष्ट जीवन । बचपन के संदर्भ में कुपोषण एक ऐसी महाशक्ति की तरह काम करता है जो समाज का

भविष्य पूर्वनिर्धारित कर देती है, उसकी संभावनाओं और गतिशीलता को तोड़कर यथास्थिति को रूढ़ बनाती है। कुपोषित बच्चे अक्षम वयस्क बनते हैं और अपनी संतान को वह अक्षमता विरासत में देते हैं जो उन्हें एक लापरवाह समाज से मिली थी। कुपोषण का प्रभाव शरीर और मस्तिष्क दोनों पर पड़ता है। शारीरिक रूप से दुर्बल बच्चा अपने परिवेश के प्रति सक्रिय नहीं हो पाता और इसलिए उसकी मानसिक क्षमताएँ अविकसित पड़ी रहती हैं। जिस समाज में बच्चों के पोषण की कोई भरोसेमंद व्यवस्था नहीं होती, उस समाज में बच्चे का अस्तित्व और स्थान कभी सम्मानपूर्ण नहीं हो पाता। ऐसे समाज के वयस्क सदस्य बच्चों को अपनी सुविधा के उपकरण समझते हैं और बचपन सदैव दैवी असुरक्षा तथा अनिश्चितता से घिरा रहता है। माता-पिता तब तक बच्चे उत्पन्न करते चले जाते हैं जब तक उनमें से कुछ बच्चे मृत्यु के आतंक की सीमा पार नहीं कर लेते। उनके लिए बच्चे को जन्म देना, सृजन नहीं, उत्पादन होता है। ऐसी स्थिति में बच्चों का व्यक्तित्व उनके नाम में सिमट आता है, उनकी क्षमताएँ अविकसित बनी रहती हैं। उनका बचपन सामाजिक जीवन में शरीक हुए बगैर खत्म हो जाता है। वे असमय मृत्यु के शिकार हो जाते हैं या असमर्थ वयस्क बन जाते हैं।

कुपोषण और उस पर आधारित रोगों के लिए आदर्श परिस्थितियाँ, जो भारत समेत उष्ण तथा शीतोष्ण कटिबंध के अनेक देशों में पाई जाती हैं, मुख्यतः गरीबी से संबंधित हैं। भारत एवं तीसरी दुनिया के अन्य अनेक देशों में गरीबी एक आर्थिक परिस्थिति के अलावा राजनीतिक एवं सांस्कृतिक परिस्थिति भी है। अनाज, दालों तथा अन्य खाद्य पदार्थों की कमी गरीबी पर आधारित कुपोषण का सिर्फ एक पहलू है। दो अन्य महत्त्वपूर्ण पहलू हैं उपलब्ध खाद्य-पदार्थों के समान वितरण का अभाव तथा समाज के उच्च वर्गों द्वारा सर्वोत्तम किस्म के खाद्य पदार्थों का मूल्य नियंत्रण। भारत में सब्जी, फल, शहद, मेवा, दूध जैसे अनेक खाद्य पदार्थों का मूल्य उच्च वर्गों की खरीद क्षमता ने निर्धारित किया है। गरीब लोग इन पदार्थों का उत्पादन करते हैं, पर इनका उपयोग नहीं कर पाते क्योंकि उन्हें जीवन की विविध आवश्यकताएँ पूरी करने के लिए धन के वास्ते अपने इन्हीं उत्पादनों पर निर्भर रहना पड़ता है। उनकी इस विडंबना को प्रभावशाली बनाने में राजनीतिक अंधापन अपनी मदद देता है। मूँगफली की खली और व फल विदेशी मुद्रा प्राप्त करने के लिए निर्यात किए जाते हैं और अनाज का उत्पादन बढ़ाने की हविश में दालों-जैसे महत्त्वपूर्ण प्रोटीन-स्रोत की आपूर्ति घटने दी जाती है।

कुपोषण को बढ़ावा देनेवाली सांस्कृतिक परिस्थितियों में महत्त्वपूर्ण और व्यापक है भोजन तथा पोषण संबंधी अज्ञान तथा अंधविश्वास हैं। चावल का माँड़ फेंकना, सब्जियों को अधिक पकाना, आटे का चोकर निकालना, चिकनाई का बेपरवाह प्रयोग आदि अनेक आदतें भारतीय समाज में विस्तृत पैमाने पर पाई जाती

हैं, जिनके कारण लोग अपने सीमित साधनों का भारी अपव्यय करते हैं। विशेष तौर से मध्यवर्ग, जो आर्थिक दृष्टिकोण से भारतीय समाज का संपन्न वर्ग है, भोजन संबंधी कुंठाओं तथा भ्रांत धारणाओं से बुरी तरह ग्रस्त है। इस वर्ग की भोजन संबधी अनेक कुंठाएँ उसकी परपोषी मानसिकता से संबंधित हैं। उच्च वर्ग के जीवन तथा उस पर आधारित व्यावसायिक विज्ञापनों के प्रभाववश स्तनपान में आई गिरावट तथा कृत्रिम बाल आहारों के उपयोग में हुई बढ़ोतरी के दुष्प्रभावों की ओर पुस्तक के पहले अध्याय में इशारा किया गया है। ये दुष्प्रभाव मध्यवर्ग में सबसे अधिक देखने में आए हैं। मध्यवर्गीय परिवारों में बड़े पैमाने पर कृत्रिम खाद्य पदार्थों का सेवन सिर्फ इसलिए किया जाता है क्योंकि वे सामाजिक प्रतिष्ठा के प्रतीक होते हैं। इन पदार्थों में कार्बनीकृत शीतल पेय, विटामिन की गोलियाँ, टॉनिक, बिस्कुट, दूध के पोषक तत्त्व बढ़ाने का दावा करनेवाले पदार्थ, चाकलेट, कार्न फ्लेक्स आदि शामिल हैं। अंडा, मांस और मछली का प्रयोग अनेक परिवारों में प्रतिष्ठा के रूप में होता है, खाद्यों के रूप में नहीं, क्योंकि इनका नियमित उपयोग करने की क्षमता मध्यवर्ग के ज्यादातर परिवारों में नहीं होती। इन पदार्थों की अपर्याप्त मात्रा पर वे जितना धन खर्च करते हैं, उतने धन से वे पोषक शाकाहार खा सकते हैं; लेकिन विशुद्ध शाकाहारी होना उनकी सामाजिक प्रतिष्ठा का पोषण नहीं करता।

व्यापक साधनहीनता और अज्ञान ने गंदगी और प्रदूषण-जैसी वातावरण संबंधी परिस्थितियाँ भी उत्पन्न की हैं, जिनसे कुपोषण को बल मिलता है। गाँवों और कस्बों में सफाई की व्यवस्था तथा स्वास्थ्य विषयक ज्ञान के अभाव से एक प्रकार की गंदगी पैदा होती है तो शहरों में मशीनी उद्योगों से एक दूसरे किस्म की अधिक खतरनाक गंदगी फैलती है। पहले किस्म की गंदगी जीवाणुओं और परपोषी जीवों से फैलनेवाले रोग उत्पन्न करती है तथा दूसरी गंदगी में खाद्य पदार्थों के नैसर्गिक गुणों में विकार तथा वातावरण में जहरीले रसायनों के विकिरण पर आधारित रोग फैलाने की क्षमता होती है। अंततः दोनों कुपोषण के लिए जमीन बनाती हैं। वे बच्चों और वयस्कों के स्वास्थ्य को रोगों की मदद से खोखला कर देती हैं, जिसके परिणामस्वरूप पोषक पदार्थों की उपलब्ध मात्रा, जो पहले ही न्यून होती है, कोई असर नहीं दिखा पाती।

भारत में पोषण कार्यक्रमों की सबसे बड़ी विडंबना यह है कि उनका लक्ष्य शिशुओं की जीवन क्षमता बढ़ाने के स्थान पर उन्हें मृत्यु से बचाना होता है। हमारे कार्यक्रम पोषण के प्रसार से अधिक कुपोषण की रोकथाम के कार्यक्रम होते हैं। यही कारण है कि बच्चों की मृत्यु दर पर इन कार्यक्रमों का कोई खास प्रभाव नहीं पड़ा है। पिछले दशक में यानी 1970 से 1980 के दौरान बाल मृत्यु दर को कम करने के लिए किए गए तमाम प्रयासों के बावजूद बहुत मामूली कमी आई।

दशक के शुरू में मृत्यु दर 132 प्रति हजार थी और अंत में 117 प्रति हजार। उत्तरप्रदेश, उड़ीसा और मध्यप्रदेश में बाल-मृत्यु दर इससे कहीं ज्यादा बनी रही। कुल राष्ट्रीय औसत में सामान्य-सी कमी कोई उपलब्धि नहीं कही जा सकती; क्योंकि इस कमी के समानांतर कुपोषित जीवनयापकों की संख्या बढ़ती रही है। मृत्यु का ग्रास बनने से किसी तरह बच जानेवाले बच्चों को इतना पोषक आहार नहीं मिल पाता कि वे पूर्णतः स्वस्थ होकर जी सकें। सरकार के स्वास्थ्य सुधार संबंधी कार्यक्रम शिशुओं की जीवन क्षमता को ज्यादा प्रभावित नहीं कर पाते। इसके दो कारण हैं। एक यह है कि ये कार्यक्रम उपचारमूलक हैं, निरोधक नहीं। अनेक प्राथमिक स्वास्थ्य केंद्रों में पहुँचनेवाली औषधियाँ अवितरित पड़ी रहती हैं और क्षयतिथि निकल जाने पर फेंक दी जाती हैं। स्वास्थ्य मंत्रालय के पास वितरित की गई औषधियों का हिसाब भर होता है; शिशुओं तक क्या पहुँचा, इसका हिसाब नहीं होता। बहुत सांद्र रूप में विटामिन 'ए', जिसे शिशुओं को छः महीने में कुल 1 चम्मच की मात्रा में देकर अंधेपन से बचाया जा सकता है, अन्य चीजों की तरह स्वास्थ्य केंद्रों में पड़ा-पड़ा क्षयतिथि की प्रतिक्षा करता रहता है। एक बार जब शिशु विटामिन 'ए' के अभाव से ग्रस्त हो जाता है, तो उसका उपचार एक लंबा सिलसिला बन जाता है जिसमें सफलता मुश्किल से हासिल होती है। शिशु के जीवन की नियति वास्तव में गर्भ में ही निश्चित होने लगती है। हमारे सुधारवादी कार्यक्रम शिशु के पास तब पहुँचते हैं जब वह दुर्बल जीवन की भाग्यरेखा स्वीकार कर चुका होता है। इस समय हम उसे बचा भी लें तो भी मृत्यु का स्पर्श जीवन भर के लिए अंकित हो चुकता है।

पोषण कार्यक्रमों का शिशुओं की जीवन-क्षमता पर व्यापक प्रभाव न पड़ने का दूसरा कारण यह है कि इन कार्यक्रमों के विषय बहुत सीमित हैं। कुपोषण दूर करने के लिए निश्चित की गई राशि का बड़ा भाग औषधियों पर खर्च हो जाता है। माताओं को पोषण संबंधी शिक्षा तथा शिशुओं को पोषक आहार उपलब्ध कराने के लिए बहुत कम राशि खर्च होती है। गर्भवती माताओं के लिए स्वास्थ्य तथा भोजन संबंधी शिक्षा का व्यापक प्रबंध देश के किसी भाग में नहीं है। शिशु के जन्म से संबंधित जानकारी पुरुषों को देने की व्यवस्था तो बिल्कुल ही नहीं है। कुछेक माताओं को थोड़ी-बहुत सलाह प्राथमिक स्वास्थ्य केंद्रों और समुदाय केंद्रों से मिल जाती है। कस्बों और गाँवों में मातृत्व ईश्वर के आसरे संपन्न होनेवाला अनुष्ठान है। मातृत्व के कष्ट और खतरे स्वास्थ्य और संपन्नता में गिरावट के साथ बढ़ रहे हैं। मातृत्व के संबंध में ग्रामीण समाज का पारंपरिक ज्ञान अप्रयुक्त रहने तथा हतोत्साह किए जाने के कारण लुप्त होता जा रहा है। वह जिन खाद्य पदार्थों के प्रयोग पर आधारित था, वे दुर्लभ होते जा रहे हैं। दूध को बेचने या घी बनाने के लिए पहले के मुकाबले कहीं अधिक मात्रा में प्रयोग किया जाने लगा है। दालें

महँगी हो गई हैं तथा इनकी प्रति व्यक्ति आपूर्ति कम हो गई है। फल, शहद आदि साधारण हैसियतवाले लोगों की पहुँच से बहुत दूर जा पड़े हैं।

अपनी बुजुर्ग संस्कृति और चार दशकों की आजादी के बावजूद एक समाज के रूप में हम अभी इतने विवेकी और समर्थ नहीं बन सके हैं कि अपने करोड़ों नवजातों को गरीबी, कुपोषण और दुर्भाग्य के पंजों से निकालकर सामाजिक संरक्षण में लेने की व्यवस्था करें। सरकारी तथा गैरसरकारी संगठनों के लाखों कर्मचारियों के लिए हमारे पास अनेक सुरक्षा योजनाएँ हैं, संपन्न लोगों के लिए सुविधा के अनगिनत स्रोत हैं, किंतु जीवन के आरंभिक छः वर्षों के लिए किसी प्रकार की निश्चित राष्ट्रीय योजना नहीं है। बच्चों के शोषण के विरुद्ध संविधान के आश्वासन के बावजूद आज भी कई लाख बच्चे महानगरों में अत्यंत विषम परिस्थितियों में नौकरी करके जीते हैं। 0-5 आयु वर्ग के बच्चों की देखरेख हमारे शिक्षातंत्र का सबसे अँधेरा कोना है। एक विकासशील देश के लिए यह पहले दरजे के महत्त्व का विषय होना चाहिए था। भारत में पूर्व-प्राथमिक शिक्षा का कोई स्वरूप तथा ढाँचा अब तक नहीं उभर सका है। देश में 3 से 6 वर्ष के लगभग 6 करोड़ बच्चे हैं। इस संख्या को देखते हुए पूर्व-प्राथमिक शिक्षा का इंतजाम नगण्य-सा लगता है। इस इंतजाम में कोई 44 हजार बालबाड़ियाँ, केंद्र शासन के लगभग 10 हजार पूर्व-प्राथमिक विद्यालय और कोई 1200 शहरी नर्सरी स्कूल शामिल हैं। इनके अलावा एक विशेष योजना (एकीकृत बाल विकास सेवा) के अंतर्गत 60 हजार के आसपास आँगनबाड़ियाँ चल रही हैं। ये संख्याएँ बहुत नहीं हैं पर इनके पीछे का यथार्थ और भी निराशाजनक है। छोटे बच्चों के बीच काम करनेवालों की सेवा शर्तें और तनख्वाहें इतनी खराब हैं कि कोई बिरला ही इस क्षेत्र की ओर अपनी इच्छा या खुशी से आएगा।

पूर्व-प्राथमिक शिक्षा का ढाँचा बहुत कमजोर है और स्वरूप बेहद अस्पष्ट। बालबाड़ी के संचालन में शिक्षा, समाज कल्याण तथा स्वास्थ्य मंत्रालयों की योजनाएँ एक साथ काम करती हैं। स्वाभाविक है कि तालमेल बहुत कम रह पाता हो। संपर्क समितियाँ बनती हैं, उनमें संपर्क कराने के लिए एक और समिति की कमी बनी रहती है। बालबाड़ियों में कैसा सामान हो, बच्चों की दिनचर्या क्या हो, उन्हें कैसा भोजन दिया जाए, ये बुनियादी सवाल अभी शायद केवल राष्ट्रीय शैक्षिक अनुसंधान एवं प्रशिक्षण परिषद की पुस्तिका में हल हो सके हैं।

खेल के सामान का ज्यादातर सरकारी बालबाड़ियों में अभाव है। जो सामान है, उसे टूट-फूट से बचाने के लिए बहुत कम इस्तेमाल किया जाता है। बालबाड़ी में बच्चे 'खाली' न रहें, इस चिंता से ग्रस्त अध्यापक बच्चों को पढ़ाना आरंभ कर देते हैं। तीन-चार वर्ष के बच्चों को अक्षर व गिनती सिखा दी जाती है। चित्र, कागज की आकृतियाँ तथा खिलौने बनाने पर जहाँ कहीं थोड़ा-बहुत ध्यान दिया

जाता है वह प्रायः बच्चों को कल्पना के मुक्त प्रयोग से बचाने और अनुशासित ढग से निश्चित, पूर्वनिर्धारित आकृतियाँ बनाने के लिए प्रोत्साहित करने में व्यर्थ चला जाता है। बच्चे अध्यापक द्वारा सुझाई गई आकृतियों की नकल करने में अपना भला देखने लगते हैं। धीरे-धीरे उनकी क्षमता इतनी रूढ़ हो जाती है कि वे कल्पनाशील आकृतियाँ बना सकने में पूरी तरह असमर्थ हो जाते हैं। चित्र बनाने का अनुरोध किए जाने पर वे पूछने लगते हैं : "कमल बनाएँ कि केला या पतंग ?' एक बालबाड़ी में यह पूछे जाने पर मैंने कहा कि वे जो चाहें बना सकते हैं। कुछ ही देर में कमल के फूलों, केलों और पतंगों का अंबार लग गया। सभी आकृतियाँ इतनी रूढ़ और आपस में मिलती-जुलती थीं कि आश्चर्य होता था। कुछ बच्चों ने पतंग की पूर्वनिर्धारित आकृति प्राप्त करने के लिए रबड़ का भीषण प्रयोग करके कागज फाड़ डाला था। बाद में मैंने उनके सामने कुछ नए विषय रखे बस, पा की दुकान, सब्जीमंडी, ताँगा, चौराहा वगैरह—तो उन्होंने इन्हें बना सकने मं अपनी असमर्थता साफ व्यक्त कर दी। यह विश्वास करना कठिन था कि बच्चों कं अपनी असमर्थता का पूर्णाभास इतनी जल्दी कराया जा सकता है।

छोटे बच्चों के पोषण और उनकी देखरेख की व्यवस्था का अभाव उस गहरी उदासीनता का एक प्रकट रूप है, जो हमारे समाज में बचपन को लेकर व्याप्त है। ऐसे समाज में, जहाँ होनेवाली कुल मौतों में से लगभग आधी मौतें पाँच वर्ष से छोटे बच्चों की होती हों, बचपन के प्रति उदासीनता छाई होना कोई आश्चर्य की बात नहीं है। ऐसा समाज एक दुष्चक्र में जीता है। वहाँ बच्चों की परवाह तब तक नहीं की जाती जब तक वे बड़े न हो जाएँ; और बहुत से बच्चे इसलिए कभी बड़े नहीं हो पाते, क्योंकि शैशव में उनकी परवाह नहीं की गई। ऐसे समाज की बहुत-सी संभावना और ऊर्जा कभी अभिव्यक्त नहीं हो पाती, क्योंकि वह छोटे बच्चों के साथ कुपोषण और मृत्यु झेलती रहती है।

संदर्भ

1. ये संख्याएँ यूनिसेफ द्वारा प्रकाशित *भारत में बच्चों की स्थिति का विश्लेषण* शीर्षक पुस्तिका (1984) से ली गई हैं।
2. विस्तृत विवरण के लिए लीला बिसारिया के तीन लेख *इकनॉमिक एंड पॉलिटिकल वीकली* के 10, 17 और 24 अगस्त, 1985 के अंकों में देखिए।

परिशिष्ट

शिक्षा में हस्तक्षेप

यदि आप शिक्षा के संबंध में चिंतित हैं और शिक्षा के उद्देश्यों को लेकर समाज में बहस चलाना चाहते हैं तो आपको यह मानकर चलना चाहिए कि आपकी यह कोशिश राजनीति से अलग नहीं रह सकती। आप जो भी कहेंगे या करेंगे, उससे राजनीति का एक पक्ष मजबूत होगा, कोई अन्य पक्ष कमजोर होगा, क्योंकि जो उमस, बेचैनी और दिशाभ्रम हम चारों तरफ देख रहे हैं, वही शिक्षा में व्याप्त है। आज की जरूरत यह है कि हम शिक्षा का राजनैतिक संदर्भ पहचानें और राजनीति की पुनर्रचना में शिक्षा की भूमिका तय करें। इस प्रक्रिया की शुरुआत शिक्षा की व्यापक विफलता स्वीकार करके और विफलता के दायरे पहचानकर ही हो सकती है।

राजनीति और सामाजिक व्यवस्था दो ऐसे दायरे हैं। देश में लोकतंत्र की जड़ों को मजबूत बनाने में शिक्षा ने मदद नहीं दी। न ही उसने सामाजिक व्यवस्था की जमीन से सामंती और औपनिवेशिक तत्त्वों को निकालने में मदद की। और गहरे जाएँ तो हम कह सकते हैं कि हमारी शिक्षा-व्यवस्था ने तर्क और विवेक की भाषा को लोकप्रिय बनाने की कोशिश नहीं की। सत्य को ढूँढ़ने और उसे ढूँढ़कर दूसरों को दिखाने के लिए भाषा की शिक्षा न हमारी पाठशालाओं में दी जा रही है, न हमारे विश्वविद्यालयों में। इन संस्थानों में दी जा रही शिक्षा सत्य से, जीवन से, अपने समाज के यथार्थ से, अपने परिवेश और पर्यावरण से जी चुराना सिखाती है, इनसे जुड़ना और जूझना नहीं सिखाती नारी-पुरुष संबंधों में आज हम जैसी संवेदनशून्यता देखते हैं, महँगी और विकसित मशीनों के इस्तेमाल में जैसी फिजूलखर्ची और विवेकहीनता देखते हैं, अपनी जमीन, आबोहवा और पेड़-पौधों के प्रति जैसी नृशंसता देखते हैं, उसकी जड़ में शिक्षा की विफलता ही है।

लोकतंत्र की दो खास बातें हैं अधिकारों और जिम्मेदारियों की समानता और पूरे समाज के हित का प्रबंध। इन दोनों बातों का रिश्ता उन लिखित या अदृश्य

नियमों से है, जो यह तय करते हैं कि कौन-से बच्चे स्कूल में प्रवेश ले पाएँगे कौन-से बच्चे बाहर रखे जाएँगे और जिन्हें प्रवेश मिला है, वे कितने-कितने वर्ष स्कूल में रह पाएँगे, इस दौरान क्या पढ़ेंगे और उनसे किस-किस तरह का बर्ताव किया जाएगा। शिक्षा के नैतिक और राजनैतिक उद्देश्य सिर्फ इसी बात पर निर्भर नहीं हैं कि बच्चों को क्या पढ़ाया जा रहा है. बल्कि इस बात पर ज्यादा निर्भर हैं कि उन्हें किन नियमों के अंतर्गत स्कूल में रखा जाता है। यानी वे जीने के कौन-से नियम सीखते हैं। सब बच्चों के लिए समानतः खुली प्रवेश नीतिवाले स्कूल में एक तरह की नैतिकता जन्म लेती है, प्रतियोगी प्रवेश-नीति और फीस लेनेवाले स्कूल में एक दूसरी तरह की नैतिकता पनपती है ! पहली किस्म का स्कूल, जिसे मैं 'खुला' स्कूल कहूँगा, हरेक बच्चे को कई तरह की सामाजिक, आर्थिक व सांस्कृतिक पृष्ठभूमियों से आनेवाले बच्चों से संबंध बनाने का मौका देखता है। ये अवसर ही 'खुले' स्कूल की नैतिक और लोकतंत्री राजनीति की शिक्षा के पाठ्यक्रम हैं। अपने समाज के भौतिक यथार्थ और राजनैतिक ताकत के बँटवारे को तार्किक ढंग से समझने की जिज्ञासा और संभावना इन अवसरों के बीच जन्म ले सकती है।

दूसरी तरफ फीस देने की क्षमता या तथाकथित योग्यता के आधार पर बच्चों को चुननेवाला स्कूल, जिसे मैं 'बंद' स्कूल कहूँगा, एकदम अलग नैतिक दृष्टिकोण पर आधारित है। इस शिक्षा का उद्देश्य ऐसे नागरिक बनाना है, जिन्हें एक अनैतिक परिवेश में जीने का अभ्यास हो। प्रतियोगी प्रवेश नीति का पाखंड रचनेवाला प्राइवेट स्कूल ऐसे माता-पिताओं को आकर्षित करता है, जो अपने बच्चे को समाज के गरीब तबकों से दूर एक नैतिक द्वीप में रखना चाहते हैं। इस द्वीप में बच्चों को सहनशीलता, दया और धैर्य की शिक्षा दी जाती है। प्राइवेट स्कूल की प्रवेश नीति से उपजे वातावरण में ये मानवीय गुण भारतीय समाज के वर्ग-संबंधों और उनसे जुड़े उत्पीड़न की दुर्गंध से मुक्त नहीं रह पाते। स्कूल की घेरेबंदी में साफ-सुथरे रखे गए बच्चे गरीबी, अन्याय और क्रूरता के प्रति सहनशीलता और धैर्य का रवैया सीखते हैं, समाज के संरचनात्मक रिश्तों से आँख मूँदना सीखते हैं, और निजी शुद्धता की जेल में संतुष्ट रहना सीखते हैं।

देश की आजादी के लिए लड़नेवाले कई नेताओं ने लोकतांत्रिक समाज की रचना में शिक्षा की उपयोगिता को पहचाना था। गोपाल कृष्ण गोखले, लाला लाजपत राय, ऐनी बेसेंट, और महात्मा गाँधी चार ऐसे नेता थे, जिन्होंने अपने राजनैतिक प्रयासों में शिक्षा को तरजीह दी। राज्य द्वारा सार्वजनिक प्राथमिक शिक्षा को अनिवार्य बनाए जाने की माँग गोखले ने आठ दशक पहले उठाई थी। बुनियादी शिक्षा महात्मा गाँधी की राजनीति का अंग थी और यह बात गाँधी के अनुयाइयों से ज्यादा अच्छी तरह गाँधी के दुश्मनों ने समझी। आजादी के बाद श्रीमाली, मुदालियर, कोठारी और जे पी नाइक ने शिक्षा को सामाजिक और

राजनैतिक कार्यक्रम का हिस्सा मानने की परपरा बनाए रखी। इसके बावजूद शिक्षा लोकतांत्रिक दृष्टि और मूल्यों के मुताबिक नहीं चली। प्राथमिक शिक्षा में देश के सारे बच्चों को शामिल करने, पाठ्यक्रम में समता की दृष्टि लाने और परीक्षा की न्याय सम्मत प्रणाली गढ़ने में केंद्र और राज्यों के शिक्षा विभाग असफल रहे। इन दु:खद विफलताओं का कारण क्या था ?

इस प्रश्न का उत्तर मुझे जे. पी. नाइक से उनके अंतिम दिनों में सुनने का मौका मिला था। लंबे समय तक सरकारी ढाँचे के भीतर सतत प्रयत्नशील रहनेवाले जे. पी. नाइक अपने अंतिम महीनों में उदास रहते और अक्सर इस प्रश्न पर टिप्पणी करते थे कि शिक्षा में सुधार लाने के उनके प्रयासों को राजनैतिक मदद क्यों नहीं मिली। उनका कहना था कि शिक्षा की भावी योजना बनाने के लिए इनसान की कोई आदर्श छवि लेकर चलना काफी नहीं है। हमारे मन में एक सामाजिक व्यवस्था होनी चाहिए—एक ऐसी व्यवस्था जिसमें हम आज दिखाई देनेवाले अन्याय और उत्पीड़न को दूर कर सकें। ''....मैं यह नहीं मानता कि निर्णय राजनीतिज्ञों की इच्छा पर निर्भर होते हैं। मेरी राय में प्रश्न यह है कि सत्ता में बैठे लोग किनके हितों की सेवा कर रहे हैं। भविष्य की शिक्षा की योजना तीन बातों को ध्यान में रखकर बनाई जानी चाहिए : पहली, मनुष्य की छवि (यानी हम कैसा आदमी बनाना चाहते हैं); दूसरी, जीवन की शैली; और तीसरी यह कि हम कैसी समाज-व्यवस्था को ठीक मानते हैं। समाज-व्यवस्था और शिक्षा को बदलने के लिए जैसा दबाव चाहिए, वह केवल जन-जागरण और जन-आंदोलन से पैदा किया जा सकता है।''

जे. पी. नाइक के इन प्रश्नों में हम शिक्षा के उद्देश्य तय करने के लिए एक आधार पा सकते हैं। आज हमें शिक्षा संबंधी चिंतन की दो परंपराओं में से एक का चुनाव करना है। यह चुनाव स्वतंत्रता के समय कर लिया जाना चाहिए था, किंतु नहीं किया गया, और आज भी व्यापक जन-जागरण के बगैर नहीं किया जा सकता। एक परंपरा है शिक्षा को एक पवित्र और कठिन साधना मानने की, जिसके योग्य केवल कुछेक बच्चे माने जाते हैं। यह परंपरा योग्य छात्रों का चुनाव और चुने हुए छात्रों को विकास के पूरे अवसर प्रदान करने पर जोर देती है। इस परंपरा के अनुसार शिक्षण की प्रक्रिया में गुरु सर्वोपरि होता है और ज्ञान का स्वरूप देश-काल की सीमाओं के परे माना जाता है। इसीलिए इस परंपरा के समर्थक कहते हैं कि शिक्षा के उद्देश्य प्राचीन ग्रंथों के आधार पर तय किए जाने चाहिए।

दूसरी परंपरा शिक्षा के उद्देश्यों को ऐतिहासिक परिस्थितियों के अनुसार तय करने व बदलते रहने पर जोर देती है। इस दृष्टि से जो शिक्षा पद्धति सामंती या औपनिवेशिक काल के लिए ठीक थी, वह लोकतांत्रिक-व्यवस्था के लिए ठीक नहीं हो सकती। लोकतंत्र में शिक्षा कुछेक छात्रों की पवित्र साधना नहीं रह जाती,

समाज के हरेक बच्चे का अधिकार और हरेक अभिभावक की जिम्मेदारी बन जाती है। समाज की भौतिक और नैतिक जरूरतों का शिक्षा में प्रतिबिंबित होना जरूरी है, इसलिए लोकतंत्री व्यवस्था में शिक्षा के उद्देश्य निर्धारित करने के लिए सामाजिक यथार्थ का निर्मोह विश्लेषण करना जरूरी है। सामंती समाज-व्यवस्था में जन्मी पहली परंपरा को छोड़कर यदि हम शैक्षिक चिंतन की दूसरी परंपरा को आगे बढ़ाना चाहते हैं तो हमें शिक्षा का पाठ्यक्रम बचपन और समाज की तार्किक समझ के आधार पर रचना होगा।

दूसरी परंपरा के अनुसार शिक्षा की योजना बनाने के लिए आज के भारतीय समाज पर निगाह डालें तो दो चीजें सामने आती हैं। एक यह कि संविधान के आदर्शों की अवहेलना बढ़ती जा रही है। विषमता, सामाजिक अन्याय और शोषण के खिलाफ संघर्ष करना विशेष संस्थाओं व समूहों का काम रह गया है, सामान्य शिक्षित नागरिक इन समस्याओं के प्रति उदासीन रहकर गर्दन नीची करके चलना ठीक समझता है।

संसद, विधानसभा और अन्य मंचों पर जो लोग गरीबों की बुनियादी जरूरतों पर ध्यान देने की अपील करते हैं, उन्हें शेखचिल्ली समझा जाता है। आर्थिक विकास, टैक्नालॉजी और विदेशों से व्यापार के क्षेत्र में अपनाई जा रही नीतियाँ दिखाती हैं कि देश का प्रभुवर्ग गरीबी की समस्या की विशालता से झल्लाया हुआ है। जो लोग सत्ता में हैं या सत्ता के करीब हैं, उन्हें लगता है कि गरीब जनता और उसकी जरूरतें विकास के रास्ते में बाधा खड़ी कर रही हैं। वे मानते हैं कि यदि इन जरूरतों पर सरकार का ध्यान केंद्रित हो गया तो देश इक्कीसवीं सदी में प्रवेश नहीं कर सकेगा। उनके अनुसार इक्कीसवीं सदी की तैयारी के लिए देश को रंगीन दूरदर्शन, कंप्यूटर, वीडियो और अणुशक्ति चाहिए, न कि हर गाँव में पेयजल, हर स्कूल में ब्लैकबोर्ड और हर बच्चे के लिए दूध।

ऐसे समय में यह कोई नहीं सुनना चाहता कि शिक्षा का सामाजिक न्याय से कोई रिश्ता है। यह कोई नहीं पूछता कि सरकारी खर्च पर उच्च शिक्षा को सस्ता रखने की क्या जरूरत है जबकि उच्च शिक्षा की संस्थाओं में गरीब घरों के छात्रों की संख्या नगण्य है। जिनके पास शिक्षा को खरीदने की औकात है, उनके लिए अधिकाधिक शिक्षा सस्ते दामों पर उपलब्ध है। जिनके पास शिक्षा को खरीदने की क्षमता नहीं है, उन्हें सब्र करना सिखाने के लिए अनौपचारिक शिक्षा दी जा रही है। प्राथमिक शिक्षा अभी तक सारे बच्चों को क्यों नहीं मिल पा रही, इस सवाल का उत्तर टाला जा रहा है।

पुनरुत्थानवादी विचारधाराओं की लोकप्रियता आज की परिस्थिति का दूसरा दुर्भाग्यपूर्ण पहलू है। कहीं नैतिक ह्रास के नाम पर तो कहीं सांप्रदायिक स्पर्धा की आड़ लेकर पुनरुत्थानवादी संगठन रूढ़िवादी प्रचार करने में लगे हैं। इस प्रचार के

केंद्र में 'पवित्रता' की अवधारणा है जो पवित्र जल, पवित्र पुस्तक और पवित्र पोशाक-जैसे प्रतीकों के माध्यम से अभिव्यक्त की जाती है। स्कूली शिक्षा के पाठ्यक्रम और पाठ्यपुस्तकों में उपदेशमूलक नैतिक शिक्षा घुसेड़ने का कार्यक्रम 'पवित्रता' की साधना का एक हिस्सा है। इस कार्यक्रम में जी-जान से लगे लोग (जिनमें कई उच्च शासकीय अधिकारी शामिल हैं) माँग कर रहे हैं कि शिक्षा को भारत के सुदूर अतीत के दृष्टिकोण की ओर मोड़ा जाना चाहिए।

शिक्षा की सड़न इतनी गंभीर हालत में पहुँच चुकी है कि उसका इलाज करने का जिम्मा अब केवल शिक्षाविदों और शिक्षा संस्थाओं पर नहीं छोड़ा जा सकता। यह हालत सिर्फ शिक्षा-संस्थाओं और चिंतन के कुंठित होने से पैदा नहीं हुई है। हमारे समाज में शिक्षा का पतन राजनैतिक और सांस्कृतिक पतन के साथ हुआ है। इसलिए शिक्षा की पुनर्रचना भी राजनीति की पुनर्रचना के एक हिस्से के रूप में ही की जा सकती है, अलग से नहीं। इसके लिए जरूरी है कि राजनैतिक और सामाजिक कामों में लगे लोग व संगठन शिक्षा में सक्रिय दिलचस्पी लें।

जो संगठन आदिवासियों, हरिजनों, भूमिहीन मजदूरों, औरतों और बच्चों के लिए काम कर रहे हैं, उन्हें अपने उद्देश्यों के अनुरूप शैक्षिक कार्यक्रम तथा पाठ्यक्रम बनाने चाहिए और इन कार्यक्रमों को चलाने के लिए सरकारी शिक्षा-संस्थाओं का उपयोग करना चाहिए। जो समूह पर्यावरण के विनाश के खिलाफ संघर्षरत हैं, उन्हें स्कूली पाठ्यक्रम में अपने दृष्टिकोण के प्रवेश के लिए भी संघर्ष करना चाहिए। देश के किसी कानून में नहीं लिखा है कि पाठ्यक्रम पर नौकरशाही का अंकुश हो। यह केवल एक औपनिवेशिक परिपाटी है जो जनसंगठनों और सामान्य अभिभावकों की उदासीनता के कारण ही चल रही है। सरकार जब रेलें चलाने, सड़कों को साफ रखने और कानून व शांति बनाए रखने के लिए जनता की मदद चाहती है तो पाठ्यक्रम बनाने और स्कूल चलाने में भी उसे मदद क्यों न दी जाए?

जरूरत इस बात की है कि बतौर नागरिक हम अपने बच्चों के शैक्षिक जीवन में दिलचस्पी लें। हममें से बहुत-से लोग भूल गए हैं कि शिक्षा कोई जादू नहीं है। कोई कितनी ही अच्छी शिक्षा पा ले, उसका व्यवहार अंततः समाज की परिस्थितियों पर निर्भर रहेगा। कोई कितना ही चरित्रवान हो, ऐसी परिस्थिति में वह चरित्रवान बना नहीं रह सकता जब उसके चारों ओर अन्याय, विषमता, क्रूरता और उत्पीड़न हो। कमल तालाब में खिलते हैं, मनुष्यों के समाज में नहीं। शिक्षित व्यक्ति को कमल की तरह कीचड़ में खिलनेवाला मानने की परंपरा ने हमें शिक्षा के राजनैतिक चरित्र और महत्त्व के प्रति अंधा बना रखा है। एक शिक्षित भारतीय मनुष्य की कल्पना करने के लिए अब हमें कोई अन्य रूपक चुनना होगा।

• • •